博士金融学丛

金融交易技术分析

陈文政　章劼　著

中国金融出版社

责任编辑：丁　芊
责任校对：刘　明
责任印制：赵燕红

图书在版编目（CIP）数据

金融交易技术分析（Jinrong Jiaoyi Jishu Fenxi）/陈文政，章劼著．—北京：中国金融出版社，2018.8
（博士金融学丛）
ISBN 978 - 7 - 5049 - 9614 - 5

Ⅰ．①金…　Ⅱ．①陈…②章…　Ⅲ．①金融交易—技术经济分析 Ⅳ．①F830.9

中国版本图书馆 CIP 数据核字（2018）第 125674 号

出版
发行　**中国金融出版社**

社址　北京市丰台区益泽路 2 号
市场开发部　（010）63266347，63805472，63439533（传真）
网 上 书 店　http://www.chinafph.com
　　　　　　（010）63286832，63365686（传真）
读者服务部　（010）66070833，62568380
邮编　100071
经销　新华书店
印刷　北京市松源印刷有限公司
尺寸　169 毫米 ×239 毫米
印张　16.25
字数　282 千
版次　2018 年 8 月第 1 版
印次　2018 年 8 月第 1 次印刷
定价　40.00 元
ISBN 978 - 7 - 5049 - 9614 - 5
如出现印装错误本社负责调换　联系电话（010）63263947

前　　言

　　金融交易技术分析是从事金融行业交易人员的必备知识。一个国家金融业的发展与金融交易的繁荣息息相关，没有金融交易的繁荣也就使金融市场和资本市场的建设和完善失去了意义。金融业的发展需要大量的金融从业人员能够熟练掌握金融市场的交易技术，提高金融交易技术分析能力。

　　本书系统讨论了金融交易技术分析的基本理论、基本业务知识和基本操作技能，突出理论与知识的系统性、业务技能的实用性和系统资料的新颖性。吸纳和借鉴了国内外技术分析的理论观点和学术成果，同时结合了中国资本市场的实际和作者教学中的一些观点。

　　本书按照教学计划编写。本科生应该掌握最基本的金融交易分析技术和技巧。因此，本书介绍了K线理论、形态理论、量价关系、技术指标分析知识和即时线分析技术等在传统的金融交易技术中经常用到的知识；本书还讨论了周期理论、板块轮动和计算机自助交易等较新的内容。随着计算机技术的发展，技术分析日新月异，新的分析技术和理论也层出不穷，例如用计算机和HP滤波、卡尔曼滤波分析股市长短周期的技术，利用GARCH/ARCH做套利分析的技术等数量分析技术也在金融交易中得到应用。但是，由于本书使用对象是本科学生，这部分内容本书未做介绍。

　　在本书的编写过程中参考了很多国内外教材和著作，在此向这些作者表达真诚的感谢和敬意。

　　由于本人学识水平有限，书中难免有不足和错误之处，敬请读者批评指正。

目　　录

第一章 金融交易技术分析概述

对金融市场来说，市场交易的主要内容是金融资产，金融资产的主要存在形式是证券。因此，本书中的金融交易技术分析，又称为证券交易技术分析。

人类对于证券市场波动的研究从其产生至今没有停止过。"江山如此多娇，引无数英雄竞折腰！"是对证券市场研究的感慨。对于证券市场的诡异波动的逻辑的认知，是一个极具挑战性的世界级难题，迄今为止尚未有任何一种理论和方法是令人信服、经得起时间检验的。2013年10月14日，瑞典皇家科学院在授予美国经济学家尤金·法玛、拉尔斯·皮特·汉森以及罗伯特·席勒该年度诺贝尔经济学奖时指出："几乎没有什么方法能准确预测未来几天或几周股市债市的走向，但也许可以通过研究对三年以上的价格进行预测。"

在当代众多的证券分析理论中，有两大主要流派，即基本分析与技术分析。基本分析的目的主要是确定所研究证券的内在价值或投资价值。它通过对影响标的证券的所有变量的现在、历史和未来进行考察、分析，进而判断其对标的证券的影响现状和影响程度的大小，通过这些相关变量状况分析建立模型进而决定标的证券的价值。如果存在价值低估，那么就买入标的证券；如果存在高估，那么就卖出标的证券。但是由于基本分析涉及的变量是如此之多，任何变量的变化均可导致标的证券价值的变化。这种分析方法一般应用在长期投资标的证券的选择上。对于一个以短期证券交易利润为主要考核指标的企业，基本分析显得很难适应需求。

早期证券交易主要采取现货交易方式，但随着商品经济及资本市场的发展，计算机及网络通信技术的普及，证券交易形式呈现出网络交易的特征，愈来愈多的交易通过网络进行，而技术分析也随着这些技术的发展变得方便和容易。

第一节 技术分析定义

技术分析法是以统计学、心理学和数学为基础，以证券交易价格和成交量作为主要研究对象，应用证券成交数据预测证券价格的波动趋势，从而进行短期买卖决策的分析方法。技术分析利用股市的开盘、收盘、最高和最低价格及成交量的变动，运用统计、数学和心理学的知识去挖掘价量背后隐含的秘密。它和基本分析最大的区别在于技术分析从来不关心股票的内在价值，它单纯地利用价量关系去解释当前的股价和预测未来的变动。

一、技术分析的前提假设

1. 历史会重演，人的错误往往会重复出现

技术分析可以应用必要的信息去推测证券价格走势的现在和未来，人们根据正确的分析可以套利。对西方世界影响最大的一本书——《圣经》的传道书中说："已发生的，还将发生；已做的，还将做；一个太阳下，没有新鲜事"，又说"过去即是现在，现在过去已有"。这些语言清楚地表达了任何事情都会按照固有的周期循环发生，人类的生活、国家、金融市场无一例外。《圣经》认为宇宙万物都处于周期循环运动之中；不论是具体的还是抽象的、物质的还是精神的。包括你的想象也构成循环，并发生在你身边或自身。

金融市场中存在一些"重复出现的规律"或者"周期循环"是必然的，因为人是根据自身所处的环境和自身的条件去判断进而作决策的，经济周期的循环会带来环境的前后一致性，例如通货膨胀或通货紧缩的循环，如果自己的条件没有改变，那么在通货紧缩时期采取的策略必然和通货膨胀时期的策略有差异，而这些差异是有规律可循的。例如，在通货膨胀时期，政府一般采用紧缩银根、提高利率的手段，这对金融市场有着巨大的负面影响，如果其他条件不变，人们一般采用与以前通货紧缩时期相反的交易策略。这种一致性的重复出现被认为是有规律可循的。

人类的行为特别复杂，从来不会以完全一致的方式简单重复，证券市场也不会完全复制过去，但是市场出现的相似特征和趋势足以保证分析师们对行情的判断和识别。从江恩到格雷厄姆到现在的巴菲特等，总有一部分人可以应用自己的聪明才智寻找到金融市场的真谛和规律，去赢取巨额收益。

2. 市场行为包容消化一切

"市场行为包容消化一切"构成了技术分析的基础。除非完全理解和接受这个前提条件，否则以下的讨论毫无意义。技术分析者认为，能够影响某市场价格的任何因素，如环境的、政治的、心理的或任何其他方面的因素，都会反映在其价格之中。研究价格变化就是我们必须做的事情。

　　这个前提的实质含义其实就是价格变化必定反映供求关系，如果需求大于供给，价格必然上涨；如果供给大于需求，价格必然下跌。这个供求规律是所有经济的、基础的预测方法的出发点。把它掉过来，那么，只要价格上涨，不论是因为什么具体的原因，需求一定超过供给，从经济面上说应该看好；如果价格下跌，从经济面上说应该是看淡。归根结底，技术分析者不过是通过价格间接地研究经济。大多数技术派人士也会同意，正是根本的供求关系，即某种商品的经济基础决定了该商品的市场看涨或者看跌。技术分析图表本身并不能导致市场的升跌，只是简明地显示了市场上流行的乐观或悲观的心态。

　　技术图表派通常不理会价格涨落的原因，而且在价格趋势形成的早期或者市场正处在关键转折点的时候，往往没人确切了解市场为什么如此这般古怪的动作。恰恰是在这种至关紧要的时刻，技术分析者常常独辟蹊径，一语中的。所以随着市场经验日益丰富，遇上这种情况越多，"市场行为包容消化一切"这一点就越发显出不可抗拒的魅力。顺理成章，既然影响市场价格的所有因素最终必定要通过市场价格反映出来，那么研究价格就足够了。实际上，图表分析师只不过通过研究价格图表及大量的辅助技术指标，让市场自己揭示它最可能的技术分析的理论基础走势，而并不是分析师凭他的精明"征服"了市场。今后讨论的所有技术工具只不过是市场分析的辅助手段。技术派当然知道市场涨落肯定有缘故，但他们认为这些原因对于分析预测无关痛痒。

　　3. 价格在一定时期内沿着一定的趋势演变

　　"趋势"概念是技术分析的核心。还是那句话，除非接受这个假设，否则就不必再读下去。研究价格图表的全部意义，就是要在一个趋势发生发展的早期，及时准确地把它揭示出来，从而达到顺着趋势交易的目的。事实上，本书绝大部分理论在本质上就是顺应趋势，即以判定和追随既成趋势为目的（见图 1 - 1）。

　　从"价格一定时期内沿着一定的趋势演变"可以自然而然地推断出，对于一个既成的趋势来说，下一步常常是沿着现存趋势方向继续演变，而掉头反向的可能性也会以一定的方式进行，是人们可预测的。这当然也是牛顿惯性定律的应用。还可以换个说法：当前趋势将一直持续到掉头反向为止。

二、金融交易技术分析研究的内容

　　技术分析是根据金融市场价格和成交量的历史数据，应用统计、数学或心理学的方法，通过归纳分析、以推测未来价格的趋势，从而决定买卖决策的分析。其依据是，价格趋势只能从市场的实际反映中得出，只能根据合约价格本

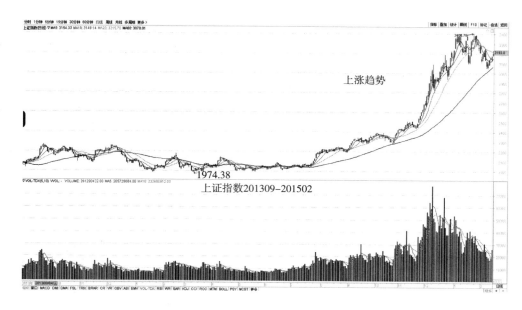

图 1-1　市场在一定时期内会以一定的趋势发展

身的变化预测，基本分析法包含的种种因素，都会集中反映在价格、成交量和未平仓合约的变化上，只要掌握了这三种指标，并采用图形、图表等方式作时间顺序的分析，即可察觉、量度和预测未来价格的变化。

1. K 线图分析

K 线图（Candlestick Charts）又称蜡烛图、日本线、阴阳线、棒线、红黑线等，常用说法是"K 线"。K 线的原始形式首创于一位叫本间宗久（1724—1803）的日本粮食商人，由其在大米市场上采用的交易策略后来逐步演化成了现代日本投资者应用的蜡烛图方法。因为本间宗久的记录心得引用了很多战法中的名词，同时为了纪念这位大师的出生地，所以后人将源自本间宗久的 K 线技术分析方法统称为"酒田战法"。K 线图表起源于日本，后因其细腻独到的标画方式而被引入股市及期货市场。目前，这种图表分析法在我国以至整个东南亚地区尤为流行。由于用这种方法绘制出来的图表形状颇似一根根蜡烛，加上这些蜡烛有黑白之分，因而也叫阴阳线图表。通过 K 线图，我们能够把每日或某一周期的市况表现完全记录下来。

2. K 线组合及形态分析理论

K 线组合是多根 K 线的搭配，一般由 3—5 根组成，很少有超过 5 根或 6 根的组合。在大于 6 根以上的组合中，K 线分析又称为形态分析，从大的分类来说，K线组合可以分为反转组合形态和整理组合形态两种。在K线的历史上，投资者在实际中总结出了非常多的组合形态。

形态类是根据价格图表中过去一段时间走过的K线轨迹形态来预测价格未来趋势的方法。价格走过的形态是市场行为的重要部分，从价格轨迹的形态中，我们可以推测出证券市场处在一个什么样的大环境之中，由此，对今后的投资给予一定的指导。主要的形态有M头、W底、头肩顶、头肩底等十几种。

3. 量价关系理论

影响金融市场价格变化的因素是多方面的。但是，决定证券价格涨跌的主要力量仍然是来自股票市场自身的买卖活动。如股票市场出现利多消息后，如果没有人入市购买股票，行情也不会上涨或者狂升。当重大的利空消息出现后，如果没有人抛售股票，价格也就不会下降和暴跌。股票买卖活动规模的大小是通过每日股票的成交量和庄家及跟庄者的持仓量来反映的。因此，对股票市场量价关系的研究实质上是动力和方向的研究。成交量和持仓量是动力，价格走势是方向。

在量价的基本研判上，股价的上涨需要不断出现愿意追逐高价的后续资金，形成成交量、持仓量和股价同时上升的局面。股价的下跌和资金的撤离，形成成交量、持仓量和价格持续下跌的局面。这种正常的"价涨量增、价跌量缩"的同步情况，并不需要特别加以注意。应该特别引起注意的是在"量价背离"的情况下，如何进行买卖股票的操作。"量价背离"的情况说明追高意愿的后续资金不足，随时可能反转。因此，广大中小散户只要能把量价关系研究好了，就可以避免掉进庄家和跟庄者的多头陷阱或空头陷阱，从而保证自己的操作成功。

4. 切线理论

切线理论又称支撑线压力线理论。切线类是按一定方法和原则，在根据价格数据描绘的图表中画出一些直线，然后根据这些直线的情况推测价格的未来趋势，为我们的操作行为提供参考。这些直线就叫切线。常见的切线有压力线、支撑线、趋势线、轨道线、黄金分割线、甘特线、角度线等。支撑线又称为抵抗线，是指股价下跌到某个价位附近时，会出现买方增加、卖方减少的情况，从而使股价停止下跌，甚至有可能回升。支撑线起阻止股价继续下跌的作用。这个起着阻止股价继续下跌的价格就是支撑线所在的位置。压力线又称为阻力线，是指当股价上涨到某个价位附近时，会出现卖方增加、买方减少的情况，股价会停止上涨，甚至回落。压力线起阻止股价继续上涨的作用，这个起着阻止股价继续上涨的价位就是压力线所在的位置。

支撑线、压力线对当前股价影响的重要性从以下几个方面考虑：价格在这个区域持续时间的长短；价格在这个区域伴随成交量的大小；这个区域发生的时间距离当前时期的远近。通过对支撑、压力线的分析来判断金融市场的趋势和走向。

5. 分时线图分析

证券的分时线代表该证券一天的分时走势。一天的走势最终形成 K 线（也就是蜡烛图）；通过股市分时线可以即时看到当天的股价走势，以及每一分钟的量能变化；在我国目前应用的股市行情分析软件中，打开软件，进入行情，随便进入一只股票分时图，在主界面上有两条趋势线，一条白色线代表当天的分时走势，也就是即时价格变化的走势线；另一条黄色线代表当天的平均价格，也就是即时平均价格变化走势线。通过分时走势为当天的投资进行决策，分时线图分析尤其是对于 T + 0 市场交易尤为重要。

6. 技术指标分析

技术指标是根据价、量的历史资料，通过应用统计或数学模型得到体现金融市场的某个方面的指标值，并用图形或曲线表达出来。股票技术指标是属于统计学的范畴，一切以数据来论证股票趋向、买卖等。指标主要分为以下几大类：趋向类的技术指标、市场强弱的技术指标、市场人气指标、摆动指标等。技术指标反映的内容大多是无法从行情报表中直接看到的，它可为我们的操作行为提供指导方向，常见的指标有相对强弱指标（RSI）、随机指标（KDJ）、趋向指标（DMI）、平滑异同移动平均线（MACD）、能量潮（OBV）、心理线（PSY）、乖离率（BIAS）等。基本分析法着重于对一般经济情况以及各个公司的经营管理状况、行业动态等因素进行分析，衡量股价的高低。而技术分析则是透过图表或技术指标的记录，研究市场行为反应，以推测价格的变动趋势。其依据的技术指标的主要内容是由股价、成交量或涨跌指数等数据计算而来的。

7. 道氏理论和波浪理论

波浪理论是把价格的上下变动和不同时期的持续上涨、下跌看成波浪的上下起伏，认为价格运动遵循波浪起伏的规律，数清楚了各个浪就能准确地预见到跌势已接近尾声，牛市即将来临；波浪理论较之别的技术分析流派，最大的区别就是能提前很长时间预计到行情的底和顶，而别的流派往往要等到新的趋势已经确立之后才能看到。

第二节　经济周期与金融市场的周期

一、经济周期

1936 年，现代英国著名经济学家约翰·梅纳德·凯恩斯在《就业、利息和货币通论》一书中提出，经济发展必然会出现一种始向上，继向下，再重新向上的周期性运动，并具有明显的规则性，即经济周期。在繁荣、恐慌、萧条、复苏四阶段中，"繁荣"和"恐慌"是经济周期中两个最重要的阶段。

1939 年，美籍奥地利经济学家约瑟夫·阿洛伊斯·熊彼特在《经济周期》一书中提出经济周期可分为"纯模式"或"二阶段模式"分析和"四阶段模式"分析两个步骤，前者是排除了外来因素干扰的纯理论分析，后者的分析以现实资本主义经济生活为基础。在经济周期的分析中，熊彼特认为，现实资本主义经济运行中存在着"繁荣""衰退""萧条"和"复苏"四个阶段。创新浪潮不止一次，"第一次浪潮"中的"创新"引起对生产资料需求和银行信贷的扩张，同时引起新工厂的建立和新设备的增产。这时一般又会伴随着对消费品需求的增长，在物价普遍上涨的情况下，社会出现许多投资机会，出现了投机，此即"第二次浪潮"。"第二次浪潮"中许多投资机会与本部门的"创新"无关，信用扩张只是为一般企业和投机活动提供资金。因此，"第二次浪潮"中就已包含了失误和过度投资行为，并且它不可能有自动调整走向新均衡的能力，当经济中出现收缩而引起"衰退"时，不能直接导致新的均衡阶段——"萧条"，这个阶段不仅投资活动趋于消失，而且还会引起破坏。"萧条"发生后，"第二次浪潮"的反应逐渐消除，进入恢复调整阶段——"复苏"。从"复苏"进入"繁荣"又需有一次"创新"浪潮。熊彼特认为，由于创新并不是平稳进行的，同时各种创新对经济发展的影响也不一样，因而经济周期的长短也是不一样的。

他在总结归纳前人观点的基础上，提出在资本主义经济发展历史中，同时存在着三种经济周期的论点，分别为康德拉季耶夫长周期、朱格拉周期和基钦周期。熊彼特把资本主义经济发展分为三个长周期：从 18 世纪 80 年代到 1840 年，是产业革命发展时期，纺织工业的"创新"在其中起了重要作用；从 1840 年到 1897 年，是蒸汽和钢铁时代；从 1897 年到 20 世纪 50 年代是电气、化学和汽车工业时代。

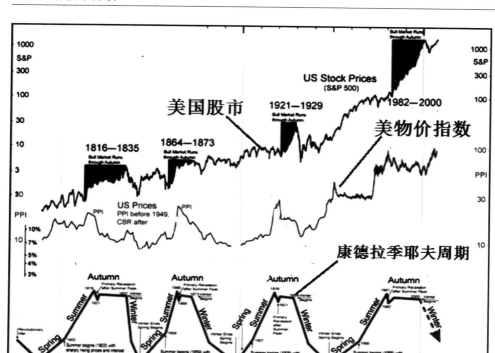

图 1－2　康德拉季耶夫长周期波（约 50 年周期）

　　当代英国经济学家阿瑟·刘易斯认为，标准的周期是持续时间为九年左右的"朱格拉周期"。这是第一个被确定的周期。大多数人在谈到"周期"时都是指的这个含义。这一评断应该说比较符合实际。

　　虽说经济周期理论比较深奥，但是这些周期因素影响证券价格。精明的投资操作者在长期统计和归纳之后，发现了有规则的金融市场的周期性。把这些周期循环的原则应用到证券的买卖操作上来，经常是无往而不利。

二、金融市场的循环周期

　　金融市场的循环性周期，可分为下述几个阶段：

1. 市场低迷期

　　市场行情持续走低，此时投资意愿很低，市场人士绝大部分对于远景持悲观的看法，不论主力或中散户都是亏损累累。做短线交易不易获利时，部分中散户暂时停止买卖，以待股市反弹时再予低价套现做空；没有耐性的投资人在失望之余，纷纷认赔抛出手中的股票，退出市场观望。低迷期为真正具有实力的大户默默进货的时候，少数较具长期投资眼光的精明投资者多在此时按计划买入。该期盘旋整理的时间越久，表示筹码换手的整理越彻底，而此期的成交量往往越低。

2. 市场复苏期

此时的景气尚未好，但由于前段低迷期的长期盘跌已久，股价大多已经跌至不合理的低价，此时买进的价格再跌有限，很多人大多不轻易卖出，而高价套牢未卖的人，因亏损已多，也不再追价求售，市场卖压大为减轻。此时的成交量大多呈现着不规则的递增状态，平均成交量比低迷时期多出一半以上，少数证券价格大幅上涨，多数价格呈现着盘整局面，冷门股票也已略有成交并蠢蠢欲动。该期多数证券价格上涨的速度虽嫌缓慢，但却是真正可买进作长期投资的时候，一般称为"初升段"。

3. 复苏回调期

股价在初升段的末期，由于不少股票亦已持续涨升，经过长期空头市场亏损的投资者，在好不容易略有获利之余，多数采取"落袋为安"的观念，获利了结改为观望；而未及时"搭上车"的及持股很多的主力大户，为求获得短期盈利浮额，大多趁着投资大众的信心尚未稳定之际，掼压甚多，而多数股价在盘软之余，市场上大户出货的传言特别多，此时空头又再呈活跃，但股价下跌至某一程度时，即让人有种跌不下去的感觉。这个时期往往是大户真正进货的时期，也是真正买卖股票的精明投资人所乐于大量介入投资的时期，但该期真正到来时，中散户的两手大多空空，甚至有少数在低迷期尝到做空小甜头的散户们，还有融券尚未补回。

4. 快速上涨期

此时大户手上的股票特别多，市场的浮动筹码已大量减少，有心人利用各种利多消息将股价持续拉高，甚至于重复的利多消息一再公布，"炒冷饭"也在所不惜，该期反映在股票市场上的是人头攒动、到处客满。由于股价节节上涨，不管内行外行，只要买进股票便能获利，做空头的信心已经动摇，并逐渐由空翻多，形成抢购的风潮，而股价会在此种越涨越抢、越抢越涨的循环中，甚至形成全面暴涨的局面。市场充满着一片欢笑声，从来不知道股票为何物的外行人，在时常听到"股票赚了多少"的鼓动下，也开始产生兴趣，买进几手试试。该阶段的特性，大多为成交量持续大量增加，发行公司趁着此时大量增资扩股及推出新股，上涨的股票也逐渐强势，延伸到冷门股票，冷门股票又逐渐转势而列居于热门榜中，"轮做"的风气特盛，有心大户的动态到处可闻。此期为有心大户操作甚久之后，逐渐获利了结的时期，他们所卖的虽非最高价，但结算获利已不少，精明的投资人也趁此机会了结观望，只有中散户被乐观气氛冲昏了头而越买越多。

5. 市场成熟期

此时景气十分繁荣，发行公司的盈余均为大增，证券市场上除了人气一片沸腾之外，新股亦大量发行，而上涨的股票多为以前少有成交的冷门股，原为热门的股票反而开始有着步履沉重的感觉。该期的成交量常破纪录地暴增，暴涨暴跌的现象屡有可见，投资大众手中大多拥有股票，以期待着股价进一步上升，但是股价的涨升却显得步履蹒跚，而反映在成交量上面的是股价上升但成交量减少，股价下跌但成交量反而增加。该阶段行情的操作犹如刀口舔血，如果短线操作成功的话会大有斩获，但是一般投资人大多在此阶段惨遭亏损，甚至落得倾家荡产的局面。

6. 市场衰退期

由于多数股价都已偏高，不少投资人于较难获利之余已开始反省。此时大主力多头均已出货不少，精明的投资人见已有的获利随着持续交易逐渐减少，挨套中的散户们心里虽然犹豫，但还是期望着行情仅是回档，期待着另一段涨升的到来，甚至买进摊平的实例也到处可见，只有冷门股已开始大幅下跌，此为该段行情的重要指标之一。

7. 市场下跌反弹期

即称新多头进场或术语上所称的逃命期。该期由于成交量的暴减，再加上后期进入的部分筹码赔本抛售，使得多数股价的跌幅已深。高价卖出者和企图摊平高档套牢的多头们相继进场，企图挽回市场的颓势，加上部分短空的补货，使得股价止跌而转向坚挺，但由于反弹后抢高价者已具戒心，再加上部分短线者的获利回吐，使得股价欲涨乏力，于弹升之后又再度滑落。少数精明的投资人纷纷趁此机会将手上的股票卖出以求"逃命"，而部分空头趁此机会介入卖出。

8. 快速下跌期

此时大部分股价的跌幅渐深，利空的消息满天飞，股价下跌的速度甚快，甚至有连续几个停板都卖不掉的。以前套牢持股不卖的人信心也已动摇，成交量逐渐缩小，不少多头于失望之余纷纷卖光股票退出市场，而做多的中散户也已逐渐试着做点小空。

9. 市场萧条期

此时股价跌幅已深，高价套牢要卖的已经卖光了，未卖的也因赔得太多，而宁愿抱股等待。该阶段的成交量很少是其特色之一，股价的跌幅已经缩小，散户浮空到处可见，多数股票只要一笔买进较多股票的话，便可涨上好几档，但不再有支撑续进的话，不久则又将回跌还原。股市投资大众手上大多已无股票，真真有眼光的投资人及大户们，往往利用此期大量买进。

大波段的周期循环为上述九大阶段，只要我们能够适时将现段的行情性质采用技术分析，明确区分属哪一时期，再确立做多、做空、长线、短线等操作原则，获利机会便可增加许多。

第三节　技术分析与基本分析

如同医学领域的传统中医和现代西医，在认识论与方法论方面存在根本性区别一样，基本分析和技术分析方法也是基于完全不同的理论体系和逻辑结构，其主要研究对象都只侧重于市场运作的某一特定领域，都有其合理性和局限性，但它们对于全面认识市场又都是必不可少的。这两种方法所依赖的理论基础、前提假设、范式特征各不相同，在实际应用中，它们之间既相互联系，又有重要区别。

一、基本分析

基本分析（Fundamental Analysis）是以企业内在价值作为主要研究对象，通过对决定企业价值和影响股票价格的宏观经济形势、行业发展前景、企业经营状况等进行详尽分析，以一定的假设为基础设定模型进而测算出上市公司的长期投资价值和安全边际，并与当前的股票价格进行比较，形成相应的投资建议的分析。基本分析认为，股价波动轨迹不可能被准确预测，而只能在有足够安全边际的情况下"买入并长期持有"，在安全边际消失后卖出。

概括起来，基本分析主要包括以下三个方面的内容：

1. 宏观经济分析

主要通过对一个国家的政治和法律环境、经济政策（货币政策、财政政策、税收政策、产业政策等）和经济指标（国内生产总值、失业率、通胀率、利率、汇率等）、技术环境、社会文化环境和全球化趋势进行分析，进而决定宏观环境对股票市场的影响。

2. 行业分析

分析产业前景、区域经济发展对上市公司的影响。

3. 公司分析

具体分析上市公司行业地位、市场前景、财务状况。

二、技术分析

自股票市场产生以来，人们就开始了对于股票投资理论的探索，形成了多种多样的理论成果。实际上，技术分析是 100 多年前蒙昧时期创建的股票投资理论，是精明的投资者对股价变化进行长期观察并积累经验，逐步归纳总结出来的有关股市波动的若干所谓的"规律"。

经过长期发展和演变，技术分析形成了众多的门类，其中有代表性的是道氏理论和波浪理论。罗伯特·D. 爱德华兹的《股市趋势技术分析》是技术分析的代表著作，初版于 1948 年。

所有的技术分析都是建立在三大假设之上的：一是市场行为包容消化一切。这句话的含义是：所有的基础事件——经济事件、社会事件、战争、自然灾害等作用于市场的因素都会反映到价格变化中来。二是价格以趋势方式演变。三是历史会重演。

技术分析能为我们提供精确的建仓时机和点位。但是需要明白，所有的技术指标都是对历史数据进行分析统计，具有滞后性，是不可能预测未来行情的。技术分析的作用在于发现当前价格在历史中处于何种水平，从而为我们提供建仓时机和点位。所以不要轻信一些分析师对行情的预测，一个好的分析师是不会去预测行情的，他们只关注价位所处的状态是在趋势中还是在震荡中。

技术分析认为，只要关注价格趋势的变化及成交量的变化就可以找到盈利的线索。技术分析的目的不是跟庄，而是寻找买入、卖出、止损信号，并通过资金管理达到在风险市场中长期稳定获利的目的。与技术分析相对应的分析被称为基础分析。基础分析又称基本面分析，但是注意基本面分析不等于基本面。基本面是指一切影响供需的事件。基本面分析则是指对这些基本事件进行归纳总结，最终来确定标的物的内在价值。当标的物的价格高于标的物的价值时，被称为价值高估，在交易中则需减持；反之，如果价格低于价值则被称为价值低估，在交易中则需买入。从交易实践来看，技术分析方法要领先于基础分析方法。在操作上，技术分析则更为实用。最后再补充一下：无论是技术分析还是基础分析方法都不是跟庄的工具。跟庄的本质是一种交易作弊行为，跟庄者认为庄家能战胜市场，而对于一位严谨的技术分析者而言，庄家的作用并不是决定性的，他们无须跟随它，因为事实上，庄家并不能改变市场自身的运行，并没有什么庄家能战胜市场。

技术分析法从股票的成交量、价格、达到这些价格和成交量所用的时间、价格波动的空间几个方面分析走势并预测未来。目前，常用的有 K 线理论、波浪理论、形态理论、趋势线理论和技术指标分析等。

三、基本分析和技术分析的关系

1. 技术分析着重于分析股票价格的波动规律，基本分析侧重于研究股票的内在投资价值。

2. 技术分析主要分析股票的供需表现、市场价格和交易数量等市场因素；基本分析则是分析各种经济、政治等股票市场的外部因素及这些外部因素与股票市场的相互关系。

3. 技术分析是针对股价涨跌表现的，属于短期性质的；基本分析是针对企业投资价值的，属于长期性质的。

4. 技术分析可以帮助投资者选择适当的投资机会和投资方法，基本分析有助于投资者正确地选择股票投资的对象。

5. 技术分析和基本分析都认为股价由供求关系决定。基本分析主要是根据对影响供需关系种种因素的分析来预测股价走势，而技术分析则是根据股价本身的变化来预测股价走势。技术分析的基本观点是：所有股票的实际供需量及其背后起引导作用的因素，包括股票市场上每个人对茫然的希望、担心、恐惧等，都集中反映在股票的价格和交易量上。

6. 基本分析的目的是判断股票现行股价的价位是否合理并描绘出它长远的发展空间，而技术分析主要是预测短期内股价涨跌的趋势。通过基本分析，我们可以了解应购买何种股票，而技术分析则让我们把握具体购买的时机。大多数成功的股票投资者都是把两种分析方法结合起来加以运用。

7. 基本分析法能够比较全面地把握股票价格的长期走势，但对中短期的市场变动难以作出正确判断。技术分析法贴近市场，对市场短期变化反应快，且直观明了，但准确性和可靠性较差（这也是其强调"及时止损纠错"重要性的根本原因），且无法判断长期趋势，特别是对于宏观经济与政策因素，难有预见性。

第四节　技术分析的优缺点

一、技术分析的优点

技术分析具备全面、直接、准确、可操作性强、适用范围广等显著特点。与基本分析相比，技术分析下的交易见效快，获得利益的周期短。此外，技术分析对市场的反映比较直接，分析的结果也更接近实际市场的局部现象。通过市场分析得到的进出场位置与基本分析比较，往往比较准确。

二、技术分析的缺点

技术分析的缺点是考虑对象的范围相对较窄，对长远的市场趋势难以进行有效的判断。基本分析主要适用于周期相对比较长的市场预测，以及预测精确度要求不高的领域。技术分析相对于基本分析更适用于短期的行情预测，要进行周期较长的分析则必须参考基本分析，这是应用技术分析最应该注意的问题。因为技术分析是经验的总结而非科学体系，所以通过技术分析所得到的结论并由此进行的交易操作需要以概率的形式为投资者带来收益。

1. 技术分析的先天缺憾

大家都知道，技术分析的基本要素是量、价、时、空，四大要素千变万化的排列组合形成了大盘和个股的特定的技术形态和趋势。换句话说，大盘和个股技术形态和趋势的形成过程是四大要素协同变化的结果，而绝不是单一要素或者一个、两个要素变化的结果。事实上，技术分析经典的技术形态，仅仅是K线的组合形状的描绘；技术分析经典的技术指标，或绘制成曲线，或绘制成柱状图，基本上也都是单一要素演变形成的。或是为了技术上的简化处理，或是四大要素同步描绘技术形态和技术指标还很复杂，因此，单一或单纯的技术形态和技术指标就不可避免地存在先天缺憾性。就像评价人一样，只看见其一副可爱的面孔不能推测她（他）为人处世一样的可爱，脑袋长的大不能推测智商一定高。

世界上没有完美无瑕的东西，技术分析也一样。我们应该正视各种技术分析方法的缺憾，知道如何规避和补遗。

2. 技术分析盲区与误区

应用技术分析研判走势应该注意规避技术分析的盲区与误区。所谓技术分析盲区，就是指技术指标无法预测的区域，比如 KDJ 指标预测上升段和下跌段比较准确，但是出现高位钝化和低位钝化就是 KDJ 指标进入了技术分析盲区。又比如乖离率、布林线等技术指标做超跌反弹比较有效，但是，牛市末期反转的第一波下跌行情往往是惯性下跌行情，很多技术指标出现超跌反弹信号，结果都是失灵的，这也是技术分析盲区。所谓技术分析误区，就是指技术指标预测结果有时准确、有时不准确的区域，比如说很多著名分析师和炒股高手总结捕捉黑马的技术指标和标准，在熊市末期和牛市初期是安全可靠的，如果在熊市初期和平衡市按图索骥就是技术分析误区。还有多数技术指标存在的滞后现象，也是技术分析的盲区与误区，投资者应该注意。

练习题

1. 什么是技术分析，它的基本假设是什么？
2. 什么是基本分析，它的基本内容主要包括哪些？
3. 简述技术分析与基本分析的关系。
4. 简述金融市场的循环周期的主要内容。
5. 简述技术分析的优缺点。

第二章　分时走势分析

第一节　分时走势图

　　股票分时线代表该股票一天的走势，一天的走势最终形成 K 线（也就是蜡烛图）；分时线可以即时看到当天的股价走势，以及每一分钟的量能变化；通过分时走势为投资决策。分时走势图也叫即时走势图，它是把股票市场的交易信息即时地用曲线在坐标图上加以显示的技术图形。坐标的横轴是市场的交易时间，在我国尽管从 9:15 就可集合竞价，但是在实时交易图上仍然从 9:30 开始；纵轴的上半部分是股价或股票市场价格指数，下半部分除了有股价或股票市场价格指数外，黄色线条显示的是成交量。分时走势图是股市现场交易的即时走势的实况描述。

　　上证指数是以各上市公司的总股本进行加权计算而来的，因此受大盘股的影响较大。而黄线表示的是不含加权的上证指数。因此，白色线和黄色线的区别，就是白色线受大盘股（权重股）影响大，黄色线受大盘股（权重股）的影响小一些。

　　红色、绿色的柱线反映当前大盘所有股票的买盘与卖盘的数量对比情况。红柱增长，表示买盘大于卖盘，指数将逐渐上涨；红柱缩短，表示卖盘大于买盘，指数将逐渐下跌。绿柱增长，指数下跌量增加；绿柱缩短，指数下跌量减小。

　　大盘即时图中间的横线，代表着上个交易日指数的收盘点位。围绕其上下波动的红绿柱线，表示市场所有股票的买盘和卖盘的对比情况。在横线上方时，显示为红色柱状线，表示买盘大于卖盘；在横线下方时，显示为绿色柱状线，表示卖盘大于买盘。

　　走势图下方的黄色柱状线，表示每分钟的成交量，单位为手。成交量放大时，柱状线变长；成交量缩减时，柱状线变短。

走势图的右边，是成交信息显示栏，包括实时的价格信息、成交信息、涨跌家数等。

一、分时图（即时图）

分时图分为大盘即时图和个股即时图。本书中，大盘即时图一般是指股市大盘的整体指数走势即时图。在当日的即时图中，大盘指数值、成交量、买卖双方的力量对比等都会反映在即时图上。个股即时图是指个股的当日即时走势图，反映了个股的成交量、买卖双方力量对比、成交价格等个股当日走势情况。

二、大盘即时图

大盘即时图主要的实战看点表现在如下三个方面。

1. 从白线、黄线看大盘股和小盘股走势

白色曲线表示大盘加权指数，即证交所每日公布媒体常说的大盘实际指数。因上证指数是以各上市公司的总股本为加权计算出来的，故盘子大的股票较能左右上证指数的走势，如银行股、中石油、中石化等。黄色曲线表示大盘不含加权的指标，即不考虑股票盘子的大小，而将所有股票对指数影响看作相同而计算出来的大盘指数。所以价格变动较大的股票对黄线的影响要大一些。中小盘股为数众多，因此，当指数上涨，黄色曲线在白色曲线走势之上时，表示发行数量少（盘小）的股票涨幅较大；而当黄色曲线在白色曲线走势之下，则表示发行数量多（盘大）的股票涨幅较大。当指数下跌时，如果黄色曲线仍然在白色曲线之上，这表示小盘股的跌幅小于大盘股的跌幅；如果白色曲线反居黄色曲线之上，则说明小盘股的跌幅大于大盘股的跌幅。

（1）当指数上涨时，如果白色线上涨速度快、上涨幅度大，而黄色线上涨速度慢、上涨幅度小时，说明此时主要是大盘股在领涨；反之，则说明主要是中小盘股在领涨。

（2）当指数下跌时，如果白色线下跌速度快、下跌幅度大，而黄色线下跌速度慢、下跌幅度小时，说明此时主要是大盘股在领跌；反之，则说明主要是中小盘股在领跌。如果白色线在黄色线之上，就说明当前行情中，大盘股的走势要强于中小盘股；反之，则说明大盘股走势弱于中小盘股。

（3）白色线和黄色线会出现方向相反的走势。如果白色线涨，而黄色线跌，就说明大盘股涨，中小盘股却在跌；反之，说明中小盘股涨，而大盘股在跌。

因此，投资者从两条曲线的相对运动中，就可以知道当前资金的操作重点是大盘品种还是中小盘品种，从而为自己短线选股提供参考。

例如在图2-1中，从当日的走势来看，黄色曲线当日高于白色曲线，说明当日小盘股的走势强于大盘股；尤其是在当日10点钟之后，小盘股大涨，大盘股的涨势一直低于小盘股。当白色曲线跌破上个交易日收盘价时，黄色曲线只是小跌，但仍在上个交易日收盘价之上。黄色线的走势远远强于白色曲线，说明当天小盘股成为资金的关注重点，其涨势明显强于大盘股。

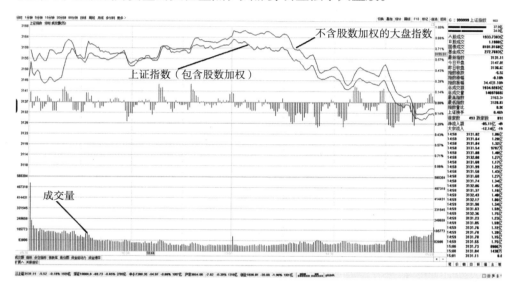

图2-1　上证指数分时走势（2018-04-04）

2. 从红绿柱线看涨跌强度

当大盘上涨时，柱状线在横线上方显示为红色，此时红色柱状线越长，说明买盘越踊跃，上涨趋势就越强；如果此时红色柱状线的高度逐渐降低时，就说明买盘开始减少，上涨力度正在减弱。

当大盘下跌时，柱状线在横线下方显示为绿色，此时绿色柱状线越长，说明卖盘越踊跃，下跌趋势就越强；如果此时绿色柱状线的高度逐渐缩短时，就说明下跌力度正在减弱，卖盘减少。

3. 从涨跌家数看市场人气

涨跌家数反映的是上涨家数和下跌家数的数量，从中投资者可以看出市场的活跃程度。当上涨家数远远超过下跌家数时，说明市场气氛非常活跃，适合投资者进行短线操作；当涨跌家数持平，或者下跌家数超过上涨家数，就说明市场人气比较低迷，不适宜短线参与。

在图 2-1 中，在当日收盘后，上涨家数是 592 家，下跌家数是 366 家，大盘在当天微涨 6.16 点，成交量 1669 亿元，大盘股走势弱于小盘股。此时，投资者如果想进行短线操作，就应保持适当选择小盘股。

三、个股即时图

打开股票软件，进入行情，进入一只股票分时图，在主界面上有两条趋势线：一条是白色线，代表当天的分时走势，也就是即时价格变化的走势线；另一条是黄色线，代表当天的平均价格，也就是即时平均价格变化走势线。如图 2-2 所示，其右侧同样是即时成交信息显示栏，下方是成交量显示区。只是在个股分时走势图中，没有红绿柱状线。另外，个股即时图中的黄线，表示的是当天的实时均价，白线表示的是个股的实时成交价格。个股白黄线的相对位置表示该股票走势的强弱。白线一直运行在黄线上方，说明买盘积极，股价不跌，走势十分强势，否则则为弱势。

黄色柱线：在红白曲线图下方，用来表示每一分钟的成交量。

成交明细：在盘面的右下方为成交明细显示，显示动态每笔成交的价格和手数。

使用要诀：与 K 线、均线的道理一样，白线向上脱离黄线较高时，通常会向下回档，向黄线靠近；而白线向下跌离黄线较远时，通常会向上反弹，向黄线靠拢。因此，有的人追涨当日被套大部分是第一种情况，就是在白线向上脱离黄线太远时才追涨买入，结果买入后当日就下跌。如果这时候，该股在日 K 线图上股价位置又向上远高于 5 日均线，短线基本被套。一般分时图的走势都是这样，只有涨停或者接近涨停、跌停或者接近跌停的比较极端的行情不适用。

个股即时图的实战看点有以下三个。

1. 从股价与均价线的关系看当日走势强弱

在个股即时图中，白色曲线表示实时成交股，黄色曲线表示开盘到现在的均价。均价体现的是从开盘到当前的平均交易成本，因此投资者可以从股价与均价线的位置关系中，看出当日走势的强弱程度。

分时线与均线的关系：当白色线在黄色线上方运行时，即时价格高于均价，说明当天的股票走势比较强；当白色线在黄色线下方运行时，即时价格低于当天的均价，说明当天的股票走势比较弱。

2. 从买卖挂单看主力意图

该栏中卖一、卖二、卖三、卖四、卖五表示依次等候卖出。按照"价格优

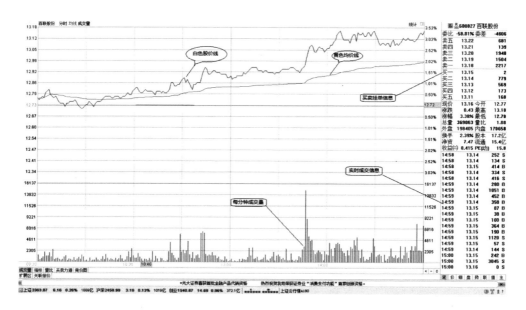

图 2 - 2　百联股份（600827）分时走势（2014 - 09 - 30）

先、时间优先"的原则，谁的卖出报价低谁就排在前面，报价相同的，谁先报价谁就排在前面。而这一切都由交易系统自动计算，不会因人为因素而改变。卖一、卖二、卖三、卖四、卖五后面的数字为价格，再后面的数字为等候卖出的股票手数。如果说股价是多空双方不断斗争的结果，那么买卖挂单的显示区域，就是双方的战场。其中买一、买二和卖一、卖二是战场的前沿阵地；买三到买五和卖三到卖五属于后方阵地。

在这个战场上，主力经常采用不同的挂单手法，来达到迷惑其他投资者、操纵股价的目的。例如，主力故意在卖三、卖四和卖五的位置上挂出大卖单，让投资者误以为卖压沉重，从而纷纷卖出。但是如果这些大卖单只是在后方压阵，根本不到前沿阵地去真正拼杀，说明主力并非真正要卖出股票，其真实意图很可能是制造虚假抛压，达到暗中吸货的目的。

看清买卖挂单的变化以及内在含义，将使我们能够洞察主力的真实意图，把握更好的买卖时机。

（1）上方挂大卖单。当投资者在盘面上发现，卖三、卖四或者卖五的位置上出现大卖单，而买入挂单相对较小时，则有以下两种可能。

①如果股价处于低位，盘中虽然有大卖单，但买单却比较活跃，往往意味着主力正在建仓，投资者可以开始逐步跟进。

　　投资者需要格外注意的是，如果以上情况出现在股价涨幅已经很大的情况下，同时股价上涨困难而成交量放大时，则很可能是主力出货，投资者需要保持警惕。

　　②如果股价逐步下跌，但是成交量并不大，往往意味着主力在刻意打压股价进行洗盘，此时投资者可以保持持续的关注，待调整结束后及时跟进。

　　（2）下方挂大买单。当投资者发现，在买三、买四或者买五的位置上出现大买单时，则有以下可能。

　　①出现大买单，但是股价横盘震荡或者出现下跌，说明主力很可能是在被动护盘。主力之所以被动护盘，可能是因为不希望给其他投资者更低价位买入的机会，也有可能是因为主力没能力出货而被动护盘。不论何种原因，此时主力并没有进行主动性的买入，同时也缺乏跟风买盘，投资者不宜入场，如图2 - 3 所示。

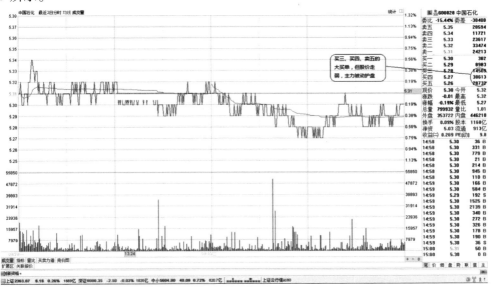

图2 - 3　中国石化（600028）分时走势（2014 - 09 - 30）

　　在图2 - 3中，中国石化（600028）在买三、买四和买五位置上出现明显的大买单，但是股价却持续走弱，上面卖压沉重，此时主力很可能在被动护盘，投资者暂时不宜介入。

　　②大买单出现，而股价逐步上涨，同时主动性买盘较多，大买单也不断地向上移动时，往往说明主力在吸引买盘入场。如果此时股价处于较低位置或者刚刚启动，那么主力正在借力拉升的可能性很大，投资者可以积极买入。

如果以上这种情况出现在股价已经有了较大涨幅，盘中出现放量滞涨时，投资者需要保持警惕，此时主力可能正在拉升出货。

3. 从成交量信息看活跃程度

在成交信息栏目中，投资者可以看到与成交量有关的几个指标，对于实战来说非常重要。在分时图下方，那些黄色的线条就是量能线，代表当价格变化时，该股票每一分钟的量能变化。量线越长，代表量能越高，也就是成交的越多；反之越少。

（1）从量比看相对放量程度。量比是衡量相对成交量的指标。它是开市后每分钟平均成交量与过去 5 个交易日每分钟平均成交量之比。其计算公式为

量比 = 现在总手 ÷ 当前已开市多少分钟 ÷（5 日总手数 ÷ 5 ÷ 240）

其中，"5 日总手数 ÷ 5 ÷ 240" 表示 5 日来每分钟平均成交手数。量比是投资者分析行情短期趋势的重要依据之一。若量比数值大于 1，且越来越大时，表示此时成交总手数（即成交量）在放大；若量比数值小于 1，且越来越小时，表示此时成交总手数（即成交量）在萎缩。这里要注意的是，并非量比大于 1，且越来越大就一定对买方有利。因为股价上涨时成交量通常会放大，但在股价下跌时成交量也可以放大。因此量比只有同股价涨跌联系起来分析，才能有效减少失误。

一般来说，量比为 0.8 ~ 1.5 倍，说明成交量的变化不大。量比为 1.5 ~ 2.5 倍，为温和放量。如果此时股价也处于温和缓升状态，则升势相对健康，可继续持股；若股价下跌，则说明在短期内跌势难以结束。

量比在 2.5 ~ 5 倍，则为明显放量，若股价相应地突破重要支撑或阻力位置，则突破有效的概率很高，可以采取相应的买入操作。

量比超过 5 倍，则为剧烈而突兀的放量。如果此时个股处于长期的低位，那么往往预示着主力突击进场。不过，此时投资者不必急于入场，一般这种突兀的放量之后，股价往往会有一个整固的过程，此时就是买入良机；如果个股已有巨大涨幅，出现这种剧烈放量就要小心主力在大力出货。

量比在 0.5 倍以下的缩量情形也值得好好关注。严重的缩量，往往说明交易非常不活跃，但同时也蕴藏着一定的市场机会。这里有两种情况：一种是缩量创新高，这种股票多数是长庄股。缩量能创出新高，说明庄家控盘程度相当高，筹码高度锁定，而且可以排除主力拉高出货的可能。另外一种情况是上涨之后的缩量调整，极度缩量往往预示着调整的结束，特别是放量突破某个重要阻力位之后的展开缩量回调，这样的个股常常是不可多得的买入对象。

（2）从外盘、内盘看多空力量对比。外盘即主动买盘，是按市价买进的累计成交量，成交价是卖出价。内盘即主动卖盘，是按市价卖出的累计成交量，成交价是买入价。当外盘数量比内盘大很多且股价上涨时，表示很多人在抢进股票；当内盘数量比外盘大很多且股价下跌时，表示很多人在抛售股票。外盘大于内盘，说明主动性买盘多，股价看涨；外盘小于内盘，说明主动性卖盘多，股价看跌。

委比值是委买委卖手数之差与之和的比值。当委比数值为正值时，表示买方力量较强，股价上涨的概率大；当委比数值为负值时，表示卖方的力量较强，股价下跌的概率大。委比值的计算方法是

委比 =［（委买手数 - 委卖手数）÷（委买手数 + 委卖手数）］×100%

委比值的大小也能反映多空双方的力量对比。

不过单从这些对比得出的结论，并非在任何时候都正确，尤其在主力的刻意操纵之下，投资者如果按照上面的思路进行分析，往往会得出错误的判断。例如，有时候主力在建仓时并不主动往上买，而是采用在下方挂买单的方式等待抛盘，那么如果这些买单成交的话，软件自然会统计为内盘，出现内盘大于外盘的情况。如果投资者认为空方占优而卖出股票，就会掉入主力的诱空陷阱。一般在大势低迷时，主力经常采用这种建仓手法。此时投资者可以密切关注，一旦股价开始走强，就可以跟庄买入。

有时候主力出货时不主动往下砸，而是在上方提前挂好卖单，然后自己主动往上买，制造走势强劲的假象，吸引很多跟风买盘，此时软件会显示外盘大于内盘。如果投资者据此买入，会掉入主力的诱多陷阱。一般在行情火爆时，主力经常采用这种拉高出货的手法。此时投资者不宜入场，即使入场也应立足短线，快进快出。

在大多数情况下，股价都会呈现"股价上涨，外盘大于内盘"或者"股价下跌，外盘小于内盘"的情形。在具体的实战分析中，投资者一方面要注意股价所处位置；另一方面，也要注意主力的操纵行为。

①当股价处于低位或者上升的初期，此时出现外盘大于内盘的情况，说明有资金主动入场，后市看涨。

②当股价处于高位或者阶段涨幅已大，此时出现内盘大于外盘的情况，说明有资金主动卖出，后市看跌。

③当某日外盘大于内盘，而股价却不涨反跌时，投资者要注意买一卖一的真实成交情况。当出现大买单时，如果投资者发现软件显示的是以卖一的价格

成交，外盘增加，但是卖一价位的挂单却没有相应减少，而买一价位的买单少了好多，就说明主力用"先卖后买、买小卖大，同时委托、同时成交"的方式，将大卖单伪装成了大买单，以此来欺骗投资者。此时如果股价处于高位的话，投资者应注意及时离场。

④当某日内盘大于外盘，而股价却不跌反涨，投资者需要注意，主力可能在用"伪装"的手法掩盖真实买盘。如果此时股价处于低位或者横盘震荡，投资者应注意进行买入操作。

⑤当股价出现涨跌停走势时，内盘、外盘的分析就会失效。例如，当股票涨停时，此时的所有成交均以买一价格成交，炒股软件会将它们全部计入内盘，显示内盘远远大于外盘。出现这种情形，不是因为主动性卖盘多，而是因为主动性买盘太多的缘故。

（3）从换手率看股票活跃程度。换手率，就是当天或者一段时期内的成交量与总流通股数的比值，反映的是股票转手买卖的频率。换手率高，说明该股受关注程度高，买卖活跃。

①如何衡量换手率的高低，按照一些学者[1]的划分，一般而言，换手率的高低有以下五种情况。

A. 换手率低于 1%，属于地量。

B. 换手率处于 5% 左右，属于成交活跃。

C. 换手率处于 10% 左右，属于明显放量。

D. 换手率处于 15% 左右，属于巨量水平。

E. 换手率超过 20%，属于过度放量。

当股价经过长期阴跌，出现换手率低于 1% 的情形时，往往预示着底部即将来临；当股价经过大幅度上涨，出现换手率超过 15% 的情形时，往往意味着机构已经开始出货，股价即将见顶。如果高换手率出现在股价刚启动时，那么往往预示着行情仍可看高一线。

②通过换手率对比选择板块龙头。换手率高的股票，往往是当前市场的短线炒作热点，放量越明显的股票，成为热点龙头的概率越大。由于各个股票的流通股本大小不同，无法用绝对成交量来对比不同股票之间的放量情况，而使用换手率来进行对比就可以解决这个问题。例如，同板块的股票，在启动时换手率高的股票，往往就是这个板块中的龙头品种。

---

[1] 张永彬：《新手看盘——从入门到精通》，中国劳动社会保障出版社，2010。

在通过换手率对比来寻找热点品种时，投资者应注意，要在同一板块、同一概念内进行比较。不同板块的股票之间，不宜使用换手率进行对比。例如，投机程度高的创业板或者中小板股票，换手率在5%都属于低水平。而对于银行板块来说，5%的换手率已经属于明显放量水平。

（4）从上涨幅度看当天的股价运动动向。上涨幅度，即当日开盘到现在的上涨或下跌的幅度。若幅度为正值，数字颜色显示为红色，表示股价在上涨；若幅度为负值，数字颜色显示为绿色，表示股价在下跌。幅度的大小用百分比表示。收盘时涨跌幅度即为当日的涨跌幅度。例如，"幅度 - 0.22%"，此时已经收盘，因此，它表示该股当日跌幅为0.22%。

第二节　即时图看盘技巧

一、利用即时图均线看走势强弱

在判断个股盘中走势强弱时，均价线有着非常重要的参考意义。在本书上面的内容中，已经提到了利用均价线判断走势强弱的一些方法，下面，我们再深入地介绍这一技巧。

1. 均价线的实战看点

均价线表示的是，当天买入股票的所有投资者的平均成本。当股价在均价线上方运行时，表示当天买入的大多数投资者都处于盈利状态；当股价在均价线下方运行时，表示当天买入的大多数投资者都处于亏损状态。让大多数人都处于盈利状态的行情，无疑是强势行情；而让大多数人都处于套牢状态的行情，无疑是弱势行情。因此均价线就可以作为投资者判断当日走势强弱的一个重要参考。

从主力运作的角度分析，如果主力在当天的运作中以拉升为主，那么它往往不会让股价跌破均价线，防止其他投资者低位买入；如果主力在当天的运作中以出货或者打压为主，那么它往往不会让股价涨至均价线上方，防止其他投资者高位卖出。因此，均价线就会对股价的运行产生支撑或者阻力的作用。当股价在均价线上方运行时，均价线对股价会产生支撑作用；当股价在均价线下方运行时，均价线对股价会产生阻力作用。

2. 从均价线看走势强弱

当股价能够保持在均价线上方，回落时不跌破均价线，就说明当天股价的走势强劲，同时也预示着短期内继续走强的概率较大，投资者可以短线买入；当股价跌破均价线后，无法重新回到均价线上方，或者当天一直在均价线下方运行，就说明股价走势疲弱，同时也预示着股价在短期内继续低迷的概率较大，投资者应保持观望，短线不宜买入。

图2-4是东湖高新（600133）在2014年7月24日的分时走势图。投资者可以看到，当日，东湖高新股价在开盘微跌后，被迅速拉起，此后，始终保持在均价线上方，上午10点半左右虽然有所回落，但在均价线处获得支撑。午后继续上扬，逐步脱离均价线，收盘前股价线也没有跌破均价线，几乎是全天的次高价收盘。这一切都是强势的表现，短线投资者可以在盘中逐步买入。

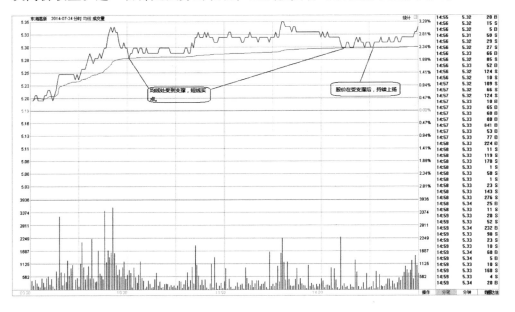

图2-4　东湖高新（600133）分时走势（2014-07-24）

图2-5是金牛化工（600722）在2014年4月22日的分时走势图。当天，该股在早盘即将结束前跌破均价线，并在随后的多次回升中始终无法收复均价线，走势出现转弱迹象。此时投资者应提高警惕，如果后市这种转弱趋势仍没有得到扭转，那么就需要把握短线卖出时机。

3. 从均价线看超级强势股

短线交易的品种，其走势自然是越强越好。当天的走势越强，那么后市继续保持强势的可能就越大。怎么通过当天的分时走势，寻找超级强势股呢？股价与均价线的距离远近，就是其中的一个判断标准。

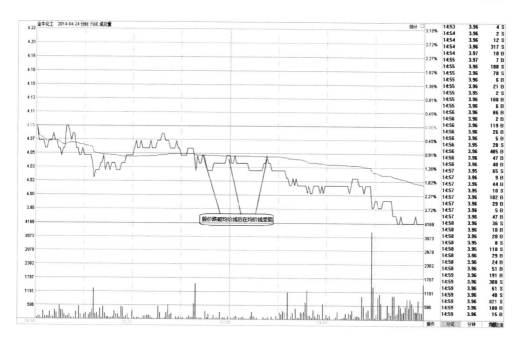

图 2 - 5　金牛化工（600722）分时走势（2014 - 04 - 22）

在当天的分时走势中，股价在上涨中很少有直接涨停的，在中途往往都会有震荡休整的时候。当股价在震荡休整时，震荡区域距离均价线越远，说明当天的走势越强，这个股票自然就成为短线投资者的首选目标。

股价在盘中的运行，就好比多空双方在进行交战。当股价在均价线上方运行时，可以将均价线视为多方的补给线；当股价在均价线下方运行时，可以将均价线视为空方的补给线。如果多方敢于在远离补给线的情况下和空方作战，那么多方的信心和实力必然强大，当天的走势也就越强劲。

4. 从均价线看由弱转强

在个股的盘中走势中，经常出现强弱转换的情形。投资者要回避或者卖出那些由强转弱的个股，尤其是在股价阶段性涨幅比较大的情况下。投资者要买入或者关注那些由弱转强的个股，尤其是股价经过一段时间的调整后，如果出现这种明显的由弱转强的走势，应注意把握短线买入机会。

图 2 - 6 是金自天正（600560）在 2014 年 8 月 18 日的分时走势。该股在当天高开后一路走低，11 点左右，没有明显的放量，股价突破均价线的压制，并在随后的横盘震荡中始终围绕在均价线，在 14 点 40 分后，放量上攻，预示着当天走势已经由弱逐渐转强。

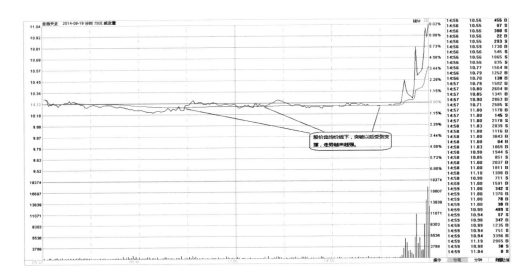

图 2 - 6　金自天正（600560）分时走势（2014 - 08 - 18）

二、通过分时走势对比看走势强弱

大盘的走势，与大部分股票的走势都息息相关。从中长期来看，大多数股票的走势，都与大盘走势基本保持一致。但是就短期而言，有不少股票的走势与大盘并不同步。走势强于大盘的股票，意味着在短期内其走势也要比大多数股票强，这类股票自然就是短期的强势股；而走势弱于大盘的股票，意味着也要比大多数股票的走势弱，这类股票自然就是弱势股。

因此，投资者可以将大盘的分时走势作为参照物，将个股走势与之进行对比。那些走势强于大盘的股票，就是短线交易的首选目标。

在绝大多数炒股软件中，都可以将个股的盘中走势，与相应的大盘指数的盘中走势进行叠加。例如，沪市个股可以选择上证指数进行走势叠加，这样就可以非常直观地进行走势对比，一目了然地判断当天走势的强弱。

图 2 - 7 是 2014 年 9 月 10 日金自天正（600560）这只股票与上证指数的盘中走势对比。投资者可以很直观地发现，金自天正的走势强于上证指数的走势。尤其是下午刚开盘时，上证指数快速下跌，而金自天正快速上涨。短线投资者选择交易品种时，应注意这种强势股，逢低介入。

图 2 - 7　金自天正（600560）分时走势（2014 - 09 - 10）

三、从即时图中的形态看买卖点

指数和个股的分时走势飘忽不定，很难把握，但是很多时候也会演化为一些特殊形态，投资者可以根据这些形态，把握盘中分时走势的买卖点。这里介绍两个比较常见的盘中分时买点。

1. 买点 1：双底形态买点

很多投资者都知道，底部形态有双底、三重底、头肩底等。当股价突破这些底部形态的颈线位置时，就是买入时机。在后面的章节中，会详细介绍这些形态特征和买点选择。股价在当天盘中的走势，有时也会呈现这些底部形态，如果投资者能够及时发现这些形态，就可以把握相应的买入时机。

2. 买点 2：突破平台买点

股价在盘中经常会出现横盘震荡的走势，此时就形成了一个整理平台。当股价突破这个整理平台时，往往会构成买入时机。

图 2 - 8 是隆鑫通用（603766）在 2014 年 8 月 22 日的分时走势。投资者可以看该股在下午 1:00 ~ 1:30 之间构筑了一个三重底形态，当股价突破双底的颈

线位置时，买点 1 出现。

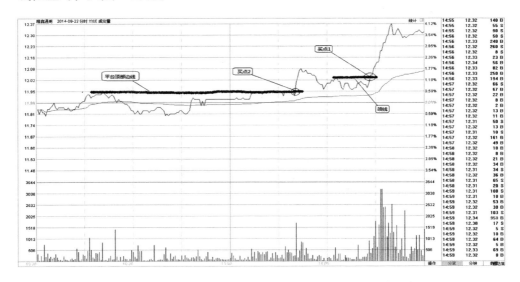

图 2 - 8　隆鑫通用 (603766) 分时走势 (2014 - 08 - 22)

　　该股在 10:00 ~ 13:00 之前，构筑了一个横盘平台，并于随后突破了平台，买点 2 出现。该股在突破平台上边线之后，还有一个对上边线的回踩动作，这种突破后的回踩，也是买入时机。当股价在盘中出现突破走势时，如果成交量放大，那么突破点的可靠性增强，买点的可靠性也增强。

　　在分析短线买点时，除了分析即时图以外，投资者还要关注股票的长期趋势，不要急于购买，而是要耐心等待，当股票上涨趋势基本确定时，投资者可逢低介入。

第三节　即时图实战分析

一、短线之早盘实战看点

　　开盘后第一个半小时的交易时段，也就是 9:30 ~ 10:00，一般称为"早盘"；收盘前半小时的交易时段，也就是 14:30 ~ 15:00，一般称为"尾盘"；在早盘和尾盘之间的交易时段，即 10:00 ~ 11:30、13:00 ~ 14:30，一般称为"盘中"。

　　如果投资者注意观察的话，就会发现，每天的早盘和尾盘时段，是一天中成交量最大的时段，尤其是早盘时段最为明显。这是因为，上一个交易日结束后，消息面往往会有新的变动，而多空双方经过盘后的冷静分析之后，会制订出新的交易计划，开盘后正是初步实施的阶段。因此，早盘是多空搏杀最为激烈的时段，也是短线看盘的重点时段。

另外，当投资者跟踪一只股票一段时间后，有时就会发现该股票走势的一些特殊的"习性"，或者称为"股性"。这是因为主力做盘经常会有自己的一些习惯。例如，有的主力喜欢在早盘做打压动作，有的主力习惯在尾盘进行拉高等。看盘时也应注意总结股票或者主力的习性，做到有针对性地看盘。

本书中的看盘要点，论述的是较为普遍的一些看盘规律。具体股票的股性，需要投资者自己通过细致看盘，总结其波动规律。

在每个交易日的开盘前，短线投资者都需要关注以下四点内容。

1. 看美国、中国香港股市及汇率、石油等国际资本市场走势

随着经济全球化的不断推进，各个国家股市的联动性越来越强。研究表明，中国股市受欧洲股市的影响较小，但是中国股市和美国股市之间的相互联动在2008年国际金融危机后得到了加强，同时中国香港股市也对中国股市有相应的影响。如果在我国晚间美股和香港股市出现大跌，那么第二天我国股市的开盘价也会出现低开。

如果国际黄金价格出现大涨，那么国内股市中的黄金板块也会出现上涨走势。另外，美元汇率也是投资者需要重点关注的。美元汇率的涨跌，会对以美元计价的国际原油、黄金价格产生重大影响。一般来说，美元涨，则原油、黄金价格跌；美元跌，则原油、黄金价格涨。

2. 关注重要财经新闻

重要的财经新闻包括政策变动、行业新闻、货币信贷政策等。重大新闻都将对当日的盘面构成较大影响。看到新闻时，投资者应该分析是利空还是利好，对股市的影响是整体的还是局部的，是短期影响还是中长期影响。作出适当的判断，投资者就可以采取相应的投资对策。

3. 浏览重要股票论坛

投资者通过浏览股票论坛，可以了解市场人气状况，知道目前广泛讨论的话题是哪些，多空双方的主要观点是什么。尤其是和自己相反观点的内容，更要客观地进行分析。这样可以弥补自己可能的疏忽之处，更好地把握市场热点和脉络。

4. 要一次审视自己的交易计划

做完以上三步后，投资者应该在开盘之前，再一次认真审视自己当天的交易计划。如果需要对计划进行调整，应该在盘前完成，尽量不要在盘中一时起兴地改变交易计划。

二、开盘价实战看点

经过盘前 9:15 ~ 9:25 的集合竞价后，在 9:25 会出现当天的开盘价，包括指数开盘价和个股的开盘价。开盘价是一天之中多空斗争的起始点，因此开盘价的高低和成交量，很大程度上反映了当天主力做盘的意图和实力。

开盘价的主要关注点有以下两个。

1. 高开与低开

开盘价的高低，主要关注点有以下两个：

（1）与昨日收盘价比较，看高开还是低开。开盘价高于昨日收盘价，就是高开；开盘价低于昨日收盘价，就是低开。

（2）与昨日最高价和最低价比较，看是否有缺口。开盘价高于昨日最高价，就是跳空高开；开盘价低于昨日最低价，就是跳空低开。

开盘价的高低，很大程度上反映了市场做多或者做空的意愿。高开反映市场做多意愿强烈，低开表明市场做空意愿强烈。

2. 集合竞价的成交量

集合竞价的成交量，预示着当天股票的活跃程度。集合竞价成交量大，就说明开盘参与者多，多空分歧较大，那么当天该股往往会走势活跃；集合竞价成交量小，就说明开盘时参与者少，该股缺乏关注，预示着该股当天的活跃程度会比较低。

投资者需要注意的是，集合竞价的成交量大，说明参与者多，同时也说明市场分歧较大。那么当天的走势，会呈现要么剧烈震荡，要么大涨大跌的情形。

三、早盘实战看点

开盘后前半小时，是一天中最重要的看盘时间之一，投资者可关注以下几个方面。

1. 看大盘强弱

市场的整体强弱状况，是短线交易必须关注的内容。在强势市场中进行短线交易，自然会如鱼得水；而在弱势市场中，自然是危机四伏了。

判断大盘强弱的几个看点如下：

（1）看涨幅榜第一页。开盘后的半小时内投资者要密切关注沪深两市的涨幅榜。一般来说：

①如果沪深两市有多家以上的股票涨停，那么市场处于强势，投资者可以大胆选股，进行短线操作。

②如果涨幅榜第一页的股票涨幅均在5%以上，那么市场同样处于强势，投资者仍然可以短线积极参与。

③如果涨幅榜没有股票涨停，或者涨幅超过5%的股票数量较少，那么市场处于弱势，投资者对于短线交易要非常慎重。

④如果整体市场没有超过5%涨幅的股票，那么说明市场处于比较严重的弱势，短线投资者应保守观望。

（2）看成交量的变化。大盘涨时有量、跌时无量，说明量价关系健康正常。大盘涨时无量、跌时有量，说明量价关系不健康，投资者需注意回避风险。

（3）看涨跌家数。涨跌家数的大小对比，可以反映大盘涨跌的真实情况。

①大盘涨，同时上涨家数大于下跌家数，说明大盘上涨自然，涨势真实，投资者可以考虑短线操作。

②大盘涨，而下跌家数却大于上涨家数，说明主力通过拉抬指标股控制指数，虚涨的成分较大，投资者应谨慎进行短线操作。

③大盘跌，同时下跌家数大于上涨家数，说明大盘下跌自然，跌势真实，投资者应避免短线操作。

④大盘跌，相反上涨家数却大于下跌家数，说明主力通过打压指标股压制指数，跌势虚假，投资者可以选择目标个股进行逐步低吸。

2. 看个股走势找强势股

从个股走势中看强势股有很多方法，例如从量价关系、均线系统中的"金叉"等和技术指标的配合方面。但是，在即时图中的看强势股方法，比较典型的方法如早盘"拉旗杆"形态。这种形态往往是庄家在开盘后15分钟内迅速抬高股价，然后全天横盘，让当日的换手成本比前一日高出一截。这种形态往往在股价上升时伴有大的成交量，是庄家自买自卖对敲所致。出现这种形态时，可以迅速跟进，胜算较大。如果成交量显著放大，这种形态的股有可能出现涨停。很多强势股，其强势特征在早盘就已经体现无疑，尤其是刚刚从底部启动的强势股，由于主力要迅速脱离成本区，因此开盘后往往会选择迅速拉升。

如果个股高开后继续走高，同时成交量持续放大，股价涨势非常流畅，那么往往意味着该股在整个交易日内保持强势的概率极大，甚至有可能在早盘就封上涨停。当投资者发现个股出现这种走势时，如果大盘趋势配合，同时股价的阶段性涨幅不大，那么短线可以积极追涨。

四、盘中实战看点

白色线围绕黄色线上下波动是常态；白色线始终在黄线之上，偶尔会向下破黄线，短时间内重新拉回黄线之上为强势，黄线构成对白线的支撑；白色线与黄线始终向下，偶尔会上穿黄线，短时间内重新回到黄线以下，黄线构成对白线的压力为弱势。大盘开盘半小时后，随着交易连续竞价的进行，大盘进入中盘阶段。在中盘阶段，典型的弱势形态是，黄色均价线与白色即时线开盘即同时向右下方一泻千里。当然，这种形态也有可能出现在上升通道中的震仓，但在对震仓或者回调等走势把握不准时，远离分时图上这种形态的个股。尽管交易不像早盘一样激烈，但是也一样需要注意以下两点。

1. 均价线为支撑线——均线买点

常态行情，特别是盘整中的个股，小阴小阳夹杂的走势，可以在分时图中采取这种做法，就是在白色线掉在黄线下较远的地方买入，在次日白色线在黄线以上较高的地方抛出。这是短线实战能力较强的人在盘整中搏短差的做法。在盘中阶段，如果股价一直运行在均线之上，成交量持续放大，一般是强势股，投资者可以在均线附近介入。

2. 盘中跌破均线——均线卖点

如果个股早盘冲高，盘中回落，在跌破均线后，再无力突破均线，这说明空头增多，主力诱多。投资者须注意观望，均线附近是短线出货点。

五、尾盘实战看点

收盘价是一天当中最重要的价格，其决定了当日多空双方争斗的最终结果，也将为下个交易日的开盘价提供重要依据。因此，尾盘往往是多空双方争斗最激烈的时刻。另外，由于早盘和盘中的走势具有较多的不确定因素，到了尾盘，许多不确定因素已经消失，多空双方的力量对比基本可以确定。因此，不少短线投资者喜欢在尾盘进行交易。

庄家也充分利用大家对尾盘的关注程度，经常在尾盘突然地拉高或打压股价。这些动作，在股价的不同位置，有着不同的含义。因此对于尾市异动，投资者需要综合分析，进行仔细鉴别。

在尾盘的异动中，主要有"拉尾盘"和"砸尾盘"两种情形。

1. 拉尾盘

尾盘时，某股的股价突然出现大幅上涨，而且收盘价往往都是当天的最高价，或者相距不远，称为"拉尾盘"。拉尾盘主要有两种表现形式：一种是下午两点半之后即开始拉升，拉升时间较长；一种是直到临收盘时才出现突然的拉升动作。

（1）下午两点半后开始拉升。个股在下午两点半之后出现大幅上涨，成交放大，尤其是拉升后的股价创出当天的新高，并且在拉升后股价仍能保持强势，此时投资者需要保持高度关注。如果这种走势出现在一个阶段性的低位，同时全天的成交量出现放大情形，一般来说都意味着股价开始启动，短期内行情仍可看高。此时投资者可以短线参与。

图2-9是兖州煤业（600188）在2014年9月2日的分时走势。该股早盘以及盘中的走势都比较稳健，盘面波澜不惊。到了下午两点半前后，股价突然被大单拉起，成交非常活跃，不仅创出当天的新高，而且走势强劲。收盘前还出现了一小波放量冲高，表明有短线资金在收市前集中买入。

图2-9　兖州煤业（600188）分时走势（2014-09-02）

此时投资者若观察该股近期的K线走势（如图2-10所示），可以发现该股此前一直在回调当中，9月2日尾盘的启动，预示着短线调整的到位。此时投资者可以短线买入，待股价走软即可进行卖出操作。

（2）临收盘前拉升。在股市中，经常出现临收盘时，股票得到巨大拉升的情况。这种拉升一般持续时间很短，无法评价是故意拉升、个股启动还是尾盘多方集中于同一股票。这种情况下的追涨进入会承担较大的后市不确定性风险。

2. 砸尾盘

尾盘下跌，也分为下午两点半开始下跌和临收盘才下跌两种情形。一般情况下，尾盘下跌有可能是主力利用尾盘突击打压出货，也有可能是主力在打压

图 2 - 10　兖州煤业（600188）日 K 线走势

洗盘。不过不管哪种情形，投资者都不要急于参与。因为即便是主力在打压洗盘，第二个交易日往往也会有低点出现。

　　图 2 - 11 是兖州煤业（600188）2014 年 9 月 16 日的分时走势。该股在当天的大部分时间里，都围绕着 8.56 元上下震荡，走势比较平稳。下午两点后，兖州煤业突然出现快速下跌，股价被打压至当天的最低位置。投资者观察下跌过程中的放量情况，可以发现成交并没有明显放大。

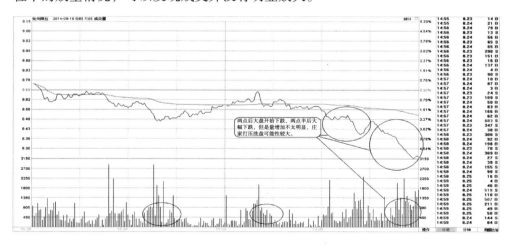

图 2 - 11　兖州煤业（600188）分时走势（2014 - 09 - 16）

　　投资者若观察该股近期的 K 线走势，可以发现此时该股自低点回升的幅度并不大。综合以上分析，主力利用尾盘打压洗盘的可能性较大。

练习题

1. 什么是即时图? 大盘即时图和个股即时图的区别是什么?

2. 即时图的看盘技巧有哪些?

3. 如何看早盘?

4. 如何看尾盘?

5. 如何通过即时图看个股强弱?

第三章　K 线理论

第一节　认识 K 线图

日本的大米交易商通过长达 400 多年的时间建立的 K 线分析系统，在 18 世纪中叶达到了其辉煌时期。加藤耕作（1716—1803）在德川幕府时代出生于酒田市。由于他被本间家族收养，因此改名本间宗久。虽然本间宗久没有发明 K 线图，但是他的投资规则和投资哲学是早期 K 线图分析的基础。在日本，本间宗久这个名字与成功投资联系到了一起，而他为其家族创造的财富也成为传奇。

一、K 线

K 线图相对来说更加形象化，K 线图上标示有开盘价、收盘价、最高价和最低价。然而，对 K 线图分析员来说，K 线图形态提供的信息远比这些标示的信息更多。K 线是一条柱状的线条，由实体和影线组成，中间的方块是实体。影线在实体上面的部分叫上影线，在实体下方的部分叫下影线。实体分阴线和阳线，又称为红（阳）线和黑（阴）线（如图 3 – 1 所示）。

如果收盘价高于开盘价，在交易软件上这个实体就是红色（或者空的），称之为阳线；如果收盘价低于开盘价，这个实体是绿色的，称之为阴线。投资者的恐惧和贪婪写在 K 线图给出的信号上。K 线图信号可以帮你获取巨大的收益，如果你能对 K 线图信号进行仔细观察分析，就可以使你的投资选择目标更加准确。

如图 3 – 2 所示，我们可以看到：当经历过一段长时间的下跌之后，人们是如此的恐惧以致价格下降很多。于是，第一个出现的问题是："是谁买了所有的这些股票而减轻人们的痛苦？"也就是说，是谁充分地利用了"低买"这个概

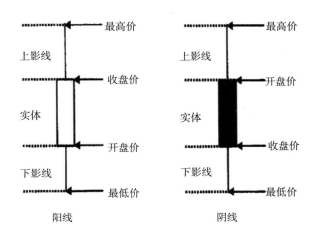

图3-1　K线图

念？蜡烛分析能使投资者面对这些价格的变化时胸有成竹并且从中获利。

　　如果你知道底部信号，就会防止你急切地买入价格还处在下跌之中的股票。当你在等待某一个信号出现时，一定的忍耐力是非常有必要的。K线图提供了一个低买高卖的投资决策平台，借助它，投资者几乎可以肯定地知道底部的信号将会在哪里出现，这可以使投资者在作决策时排除情绪的影响。通过寻找交易价格的底部信号，投资者可以形成一个不带任何情绪的法则。当你低买高卖时，一些风险因素会被极大地减少。然而，这种操作不是任何学校或者机构所

图3-2　长时间地下跌，人们的恐惧中，谁看到了信号，出手买了股票？

能教会的。K 线图信号能够识别当天、本周或者本月投资者资金的去向，并且能够识别出投资者情绪的波动变化。

二、阴线和阳线

从形态上来说，K 线可以分为阳线、阴线和同价位线。

1. 阳线的分类和特点

（1）阳线的分类。根据上下影线的有无和实体的长短，阳线又分为大阳线（长阳线）、中阳线、小阳线、光头光脚大阳线、光头光脚中阳线、光头光脚小阳线、光脚大阳线、光脚中阳线、光脚小阳线、光头大阳线、光头中阳线、光头小阳线、阳十字星等（见图 3－3）。

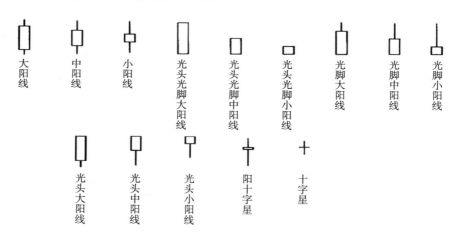

图 3－3　阳线示意图

①有上下影的大阳线（穿头破脚阳线）。它的出现是市场反转的强烈信号，若其出现在涨势后期，则会形成"崩盘"；出现在空头市场的尾部，则会形成"井喷"。

②光脚阳线。出现在低价区且实体比上影线长，则表示买方开始蓄积上攻能量进行第一次洗盘；出现在高价区，则表示买方上攻能量开始衰竭、卖方能量增强，行情有可能发生逆转。

③光头阳线。它的出现表示上升意义，其出现在低价位表示股价会走高并且成交量会放大，出现在上升行情中则表明后市继续看好。

④光头光脚阳线。它被认为是多方占优势的 K 线，是强烈的上涨信号，一般预示着牛市的继续或熊市的反转。

⑤阳十字星。它会出现在股市波动的任何时间，但是，若出现在一段剧烈上涨或一长期下跌之后，则具有强烈的趋势反转的含义，意味着行情将发生逆转。

（2）阳线的特点

①股市波动的任何情况下都有可能出现。

②一般情况下，阳线都有上下影线，阳线实体越长，说明多头的力量越大，后市看涨的概率越大。

③涨停板制度下的最大阳线实体可以达到当日开盘价的20%，即跌停板开盘，涨停板收盘。

④阳线意味着当日股价上涨，实体越大对后市的影响越大。

影线对大阳线的力度也有所影响。在其影响下，大阳线的力度由弱到强分别是穿头破脚大阳线、光脚阳线、光头阳线和光头光脚阳线、十字星。

2. 阴线的分类和特点

（1）阴线的分类。阴线按其影线所在的情况可以分为穿头破脚阴线、光脚阴线、光头阴线、光头光脚阴线、阴十字星等，如图3-4所示。

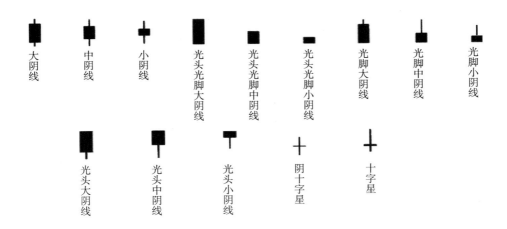

图3-4　阴线示意图

①有上下影的大阴线（穿头破脚阴线）。它表示开盘时，股价上升，随着卖方力量增强，买方不愿追高，卖方逐渐占上风，股价逆转。如在大跌后出现，行情可能反弹；如在大涨后出现，后市可能下跌。

②光脚阴线。它表示开盘后，买方力量较强，股价上涨。当涨到一定位置时，卖方的力量变强，股价出现下跌，后市呈下跌的趋势，最后以最低价收盘。

③光头阴线。它表示开盘后，买方的力量小于卖方，股价出现大幅下跌。但当跌到一定位置时，部分投资者不愿赔钱斩仓，低位卖出的状况减少，此后股价出现反弹。

④光头光脚阴线。它表示最高价与开盘价相同，最低价与收盘价相同，买盘力量强大，后市趋于下降，是股价下跌的信号。

（2）阴线的特点

①阴线在股市波动中任何情况下都有可能出现。

②大阴线实体较长，上下略带较短影线（或无影线）；小阴线则实体较小，一般有上下影线。

③阴线的实体越长说明下跌力度越大，反之则越小。

④阴线的出现预示股价当日下跌，阴线的实体越小，对后市影响程度越小。

⑤阴十字星表示收盘价低于开盘价或与开盘价相同，最低价低于收盘价。

第二节　K 线的意义

一、大阳线（长阳线）

大阳线可以有上下影线，如图 3 - 5 所示。

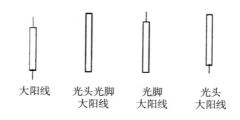

图 3 - 5　大阳线

大阳线实体很长，上下影线一般很短。日 K 线收出阳线，说明一个交易日内多方取得了最终的胜利。周 K 线收出阳线，说明一个交易周内多方取得了最终的胜利。其他时间周期的阳线依此类推。阳线的实体越长，说明多方的力量越强，反之则越弱。沪深股市的股票，如果以跌停开盘，涨停收盘，最大日阳线实体可达20%。

一般情况下，股票收出大阳线，表明后市看涨。这是因为多方从一开盘就发动攻势，步步紧逼。空方虽然也会尽力反击，展开一些拉锯战，但终究难以抵挡多方的进攻。多方牢牢占据优势，推动股价或指数持续上涨直至收盘。收出大阳线，局面很显然是一边倒的态势。从交易心理上看，大阳线充分表达了多方的信心，以及强烈的上涨势头。

二、大阴线（长阴线）

大阴线又叫长阴线，K线实体长度较长，可以有上下影线，如图3-6所示。大阴线的实体一般很长，上下影线较短。大阴线的含义和大阳线相反，表示多方在空方的打击下节节败退，毫无招架之力。在局势一边倒的情况下，多方不敢贸然入市，或者幸灾乐祸地持币观望。而那些已经持股在手的交易者，因为恐慌而不计代价地低挂卖单，唯恐不能成交，以致经常发生撤单、低挂，再撤单、再低挂的疯狂行为。多空双方的行为加剧了市场跌势，最终收出大阴线。和大阳线一样，大阴线的实体越长，代表空方的力量越强。

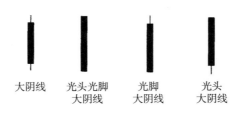

大阴线　　光头光脚　　光脚　　　光头
　　　　　大阴线　　大阴线　　大阴线

图3-6　大阴线

三、小阳线和小阴线

小阳线和小阴线是最常见的K线之一。小阳线、小阴线与大阳线一样，大盘指数的小阳线、小阴线较多。大盘指数的阴线和阳线的实体长度要比个别股票的实体长度相应缩短，如图3-7所示。

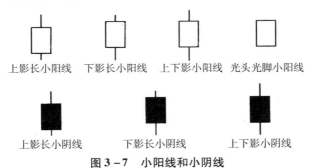

上影长小阳线　下影长小阳线　上下影小阳线　光头光脚小阳线

上影长小阴线　　　下影长小阴线　　　上下影小阴线

图3-7　小阳线和小阴线

上影长小阳线，显示多方攻击时上方抛压沉重，常出现在主力的试盘动作中，表明此时浮动筹码较多，涨势不强。下影长小阳线，表明多空交战中多方的攻击沉稳有力——最表明股价先跌后涨，行情有进一步上涨的潜力，但具体含义需要结合整个行情来看。当出现这种小阳线时，表明主力意图已经很明显。上下影小阳线，表示空方和多方的抛压与支撑力度相当，双方在寻找动态平衡。光头光脚小阳线，经常在上涨初期、回调完毕或横盘整理时出现，表示多方抛压力度逐渐增强。

上影长小阴线，表示股价上升后遭空方打压出现回落，股市上升趋势减弱，后市下跌可能性加大。下影长小阴线，表示多方在低价位有一定承受力，股价先跌后涨，后市有不大的上升空间。上下影小阴线，表示空方和多方的抛压与支撑力度相当，双方在寻找动态平衡。小阴线表明行情不明朗，多方和空方小心接触，空方呈打压状态但力度不大，略占上风。与小阳线一样，单根小阴线无太大意义，应与其他 K 线形态一起研判。出现小阴线和小阳线，说明空方或者多方都小心翼翼，收盘时一方仅取得微弱的优势，行情的发展方向不明朗。

四、十字线和十字星

十字线是上下影线都比较短的同价位线；十字星是实体和上下影线都很短的 K 线。单根十字星和十字线表明交易双方都无心应战，只是试探性地进行了一些攻防，多方或空方仅仅取得微弱优势，基本上可以看作双方势均力敌，表明行情将会进一步沿着原有的方向运行。

一般来说，十字线和十字星（见图 3－8）出现在上涨趋势末端则是见顶信号；出现在下跌趋势末端则是见底信号；出现在上涨途中表明继续看涨；出现在下跌途中表明继续看跌。

十字线　　　　　　　阴十字星　　　　　　　阳十字星

图 3－8　十字线和十字星

在股价沿着一定的上涨、下跌方向持续一段时间后，十字线和十字星的出现可将其视为反转信号。在股价低档时出现且当日收盘价低于次日收盘价时，表明买方力道较强，股价可能上扬；在股价低档时出现且当日收盘价高于次日收盘价时，则表明卖方力道较强，股价可能会下跌。

　　不能将十字线作为绝对的买卖信号，因为十字线的顶端通常代表压力。十字线和十字星本身表明多空双方处在一个比较均衡的状态。当股价或指数已有较大涨幅后收出十字线和十字星，则说明多方的进攻开始犹豫，似乎有些失去方向，空方则正在寻找或者等待反击的机会。

五、锤头线与倒锤头线

　　锤头线阳（阴）线实体很短，上影线很短或无上影线，下影线很长。其实体占下影线比例越大，参考价值越高。锤头线出现时，股价下跌时间越长，下跌幅度越大，则见底信号越明确。若锤头线与启明星同时出现，则见底信号更明确（启明星会在本书后面的K线组合中介绍）。如图3-9所示，按照锤头线的实体部分不同可以分为阳线锤头（图3-9左）与阴线锤头（图3-9右），它们的作用和意义都相同，但一般阳线锤头的力度要大于阴线锤头。

　　锤头线的出现一般是见底信号，后市看涨。当锤头线出现在连续下跌之后的市场底部时，转势才可以得到确认。如图3-9所示，锤头阳线出现在连续下跌行情中，则股价见底回升；锤头阴线在大幅下挫后出现，则是见底的信号。

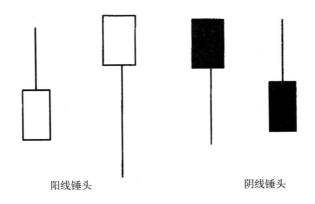

阳线锤头　　　　　　　　阴线锤头

图3-9　锤头线示意图

　　一般来说，锤头线在下跌行情中出现时，只要不出现大幅下挫，投资者最好冷静观察。持续下跌一段时间后出现锤头线，也可试探性地做多，若股价能够放量上升则可跟着做多。

　　倒锤头阳（阴）线实体很短，上影线较长，下影线很短或没有，上影线占实体的比例越大则参考价值越高，与"早晨之星"同时出现则信号更可靠。倒锤头线的出现一般是见底信号，后市看涨。若倒锤头线出现在股价大幅下跌之后，则是见底信号。倒锤头线与"早晨之星"同时出现在下跌过程中，则行情反转向上，如图 3 – 10 所示。由于倒锤头线的反转信号不强，故投资者应在确定时期买入。

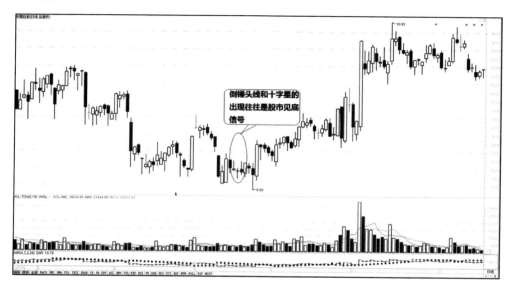

图 3 – 10　倒锤头线和十字星一般出现在底部

六、T 字线和倒 T 字线

T 字线是开盘价、收盘价和最高价为同一个价位，但有最低价，即下影线，成为"T"字形。T 字线下影线越长，带来的信号越强。

T 字线出现在股价上涨过程中，则表明继续看涨；出现在一段大幅上涨之后，则为见顶信号；出现在下跌过程中，则表明继续看跌；出现在一段大幅下跌之后，则为见底信号。T 字线出现在股价连续下跌之后，可考虑买进。

倒 T 字线是开盘价、收盘价和最低价粘连在一起，但最高价和收盘价有一段距离，在 K 线上留下一条上影线，形成倒"T"字。

倒 T 字线的力度与上影线成正比，上影线越长则力度越大，信号越强。上升趋势中的倒 T 字线被称为上档倒 T 字线，又叫下跌转折线。上档倒 T 字线形成时间越长，威力越大。其出现在上涨过程中，表明后市继续看涨；在下跌过程中出现，则表明后市持续看跌；大幅上涨之后高位出现，为见顶信号。倒 T 字线出现在上涨趋势中，表示在空方打击下多方无力抬高股价，股价要下跌，投资者应在此时退出观望。倒 T 字线出现在下降趋势末端，为卖出信号。

第三节 K线组合形态

K线组合可以是单根的也可以是多根的，很少有超过5根或6根的组合。从大的分类看，K线的组合形态分为反转组合形态和持续组合形态两种。在K线的历史上，投资者从实践中总结了非常多的固定组合形态，组合形态有简单的也有复杂的。但是，只要牢记这些形态，在关键的时刻，有助于作出买入或卖出的决定。

一、何时买入——K线组合形态

1. 多头阳包阴形态

（1）形态描述。在下跌行情中，多头阳包阴形态是一种由两种颜色相反的实体构成的主要反转信号。多头阳包阴（如图3-11所示）是股价比前一天的收盘价低的价格开盘，而以比前一天的开盘价高的价格收盘。因此，白色的蜡烛完全吞噬了前一天的黑色蜡烛。这种阳包阴信号既包括开盘价与前一天的收盘价相等的情形，也包括收盘价与前一天的开盘价相等的情形，但这两种情况不能同时共存。

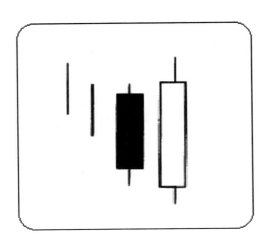

图3-11 多头阳包阴形态

（2）确认原则。

①第二天的实体必须完全吞噬前一天的实体，而上下影线则不用考虑进去。

②前价格必须已经处于长期下跌的趋势。

③第二天的实体颜色必须与前一天的实体颜色相反,而且前数天 K 线实体必须是呈下跌趋势。例外的情况是被吞噬的实体是一个十字信号或者一个非常小的实体。

(3)信号解析。

①必须是大的实体才能吞噬小的实体。前一天的市场状况表明其趋势力量已经很弱,而第二天大的实体表明新的趋势力量很强。

②如果阳包阴的信号发生在一个快速的下跌之后,那么市场上可供走出反转趋势的股票供应量就会较少。一个快速的移动会使得股票价格过度扩张从而增加赚取利润的潜力。

③在发生阳包阴的当天,放大的成交量会增加下跌发生的可能性。

④如果大的实体能够吞噬前面好几天的实体,就表明行情反转的力量很大。

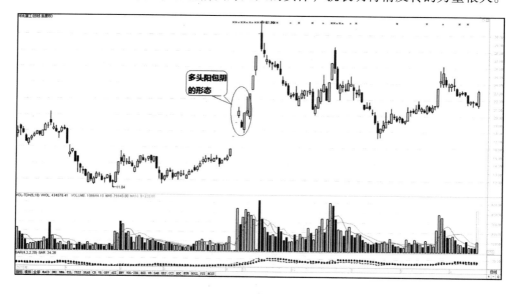

图 3-12 多头阳包阴形态买入点

⑤如果大的实体能够吞噬前一天的实体以及阴影,就表明发生反转的可能性会更大。

⑥第二天的开盘价距离前一天的收盘价越远,则强反转发生的可能性就越大。

(4)形态所蕴含的心理。

2. 底部锤头形态

(1)形态描述。在长期下跌过程一段时候之后,锤头由一个蜡烛组成(如

图3-13所示），其实体较短但只在下端才有阴影，且其阴影至少要大于实体长度的两倍。锤头一般处于下跌趋势的底部，因此，这表明多头马上就要介入。虽然这个形态中，对于锤头的实体颜色并不特别要求是红色或绿色，但颜色为红色的实体要比绿色的实体对于多头到来的暗示稍微明朗些。需要锤头出现后第二天为上涨K线，才可以确认其为锤头形态。

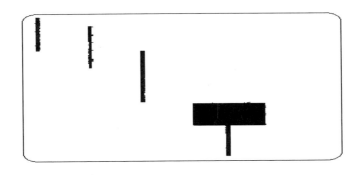

图3-13　底部锤头和吊劲形态

（2）确认原则。

①下端的阴影至少要大于其实体长度的两倍。

②真正的实体必须处于市场成交价格幅度的上端。锤头的实体颜色并不重要。

③应当没有上阴影或者上阴影非常小。

④第二天市场的情况必须为上涨的态势以证实锤头信号的存在。

（3）信号解析。

①下端的阴影越长，则市场发生反转的潜力越大。

②如果出现锤头形信号的第二天高开的话，那么与前一天的收盘价相差较大的形态说明一个强反转即将到来。

③出现锤头形信号的当天，成交量的放大会增加以后反弹发生的可能性。

（4）形态所蕴含的心理。在一个下降通道中，市场空方力量占主导地位，市场开盘之后价格就会一路走低。此时，空方依然处于主导地位。但是在交易即将结束之时，多方开始反击，使得交易价格回升到成交价格幅度的上限。这就产生了一个具有长下阴影的小实体蜡烛形状。这代表空方已经不再占据主导地位，长下阴影使得下跌的趋势不再继续进行。如果第二天市场的情况为上涨的势头，则证明买方已经在市场上占据主导地位（如图3-14所示）。

图 3 – 14　底部锤头形态买入点

3. 贯穿型形态

（1）形态描述。贯穿模式（如图 3 – 15 所示）由处于下跌趋势的市场中的两个蜡烛所构成。第一个蜡烛为黑色，是已存在的趋势的延续。第二个蜡烛的开盘价低于前一天交易的最低价，而收盘价则处于前一天的黑色蜡烛的中部之上且接近或者为当天的最高价。

（2）确认原则。

①第一个蜡烛的颜色为黑色，且第二个蜡烛的颜色为白色（见图 3 – 15）。

②下跌的趋势已经很明显地持续了一段较长的时间，且长的黑色实体发生在该趋势行将结束之时。

③第二天的开盘价应当低于前一天的最低价。

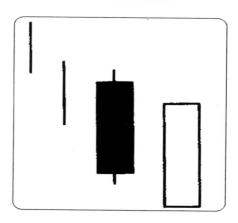

图 3 –15　贯穿型形态

④第二天白色蜡烛的收盘价所处的位置必须在第一天黑色蜡烛的中部之上。

（3）信号解析。

①白色和黑色的蜡烛越长，则市场发生反转的力量就越大。

②第二天开盘价较第一天的收盘价越低，反转越显著。

③白色蜡烛的收盘价越高，则发生反转的力量就越强。

④如果连续出现黑色和白色蜡烛的这两天成交量很大，则进一步证实贯穿模式的存在。

（4）形态所蕴含的心理。在一段下跌的趋势已经发生之后，市场行情非常看跌。此时对于市场的恐惧占据着人们的心理，价格一路下跌，而且空头可能会使价格下跌到更低的位置。但是在当天交易的某一时刻起，多头开始发力，并使得交易价格立刻回升。这种力量使得市场几乎以当天的最高价收盘。这种价格的回升抵消了前一天的价格下跌所带来的负面影响。如果第二天市场表现为更多的买入，则进一步证明了这种趋势的存在（如图3－15所示）。

4. 晨星形态

（1）形态描述。晨星信号（如图3－16所示）是一个底部反转的信号。如太阳即将升起，意味着价格即将上涨。它形成于明显的下跌趋势之后，通常由三个蜡烛所组成。第一天的蜡烛有一个长的黑色实体，通常处于令人恐惧的持续很长一段时间的下跌趋势的底部。第二天价格继续下跌，但是当天的成交价格振幅较小，此时就形成了晨星。第三天市场行情为一个白色的蜡烛形状，这

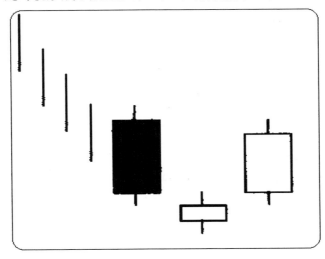

图3－16　晨星形态

就意味着市场已经开始进入买方状态，多头占据主导地位。最好的晨星信号是在出现晨星的前一天和后一天之间价格有一个较大的落差。晨星的构成可以有许多不同的蜡烛组成方式，最重要的是第三天多头占据了整个市场，即第三天的收盘价必须位于前两天黑色蜡烛的中部之上。要确定晨星相对比较容易，因为投资者凭视觉就可以看出。

（2）确认原则。

①一段下跌的趋势很明显。

②在三个K线组合中，第一个蜡烛实体的颜色为黑色，并且为当前趋势的延续。第二个蜡烛处于底部状态，可以是任何颜色的十字星，或者实体很小的K线。

③第三天的市场进入多头状态，当天的收盘价必须位于第一天的黑色蜡烛的中部之上。

（3）信号解析。

①黑色和白色的蜡烛越长，则市场发生反转的力量就越大。

②出现晨星的那一天越具有不确定性，则市场发生反转的可能性就越大。

③第一天和第二天之间的缺口越大，则说明市场发生反转的可能性就越大。

④出现晨星的前一天和后一天之间的缺口越大，则晨星出现的可能性越大。

（4）形态所蕴含的心理。长期下跌后，人们开始惊慌起来，从而造成在晨星出现的前两天人们大量抛售手中的股票。第二天虽然卖出的这种状态仍然在继续，但是在低价位市场已经开始转入买空。如果在下跌的这些天内成交量很大，则表明股票已经换手。第二天的成交幅度并不很大，而第三天多头的力量开始超过空头的力量。当价格开始回升到晨星出现前一天的成交价格幅度之内时，空方衰弱而多方占据控制地位（如图3-17所示）。

二、何时卖出——K线组合形态

1. 空头阴包阳形态

（1）形态描述。空头阴包阳形态是由两种颜色相反的实体所构成的主要反转信号（如图3-18所示）。空头阴包阳是在上涨的趋势之后发生的，它以较前一天的收盘价高的价格开盘，而以较前一天的开盘价低的价格收盘。因此，黑色的蜡烛完全吞噬了前一天的白色蜡烛。这种吞噬信号既包括开盘价与前一天的收盘价相等的情形，也包括收盘价与前一天的开盘价相等的情形，但这两种情况不能同时存在。

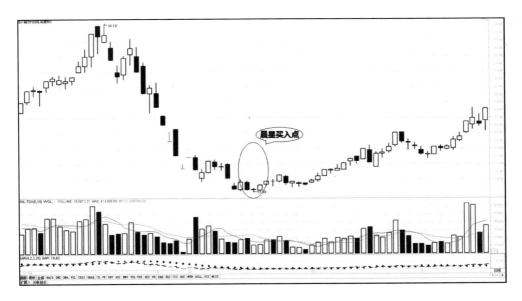

图 3 – 17 晨星形态买入点

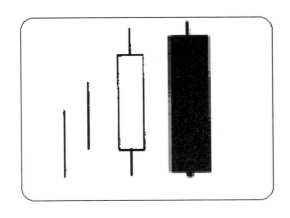

图 3 – 18 空头阴包阳形态

（2）确认原则。

①第二天的实体必须完全吞噬前一天的实体。

②必须已经处于上涨的趋势，即使这种趋势是短期的。

③第二天的实体颜色必须与前一天的实体颜色相反，而且前一天的实体颜色必须与其以前趋势的颜色相同。例外的情况是被吞噬的实体是一个十字信号或者一个非常小的实体。

（3）信号解析。

①必须是大的实体才能吞噬小的实体。前一天的市场状况表明其趋势的力量已经很弱，而第二天大的实体表明新的趋势的力量很强。

②如果阴包阳的信号发生在一个快速的上涨移动之后，那么市场上减慢反转趋势的股票供应量就会较少。一个快速的移动会使得股票价格过度扩张从而增加赚取利润和回拉的力量。

③在发生空头阴包阳的当天，放大的成交量会增加下跌发生的可能性。

④如果大的实体能够吞噬前面好几天的实体，就表明反转的力量很大。

⑤如果大的实体能够吞噬前一天的实体以及阴影，就表明发生反转的可能性不用去考虑。

⑥第二天的开盘价距离前一天的收盘价越远，则强反转发生的可能性就越大。

（4）形态所蕴含的心理。如果一个上涨的趋势已经发生了，那么开盘价就会比前一天的收盘价高。在当天交易结束之前，卖者已经使股票价格降至前一天的开盘价之下了，则表明趋势背后的情感心理已经发生了改变（如图 3 - 19 所示）。

图 3 - 19　深证指数空头阴包阳形态

2. 顶部锤头形态

（1）形态描述。顶部锤头也是由一个蜡烛组成的（如图 3 - 20 所示），其实体较短并且只在一端才有阴影，且其阴影至少要大于实体长度的两倍。顶部锤头一般处于上涨趋势的顶部。

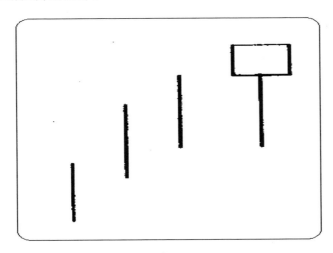

图 3 - 20　顶部锤头形态

（2）确认原则。

①阴影至少要大于其实体长度的两倍。

②锤头 K 线实体必须处于上升通道的顶部。

锤头的实体颜色并不重要，虽然颜色为黑色的实体相对而言对于空方到来的暗示会稍微明显一些。

③没有上阴影。

④第二天市场的情况必须为一个黑色的蜡烛或者下跌至一个更低的价格。

3. 乌云压顶形态

（1）形态描述。乌云压顶形态的最终形成是由两个蜡烛构成的。第一天的形状为白色长蜡烛，是以前趋势的延续。第二个蜡烛的开盘价高于前一天的交易价格，而收盘价则处于前一天的白色蜡烛的中部之下。第二天收盘价的位置越低，则回调发生的可能性就越大。若第二天的收盘价低于或者等于前一天的开盘价，乌云压顶形态将变成前面我们介绍过的空头吞噬信号。

（2）确认原则。

①一个蜡烛的颜色为白色，而第二个蜡烛的颜色为黑色。

②涨的趋势已经很明显地持续了一段较长的时间，且长的白色实体发生在该趋势将要结束之时。

③第二天的开盘价应当高于前一天成交价范围的上限。

④第二天黑色蜡烛的收盘价所处的位置必须在第一天白色蜡烛的中部之下。

（3）信号解析。

①白色和黑色的蜡烛越长，则市场发生反转的力量就越大。

②第二天开盘价较第一天的收盘价越高，则反转越显著。

③黑色蜡烛的收盘价越低，则发生反转的力量就越强。

④如果连续出现黑色和白色蜡烛的这两天成交量很大，则进一步证实乌云压顶信号的存在。

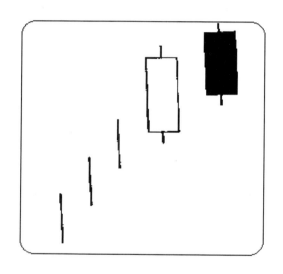

图 3－21　乌云压顶形态

（4）形态所蕴含的心理。在一个强上涨的趋势已经发生之后，市场行情非常看涨，此时市场一片繁荣，并且价格一路上涨，然后市场空头开始反扑并且使得交易价格回落，最终当天会以最低价或者接近最低价收盘。这种价格的回落抵消了前一天的价格上涨所带来的正面影响。上涨的趋势已经明显地停止。乌云压顶这种信号表明当天市场有一个短暂的好时期，也是在黑色蜡烛的顶部有一个短暂的停留。我们可以注意到：如果发生乌云压顶的第二天的收盘价低于或者等于前一天的开盘价，乌云压顶信号就会变成前面我们介绍过的空头吞噬信号。相比较而言，空头吞噬信号对于下跌发生的暗示稍微明显一些（如图 3－22 所示）。

4. 暮星形态

（1）形态描述。暮星信号（如图 3－23 所示）与晨星信号恰恰相反，它是

图 3 – 22　乌云压顶是上涨趋势结束时卖出点

一个顶部反转的信号。暮星信号宣告黑夜就要降临，股票价格即将下跌。它形成于明显的上升趋势之后，通常也由 3 个蜡烛组成。在一段上升趋势后，第一天的一个长的白色实体，通常处于涨势的末尾。第二天价格继续上升，但是当天的价格波动幅度很小，是个十字星，或者是个实体非常小的 K 线，这就是所谓的暮星。第三天市场行情为一个黑色的蜡烛形状，这意味着市场已经开始进入且空头开始占据主导地位。最好的暮星信号是在暮星的前一天和后一天之间价格有较大的落差。

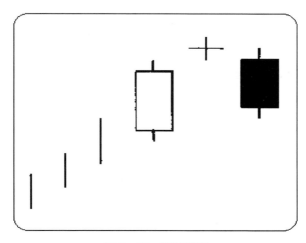

图 3 – 23　暮星形态

（2）确认原则。在一段长期上升的趋势之后，第一个蜡烛实体的颜色为白色，并且为当前趋势的延续。第二个蜡烛处于颜色不确定状态，但是当天波动很小，表现为 K 线为十字星。第三天的市场表现表明市场已经进入卖空，当天的收盘价必须位于第一天白色蜡烛的中部之下。

（3）信号解析。

①白色和黑色的蜡烛越长，则市场发生反转的力量就越大。

②出现暮星的那一天越具有不确定性，则市场发生反转的可能性就越大。

③第一天和第二天之间的缺口越大，则说明市场发生反转的可能性就越大。

④出现暮星的前一天和后一天之间的缺口越大，则暮星出现的可能性越大。第三天的收盘价相对于第一天的白色蜡烛的位置越低，则表示反转的力量越强。

（4）形态所蕴含的心理。一个强势上涨的趋势已经发生，人们继续在市场上大量买进股票。然而，此时应该是理性的投资者卖出股票获利了结的时候了，此时以当前的价格卖出是值得的。第二天所有的买入要求都能被当天的卖出所满足，因此第二天的成交价格波动幅度并不很大。此时空头的力量开始超过多头的力量。第三天是一个成交量很大但价格下跌的交易日。如果在这些天内成交量很大，则表明处于市场中的股票已经充分换手。我们可以通过实体的颜色立刻看出这种方向的变化（如图 3－24 所示）。

图 3－24　暮星形态卖出点

第四节　应用 K 线分析时应注意的问题

用 K 线描述市场有很强的视觉效果，是最能表现市场行为的图表之一。尽管如此，一些常见的 K 线组合形态只是根据经验总结了一些典型的形状，没有严格的科学逻辑。在用 K 线的时候要记住以下几点。

第一，K 线分析是基于过去经验的总结，但不是必然规律。市场的变动是错综复杂的，而实际的市场行情可能与我们以往的判断有距离。经验统计的结果可以证明，用 K 线组合来研判后市的成功率是有限的。

第二，K 线组合一般由 3～5 根 K 线组成，适用于短期交易决策。如果找寻股市趋势，必须与其他方法相结合。在得到股市的趋势之后，才用 K 线组合选择短期内具体的买卖时间和买卖价格。

第三，根据实际进展，修改调整 K 线组合形态。组合形态只是总结经验的产物，实际市场中，完全满足我们所介绍的 K 线组合形态的情况是不多见的。如果一点不变地照搬组合形态，有可能长时间碰不到合适的机会。要根据情况适当地改变组合形态。

为了更深刻地了解 K 线组合形态，应该了解每种组合形态的内在逻辑。因为 K 线组合不是必然，不是一种完美的技术，这一点同其他技术分析方法是一样的。K 线分析是靠人类的主观印象而建立的，是基于人们对历史组合形态的总结分析。

练习题

1. 解释 K 线的意义，并画出阳线和阴线。
2. 什么是乌云盖顶？请绘出乌云盖顶的组合形态。
3. 何时卖出的 K 线组合有哪些？
4. 何时买入的 K 线组合有哪些？
5. 什么是晨星和暮星形态？请绘出其组合图形。

第四章　量价关系理论

有人说成交量与股价的关系，就像汽车和油门的关系。油门的大小，决定汽车前进的速度和可持续性；成交量代表股价变动的原动力，因此会有"量是因，价是果""量在价先"等股市谚语。

投资者如果单独看成交量，那么其本身的放大与缩小，对趋势方向并没有太多的预示含义。对成交量的分析，必须和价格分析结合起来，也就是我们常说的"价量关系"。

一般来说，股价上涨，成交量同步放大；股价下跌，成交量同步缩减，就称为"价量同向"，或者是"量价一致"。股价上涨，成交量同步出现缩减；股价下跌，成交量反而出现放大，就称为"量价背离"。各种不同的价量关系，对于后市趋势有着不同的预示意义，这是投资者尤其需要注意的。

第一节　成交量与股票价格分析的基本原理

一、成交量变动与价格走势一致

在正常情况下，成交量的变动与价格走势相一致。在上涨行情中，交易活动活跃，成交量放大；而在下跌行情中，交易活动减少，成交量收缩。对成交量的解释与分析应该以最近的数据为参照进行比较，如果将当前的成交量和多年以前的成交量相比就是不合理的。因为成交量的迅速扩大很多时候是股市扩容、制度变革、衍生品市场影响等诸多因素的必然结果。趋势性的价格走势，一般与当前的趋势一致，因而价格通常不会按照直线涨落。成交量指标也同样如此。

以图4-1为例，左半部分的箭头标示出成交量处于上升趋势，但同样可明显看出，成交量并非每天都在放大，有时交易非常活跃，有时比较清淡，但总体趋势是向上的。图 4 - 1 的右半部分显示出成交量处于下降趋势，但同样也是不规则的。

图 4 - 1　成交量的柱状图与股价（中国银行 201408—201504）

当我们谈论成交量上升或下降时，通常指的是其变化趋势。与价格一样，成交量的趋势可以分为分时图成交量以及短期、中期和长期成交量趋势，具体取决于走势图的性质。

二、流入资金量等于流出资金量

成交量反映买卖双方的交换行为，买卖双方的交易热情决定价格的走势。根据定义，流入某一股票的资金量必将与流出的资金量相等。不论成交量是多少，这一点总是成立的。

三、卖出量等于买入量

如果买方需求强劲，则不断进行买入操作，推动价格飙升，直至买方获得足够多的筹码；而当市场获悉利空消息时，卖方会恐慌卖出，推动价格迅速下跌。但是，即便如此，卖方所卖出的股票量总是等于买方所买入的股票量，只不过在交易过程中，价格下挫。

在多头行情中，成交量通常会领先于价格。价涨量增是一种正常情况。出现这一情况表明市场处于"正常"状态，此时并没有特别的预测价值。当价格创下新高，而成交量却并没有对此加以确认时，这一价格新高应被视为危险信号，表明当前的趋势有可能发生反转。在图 4 - 2 中，股价在 C 点到达其峰值，而成交量却在 A 点到达峰值。成交量峰位的持续下滑，表明基础技术面走弱。没有严格的规则能够说明，在价格到达峰位之前，价格动能指标与成交量动能指标之间究竟发生多少次背离现象。但总的来说，出现反向背离的次数愈多，当前技术走势就愈疲软。此外，若成交量收缩得越快，则表明交易热情越低落，此时一旦买盘衰竭或卖盘增强，当前的技术面将会变得更为脆弱。一个没有成交量配合的价格新高，就如同一个完全没有上升动力的价格新高一样，显得非常脆弱。

图 4－2　成交量与价格的背离（东风股份 201501—201509）

四、价涨量缩是一种反常现象

如图 4－3 所示，此时的反弹走势力度较弱，持续性也值得怀疑。这种情况通常会出现在主要的多头对空头的转化行情中，因此可作为一个看空指标。因为成交量度量了买卖双方的力量和购买欲望。

当市场处于反弹走势而成交量却不断萎缩，表明此时的价格上涨主要是卖方惜售而并非买方的大量买进而导致的。由于价格的上涨，卖方迟早会开始抛售。此后，价格就会一路下滑。此时需要注意的是，价格的下滑伴随着成交量的显著放大（如图 4－3 所示）。

五、抛物型暴涨

价格与成交量先呈现出缓步上升，然后逐渐形成加速的涨势，并在最后的爆发阶段，价格迅速飙升，在成交量和价格到达顶峰之后，成交量和价格又都急剧下跌。这代表着一种衰竭走势，预示着即将发生趋势反转。趋势反转的严

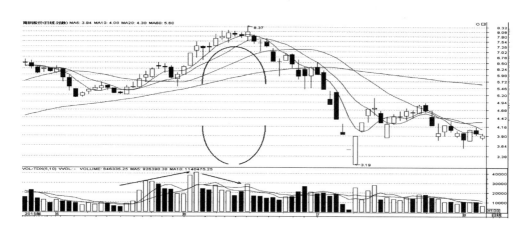

图4-3　价涨量缩涨势难以持续（南钢股份 201505—201508）

重性取决于前一波涨势的幅度与成交量放大的程度。一个持续4—6日的衰竭走势显然不如一个持续长达数周的衰竭走势严重。这一现象被马丁·普林格称作"抛物型暴涨"走势，参见图4-4。遗憾的是，由于不能构造出理想的趋势线、价格形态等技术指标，因而无法轻易识别出此类衰竭或暴涨走势。正由于此，通常要在成交量与价格到达各自的峰位一天左右时才能发现这一最后暴涨阶段。

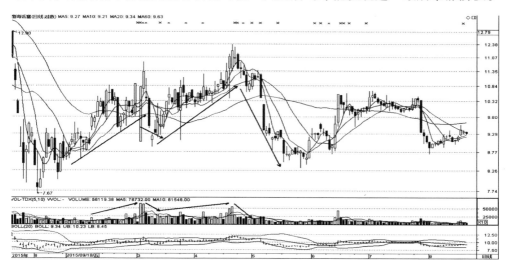

图4-4　抛物型暴涨（渤海活塞 201509—201608）

六、与抛物型暴涨相对的是抛售高潮

伴随着成交量的放大，价格急剧下跌了一段时间之后，就会出现抛售高潮。抛售高潮出现后，可以预期价格将会上涨，而先前在抛售高潮处所筑的底部在短期内则不会跌破。抛售高潮后的价格回升走势应该伴随着成交量的相对萎缩。这是量缩价涨走势唯一被视作正常情况的一次。尽管如此，还是应确信在随后的反弹走势中成交量将放大，可参见图4-5。一个空头行情的结束通常伴随着抛售高潮的出现，但这也不是绝对的。

图4-5 抛售高潮及反转（新天科技201508—201603）

七、第二个谷底的形成

在长期的下跌走势之后，价格会出现反弹，接着再度回落形成第二个谷底，第二个谷底的位置可能略高于或略低于前一个谷底，但如果第二个谷底的成交量明显小于前一个谷底的成交量，就代表一个多头征兆。华尔街有句名言："绝不在一个低迷的市场中做空。"这句话非常适合这里讨论的情形，其中偏低的成交量是对前一低点的检验，这暗示做空动力的逐渐衰竭（见图4-6）。

图 4 – 6　成交量持续降低与股价低点（大连控股 201204—201301）

八、成交量放大，价格向下突破

成交量与趋势线或者移动平均线是一种反常的关系，可用来确认趋势反转信号。价格的下跌通常是由于缺乏买盘，因而成交量会出现萎缩。这是正常的交易状况，并不能提供更多的信息。然而，如果在下跌行情中成交量持续放大，这往往是由于卖盘的增加，因此，这一下跌行情的后市不容乐观。

九、震荡出货的空头信号与进货的多头信号

市场行情经过数个月的上涨之后，价格涨势出现钝化，但成交量却持续放大，这代表一种震荡出货的空头信号，如图 4 – 7 所示。同理，行情经过数月的下跌之后，价格跌势出现钝化，但成交量却持续放大，这代表一种进货的多头信号。

十、重要的市场底部出现

当股市市场价格低点时，成交量创近期历史最高纪录，通常表示重要的市场底部出现，因为这一信号表明投资者心理已发生逆转，而这一逆转对于形成一波主升浪是非常重要的。这一点在股票市场得到了充分的显示，但是也不是绝对的，有时市场的成交量就创下历史新高，但后来发现这并不是一个最终低点。

十一、趋势反转

当成交量和价格飞速上涨但并未形成抛物型暴涨，随后又都出现微减现象

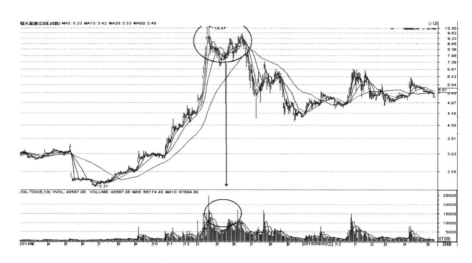

图4-7　震荡出货（楚天高速201403—201509）

时，这通常表示当前趋势可能会发生变化。有时确实发生了趋势反转，但有时也可能是对当前走势的整理，仅代表买盘的暂时性衰竭（见图4-8）。

图4-8　短暂性成交量衰竭

十二、双重异常

当价格呈现小圆弧顶形态，而成交量却呈现圆弧底形态时，表示出现了双重异常的情况。其一是在价格处于上升阶段时，价格上涨而成交量却持续下滑。其二是在价格处于下降阶段时，价格下跌而成交量却持续放大，这也是不正常的价量关系，代表一个空头征兆（见图4-9）。

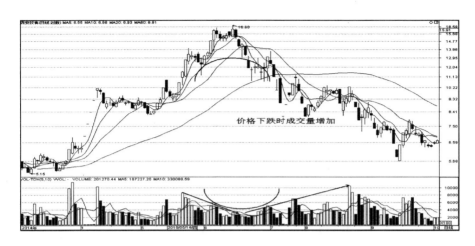

图 4 – 9 成交量与价格背离图（西安饮食 201412—201510）

第二节 上涨中的量价关系

一、价升量增

价升量增主要是指个股（或大盘）在成交量增加的同时，个股股价也同步上涨的一种量价配合现象。通常情况下，量增价涨现象只出现在上升行情中，并且大部分出现在上升行情初期，也会有小部分出现在上升行情的中途。

在经过一轮较长时间的下跌和底部盘整后，市场中逐渐出现诸多利好因素，这些利好因素加强了市场预期向好的心理，同时也刺激了股市需求，市场中的换手逐渐活跃起来。随着成交量的放大和股价的同步上升，投资者购买股票在短期内就可获得收益，从而加强了投资者的投资意愿。

当股价经过长期大幅度下跌之后，出现这种"价量齐升"的情形，往往是股价见底的标志，表明资金开始持续入场，投资者应注意把握抄底买入时机。如图 4 – 10 所示，经过 2008 年的大幅度下跌后，海虹控股（000503）在最低跌至 3.65 元后开始回升，股价稳步上涨，同时成交量逐步放大，出现"价量齐升"的走势特征，预示着股价很可能进入新的一轮上升周期。投资者可以逐步地逢低买入，把握底部入场机会。在这个"价量齐升"过程结束后，股价展开大幅度震荡，但是不再跌进前期的"价量齐升"区间，见底迹象更加明显。图 4 – 10 所示实例，是在一个短期的局部走势中，出现"价量齐升"的走势特征。

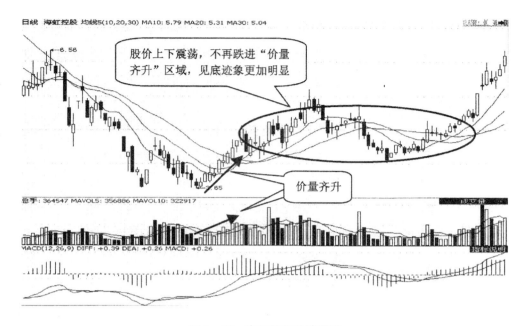

图4-10 海虹控股价涨量增

在一轮中长期上涨行情中，随着股价一浪接一浪地走高，很多时候成交量也会呈现逐步增加的态势，预示着中期上涨行情仍将持续。在这个过程中，股价每次缩量回调时，都构成了投资者的入场时机。

如图4-11所示，在2006年至2007年的大牛市中，国投中鲁（600962）不断震荡攀升。随着股价的走高，成交量也呈现不断放大的态势，预示着中期走势非常健康，上涨趋势仍将延续，投资者可以持股待涨，或是在每次缩量回调时进行买入操作。

通过对市场的观察，我们发现量增价涨在上升行情中主要会出现以下五种情况：

1. 多头初升。当股价完成底部从空头行情转为多头走势时，分析人士通常将此定位为初升段行情。如果股价出现上涨信号，投资者可伺机进入做多。此时出现的新高量往往会有新高价，投资者还是可以期待的。

2. 多头整理结束。当股价已经从底部翻扬上涨一段时间后，说明股价属于回升行情，这时要估计股价是否处于相对高位。但是，投资者应该注意股价容易针对上涨波段出现"拉回修正"的行情。如果股价修正结束后，仍呈现再度上涨的多头走势，且伴随量增价涨的现象，投资者还要排除一种可能：此时如果出现创新高价的走势，不一定会跟随着出现新高量。

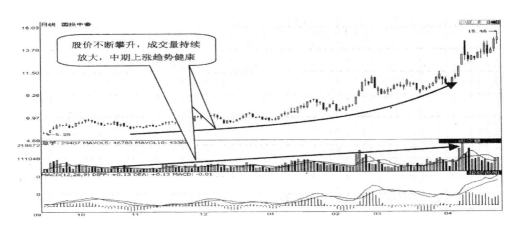

图 4 - 11　国投中鲁价升量增

3. 多头末升。股价经整理后持续上涨，在相对满足区出现成交量暴增，之后成交量迅速萎缩，而价格却略为创高后便迅速拉回，是股价未来有机会进入强势修正的征兆。因为股价在高位或上涨已久的背景下，是主力出货的最佳良机，所以会出现多头最后大量出货的现象，呈现"多头力竭"。因此在高位区，并有可能是多头末升阶段时，投资者需要注意，只要股价上涨而成交量异常大增，不论是否留有上影线，都暗示大户可能趁高出货。

4. 空头盘整反弹。当股价初跌阶段结束之后，会出现反弹短期多头行情。在反弹过程中，也会出现量增价涨的走势，但是由于上位解套及低位短线买多的获利，卖压会在反弹末端出现，导致短期大出货量的出现，使走势显示止涨，并恢复原始下跌走势。

5. 空头末期。股价处于空头下跌末期，股价进入筑底过程，也会出现量增价涨走势，只是此处走势容易与空头中的反弹行情混淆。为了分辨其中差异，资深投资者通常会利用潮汐理论与波浪理论的特性，搭配测量系统预估走势最有可能的方向。例如，当底部筑底完成后，表明趋势将由空转多，投资者则可以在底部确认完成时进入做多。

投资者要特别注意的是，当量增幅度一般呈现出合理而温和的增加趋势时，突然冲出大出货量，说明量能结构已经产生变化。造成这种情况的原因可能是短期出货，也有可能是换手。所以，投资者在操作过程中一定要谨慎。

二、价升量减

价升量减主要是指个股（或大盘）在成交量减少的情况下，个股股价反而上涨的一种量价配合现象。我们通过长期的市场观察得出，量缩价涨多出现在上升行情的末期，有时也会出现在下降行情中期的反弹过程中。当然，价升量减是指，随着价格的上涨，成交量却在不断缩减，是最主要的"价量背离"表现形式。就好比汽车在上坡过程中，油门在逐渐减少，那么汽车依靠惯性上升一段后，将逐渐停止下来。当出现这种走势特征时，往往预示着股价即将见顶下跌。由于股价仍有上涨的惯性，投资者不用急于卖出，而是要保持高度警惕，当发现股价出现明显的见顶迹象后，再及时进行卖出操作。

如图4-12所示，2009年7月初开始，新华锦（600735）股票在这波上涨过程中，成交量一直处于逐步缩减的态势，进入了新一轮上涨过程，表明上涨动力不足，后市很可能将有一个较大幅度的回调走势。8月4日和5日这两天的K线，分别出现射击之星和吊颈线的见顶信号，预示着股价短线到顶，投资者此时可以进行减仓操作。

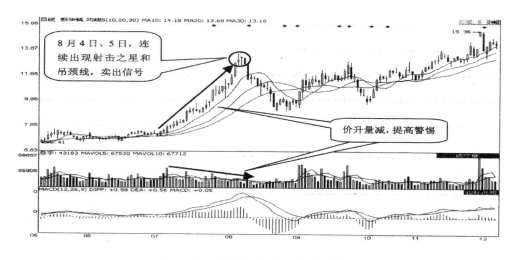

图4-12 新华锦（600735）价升量减

如果出现了长时间、大范围的价升量减情形，那么往往预示着股价即将构筑中长期顶部，投资者需要保持高度警惕。当投资者发现中长期见顶信号后，应全部清仓离场。

1. 在持续的上升行情中。在持续的上升行情中出现适度的量缩价涨，表明主力控盘程度比较高，维持股价上升的实力较强，大宗流通股票被主力锁定。但量缩价涨所显示的是一种量价背离趋势，因此，在随后的上升过程中会出现成交量再次放大的情况，预示主力可能在高位出货。在持续的上升行情中，投资者需要注意多头的四种情况。

（1）多头初升。通常情况下，多头初升代表涨势有限。

（2）多头主升。如果确定股价已经在回升行情中，出现量缩价涨现象，说明是舍不得卖出股票或股票被锁定，往往会导致股价走势无量飙涨。

（3）多头回调整理。多头回调整理通常暗示股价回升受限。如果反弹过程中出现量缩价涨，那么投资者必须提高警觉，因为股价在未来高点无法再创新高时，投资者的观察重点就该立刻调整。

（4）多头末升。当股价突破前波相对高点，而量能无法跟进，即出现技术面背离的现象时，暗示涨势转弱，将构成潜在的反转信号。

2. 在持续的下降行情中。在持续的下降行情中偶尔也会出现量缩价涨的反弹走势。当股价在短期内经过大幅度下跌后，由于跌幅过猛，主力没能全部出货，他们就会抓住大部分投资者不忍心轻易割肉的心理，用少量资金再次将股价拉高，造成量缩价涨的假象，从而利用这种反弹走势达到出货的目的。在持续的下降行情中，通常会出现以下两种情况：

（1）空头盘整反弹。原来趋势为下跌，当下跌到某一个幅度之后开始反弹，为股价正常现象。当股价到此位置时出现上涨走势，成交量未能配合增加反而减少，分析人士将其视为套牢者拉高解套或是短空进行回补所导致的反弹现象。

（2）空头末跌。股价受挫之后，承接人士逢低位介入，撑盘后作出强势止跌线形，甚至部分个股由跌停拉至涨停锁死，而在下一个交易日会正常持续再创新高。短线投资者想抢反弹，除非在止跌的当天就介入，而在持续创高点时，必须谨慎介入。套牢者不甘心在此低位赔本杀出，希望股价能多反弹一点再行减持，所以量能反而会急速萎缩。

综上所述，对于量缩价涨的行情，投资者应差别看待，一般应以持股或持币观望为主。

第三节　下跌中的量价关系

一、价跌量减

价跌量减是指随着股价的不断下跌，成交量也在不断缩减，一般称"价量齐跌"，是另外一种"价量同向"的表现形式。这种走势特征，表示随着股价的不断下跌，筹码的锁定性越来越高。对后市的预示意义需要根据股价所处的不同趋势来判断。

量缩价跌现象有可能出现在下跌行情的中期，也可能出现在上升行情的中期。由于出现在不同的行情中，所以，对它的研判过程和结果是不一样的。

1. 在上升行情中。当股价上升到一定高度时，市场成交量减少，股价也随之小幅下跌，呈现出一种量缩价跌现象。其实，这种量缩价跌是对前期上升行情的一个主动调剂过程。

（1）"价跌"是股价主动整理的需求，是为了清洗浮筹和修正较高的技巧指标。

（2）"量缩"表明投资者有惜售心理，且持股信心强烈，即股价整理完成后，又会重新上升。

2. 在下跌行情中。当股价开始从高位下跌后，由于市场预期向坏，一些获利盘纷纷出逃，多数投资者选择持币观望，市场承接乏力，因而造成股价下跌、成交萎缩的量缩价跌现象。这种量缩价跌现象的出现，预示着股价仍将持续下跌。在下跌行情中，通常会表现出以下三种情形。

（1）空头初跌。这一情形表明多方承接力量减弱，属于跌势的开始阶段。在反弹时，投资者应注意量价背离或呈现量大不涨的迹象。

（2）空头主跌。此阶段股价将持续下跌，为探底杀多的走势。一般而言，在长久的中期回调走势中，股价与量能形成近似一致的走势状态，当量能出现极度萎缩，且21日均量也呈现走平时，如果股价没有下跌出现新低，说明卖压减轻，未来行情将会进入反弹周期。

（3）空头末跌。当股价下跌走势接近市场预期时，且近期跌幅是与均线的乖离率已经缩小，而成交量同步萎缩到低点时，预示股价已接近底部。此时，尽管买盘仍然裹足不前，但部分持股者开始表现出惜售迹象，因此，行情进入谷底期已是不争的事实。

上升行情中的量缩价跌，表明市场充满惜售心理，是市场的主动回调整理，因而投资者可以持股待涨或逢低介入。通常情况是，上升行情中价跌的幅度不能过大，否则可能就是主力不计成本出货的征兆。而下跌行情中的量缩价跌，表明投资者在出货以后不再做"空头回补"，股价还将维持下跌趋势。此时，投资者应以持币观望为主。

投资者需要注意的是，在量缩价跌过程中通常会出现以下两种情况：

（1）K线留有较长的上影线或是以长黑实体收低，不论股价的原来趋势是上升还是下跌，都表明近期的行情难以乐观看好。

（2）K线留有较长的下影线或是日落红棒线，之后股价又能涨过前几日长黑棒线的高点，预示着行情有望止跌回升。

如图4－13所示，经过2009年9月前半月的连续上涨后，联创光电（600363）出现下跌走势。在股价不断走低的过程中，成交量出现了持续的萎缩，预示着这是一次正常的洗盘回调，持有该股的投资者可以继续持股。9月29日之后，该股开始逐步攀升，同时成交量开始逐步放大，预示着调整结束，股价重新进入上升周期，此时空仓投资者可以逐步逢低买入。

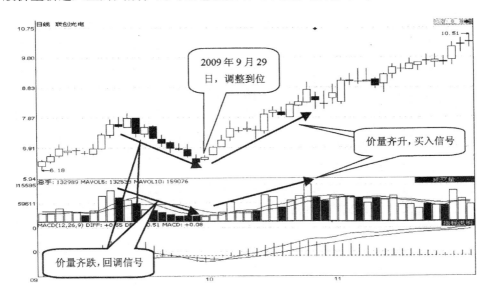

图4－13　联创光电（600363）价量齐跌

当股价处于下跌趋势中，出现"价量齐跌"的走势时，说明筹码虽然逐步锁定，但是买盘也非常稀少，投资者注意保持观望，不要急于入场。原因很简单，就如同一个人开汽车在走下坡时，即使不给油门，汽车也会不断往下走的。股价在下跌过程中，是不需要成交量配合的。

如图4－14所示，2007年10月15日，广深铁路（601333）创下此轮牛市新高11.40元后，股价开始不断走低。2008年1月，该股经过短线反弹后继续下跌，在股价下跌过程中，成交量同步持续缩减，在下跌趋势没有明显的扭转迹象之前，投资者宜保持观望。

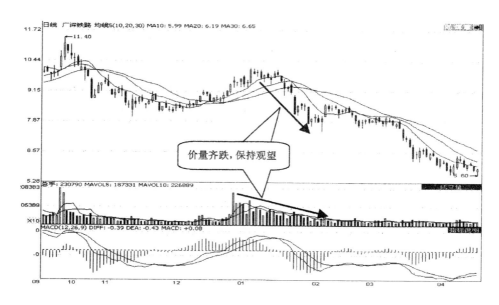

图 4－14　广深铁路（601333）价量齐跌

二、量增价跌

量增价跌主要是指个股或大盘股在成交量增加的情况下，个股股价反而下跌的一种量价配合现象。根据市场经验，量增价跌现象大部分出现在下跌行情的初期，有时候也出现在上升行情的初期。当然，在不同行情中出现量增价跌，其研判方法也是不一样的。

1. 在下跌行情的初期。股价经过一段比较大的涨幅后，市场上的获利股票越来越多，一些投资者纷纷抛出股票，致使股价开始下跌。同时，也有一些投资者对股价的走高仍抱有预期，在股价开始下跌时仍然买入，多空双方对股价看法的不同，是造成股价高位量增价跌的主要原因。但是，这种高位量增价跌的现象持续时间一般不会很长，因为股价向下一旦跌破市场中重要的支撑位且股价的下降趋势开始形成后，量增价跌的现象将逐渐消失。股市中出现这种高位量增价跌现象，表明卖出信号出现。投资者需要注意以下四种情况。

（1）空头主跌。股价在初跌阶段或是主跌阶段出现量增价跌，表明卖压相当沉重，预示股价会持续下跌。因此，短线投资者不宜贸然抢进，除非出现在末升阶段低点附近，或者是出现了特殊的线形止跌。

（2）空头末跌。通常股价下跌幅度相当大，并且超过预期幅度时，成交量忽然大增，说明有特定人士进场承接。投资者要留意一点，如果出现大成交量，当日留有很长的上影线，表明在拉抬股价的过程中遭遇空方卖压，这种情况被定位成"介入拉抬失败"，而唯一化解的方法是尽快将股价再度拉高，超过大量成交这一天的最高点，否则股价只会持续下跌，并且下跌的幅度及速度将会加剧。

（3）多空盘整反弹。一旦确定为空头时期的反弹波动后，预示反弹现象的结束，此时是空头放空的良机。

（4）主力认赔。股价破底之后出现大量收中红棒线，但是股价没有出现反弹，反而持续向下杀多，而此时低位必有买盘介入，盘势将有机会止跌走稳，说明距离底部已经不远了，投资者可以适时买进。为了保险起见，投资者可等待底部出现完成信号后再介入。

2. 在上升行情初期。有的股票在上升行情初期也会出现量增价跌现象。当股价经过比较长的一段时间下跌和底部较长时间盘整后，主力为了获取更多的低位股票，通常会采取边打压股价边吸货的手段，造成股价走势出现量增价跌现象，只是这种现象会随着买盘的逐渐增多、成交量的同步上扬而慢慢消失。投资者需留意一点，这种量增价跌现象是底部买入信号。其实，在这种行情中，投资者还需要注意以下两种情况：

（1）多头主升。股价在初升阶段与主升阶段中，出现量增价跌为主力进货迹象。

（2）多头末升。股价上涨到一定程度后止涨回调，但成交量却呈现小幅度增加的情形，说明市场追价买盘意愿不足，简单的理解就是买进的量能无法消化卖出的量能。

如图4-15所示，经过一年左右的上涨，2009年12月25日，上海汽车（600104）在最高涨至27元后，开始下跌走势。在下跌过程中，成交量呈现逐步放大的态势。这种长期上涨后的放量下跌，是强烈的卖出信号，需要引起投资者高度警惕。在下跌过程中逐步地减仓卖出，是投资者最稳妥的选择。

当股价处于低位时，尤其是经过了长期大幅度的下跌之后，出现价跌量增的走势，说明虽然此时空方实力仍然强大，但是已经有资金开始在下跌中逢低买入，多方已经开始准备反击。此时的价跌量增，可能是空方力量的最后释放，这是股价见底的信号之一。投资者可以保持密切关注，如果后市股价出现明显的企稳走势，可以择机入场。

如图4-16所示，经过近一年的下跌后，2008年10月22日，中国平安（601318）从100元上方跌至25.02元。在此后的4个交易日中，该股继续下跌，

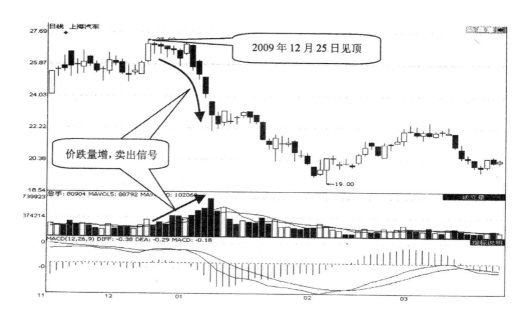

图 4 - 15　上海汽车（600104）价跌量增

最低跌至 19.90 元。投资者可以发现，在这 4 个交易日的下跌中，成交量逐步放大。此时的价跌量增，发出了见底信号。之后该股股价明显企稳，在震荡中不断攀升，股价见底基本得到确认。投资者可以逢低买入，把握底部建仓的机会。

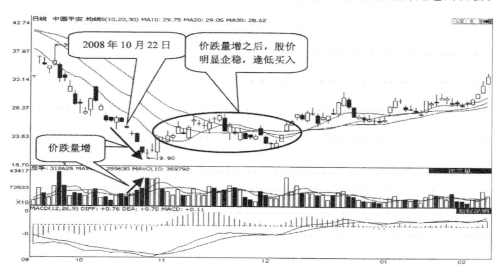

图 4 - 16　中国平安（601318）价跌量增

第四节 整理过程中的量价关系

一、上涨行情后的价平量增

价平量增主要是指个股（或大盘）在成交量增加的情况下，个股股价几乎维持在一定价位呈水平式上下波动的一种量价配合现象。简单地讲，就是某只股票的收盘价与昨日或前几日的收盘价比较，出现价格相等或价差极小的情形，或是当日出现开盘价、收盘价同价线，价格涨跌幅度极小时，也可以称为"价平"或"价不跌"。此时，量能只要稍微增加，就可称其为量增价平。

经过长期的市场观察，我们发现，量增价平既会出现在上升行情的各个阶段，也会出现在下跌行情的各个阶段。与此同时，投资者还要注意一点，量增价平既可以作为卖出股票的信号，也可以作为买入股票的信号。其买卖信号的主要特征，就是要投资者准确判断"量增价平"中的"价"是高价还是低价。其实，很多资深的投资者会把量增价平放在上涨和下跌两种不同行情中进行研判。

如果股价在经过较长一段时间的上涨后处在相对高价位时，成交量仍在增加，股价却没有继续上扬，呈现出高位量增价平的现象，则表明市场主力在维持股价不变的情况下，正在悄悄地出货。也就是说，股价高位的量增价平是一种顶部反转的征兆，如果接下来股价掉头向下运行，预示着股价顶部已经形成。此时，投资者应注意股价的高位风险。

在上涨行情中，量增价平的表现形式主要有以下四点：

1. 多头初升形式。在股价上涨初期，量增价平的出现可视为股票良性换手的现象，有时也可能是主力介入吃货的迹象，投资者可以在这个时候逢低买入。

2. 多头主升形式。如果量增价平出现在多头主升段的中末期，投资者应持观望态度。一般而言，这种现象属于主力换手或者拉高出货的先兆，有时也是走势回调的征兆，因此投资者应该注意卖出时机。尤其是股价上涨到预测的相对满足点附近时，说明卖压已经渐渐增强，行情可能出现止涨，甚至进入盘跌走势。

3. 多头回调整理形式。当股价进入涨势满足点后，便开始回调整理，此阶段的整理有可能使盘势回升，也有可能因为盘整过久而形成顶部，使股价反转下跌。

4. 多头末升形式。多头末升阶段也就是股价从盘面坚挺走入盘跌阶段。如果量增价平当日留有长上影线的 K 线形态，如避雷针、十字线之类，并且后续走势接连几个交易日都无法克服该上影线高点的话，说明主力已经出货，股价必将受到重挫。

如图 4 – 17 所示，万科 A（000002）经过半年多的上涨后，于 2009 年 7 月6 日最高涨至 14.94 元。在此后的 16 个交易日中，该股在 14 元附近横盘震荡，同时成交量出现小幅放大态势。对于这种高位的放量滞涨，投资者需要保持一定警惕。当 7 月 29 日股价跌破横盘平台时，卖点出现，投资者注意把握卖出机会。

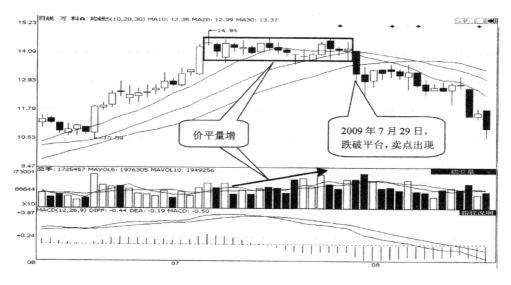

图 4 – 17　万科 A（000002）价平量增

二、下跌行情后的价平量增

如果股价在经过比较长的一段时间下跌后，处在低价位时，成交量开始持续放出，股价却没有同步上扬，呈现出低位量增价平的现象，这种股价低位放量滞涨的走势，预示着有新的主力资金在打压建仓。如果接下来股价在成交量的有效配合下掉头向上，表明股价的底部已经形成，投资者应密切关注该股。在下跌行情中，价平量增有如下表现形式：

1. 空头主跌形式。在初跌阶段及主跌阶段的走势中，如果出现量增价平现象，说明逢低介入的短线买盘已经出现，并有机会酝酿短波段反弹，尤其是股价已经进入支撑区。但是投资者不要高兴太早，出现此现象切勿认为已经转成回升，也许这只是形成短线多头行情或者根本没有反弹就再度破底。所以，投资者不妨等进入谷底期之后，再判定其是否出现底部形态。

2. 空头盘整或反弹形式。当股价进入空头的盘整或反弹走势时，如果出现量增价平，并且量增幅度较大时，说明已经进入反弹尾声。投资者需注意，这往往都出现在相对高点，所以应趁量增时将短线多单顺势出货。

三、趋势进行中的价平量减

当股价在上涨或者下跌趋势中，出现价平量减的走势，往往预示着股价正在进行横盘整理。待整理结束后，股价仍将延续之前的趋势方向。为控制风险，投资者仍应等价格出现突破走势时，再采取相应的买卖操作。

第五节　量价关系的其他讨论

一、地量地价

地量地价主要是指个股（或大盘）成交量非常稀少的同时，个股股价也非常低的一种量价配合现象。根据市场经验，地量地价一般只会出现在股票长期底部盘整的阶段。当股价从高位一路下跌后，随着成交量的明显减少，股价在某一点位附近止跌企稳，并且围绕这一点位进行长时间的低位横盘整理。经过数次重复筑底以后，股价最低点也日渐明朗，与此同时，量能逐渐萎缩至近期最低值，从而导致股票的走势出现地量地价的现象。

在这里提醒广大投资者，地量地价的出现，并不能作为买入股票的根据，它的出现只能说明股价阶段性底部形成的可能性得到加固。所以，投资者应对该股的基本面是否良好、是否具有投资价值等情况进行研判后，再作出投资决策。

二、开盘放量上冲

在股市中经常会出现一种情况：某股在开盘后突然出现急速的放量上攻态势，往往30分钟甚至15分钟的成交量就会超过平常一天的成交量。其实，在股市中，对于任何一只股票来说，抛盘天天都会有，尤其上涨后抛压会更大。但是，如果在基本面上无任何利好消息，大盘的走势也较平稳甚至下跌的情况下，开盘后放量上攻，就将其定为放量上冲。

对于有经验的投资者来说，当基本面和大盘都处于平静的状态时，开盘后出现很大的成交量，显然是不正常的。股市中存在一种约定俗成的说法：放量跟进。但是，在不正常的状态下，投资者必须保持清醒的认识，对开盘后放量上冲进行客观的评定。通常存在一种情况，开盘放量上冲是主力之类的投资者在人为运作。

主力投资者运作动机是什么？无外乎两种可能：一是主力想往上做，二是主力想出货。

虽然这样的结论不确定，但是投资者应注意到一个不容忽视的细节——主力正在加大力度促进放量。

1. 主力想往上做。对于主力想往上做的情况，我们可以简单地分析一下。既然主力想往上做，为什么还要自买自抛呢？主力想吸引市场的注意力，吸引市场投资者参与。其目的很明显，就是希望买盘更快速地进入。道理很简单：主力已经不愿意再增加筹码了。这种做法可以说是职业操盘手的最高境界。所以，投资者务必要正确判定这种"放量跟进"的投资方法，尤其是想短线跟庄的投资者更要注意这一点。

2. 主力想出货。根据经验，如果主力想出货，为了赚取更大的盈利，首先要把股价抬高。一般来说，股价上涨取决于市场买盘推进、主力买进推高和市场抛盘减少三个方面。而主力面对的最多情况是抛盘。通常情况下，手拿抛单的投资者在股价上涨后，其心理预期的卖出价会在潜意识被提高，从相对的角度上讲，这样可以减少市场的抛压。所以，主力为了不再增加筹码，会选择一个相对有利的时段来抬高股价。一般而言，这个时段就是开盘的时候，因为那时的市场处于观望状态，抛盘不会立刻压出来。此时，如果短线投资者介入，可随同主力拉高出货，获取丰厚的利润。说到底，主力抬高股价，既是为了减轻抛盘的压力，增加持股者信心也是为了不让股价继续下跌。采取这种做法股价确实高涨了，但是主力一旦撤出，股价很快就跌回原位，甚至持续下跌。当主力不再运作时，如何维持股价不跌才是"放量跟进"的关键所在。

三、底部放量

在现实股市中，却出现了底部放量这种现象，分析人士称其为非正常状态，同时还指出这种现象的出现很可能是受到非市场因素的干扰所致。伴随底部放量的出现，在实际情况中一般存在三种趋势。

1. 底部放量上涨。如果股价处于长期低位中，那么绝大部分的股民肯定已经被高高地套在上面，而且手拿资金准备买进该股的投资者也一定是凤毛麟角。所以，主力在底部放量的意图很明显，就是希望营造"有量会涨"的氛围。也就是说，出现大成交量的唯一理由就是残存主力的对倒，吸引市场资金的跟进。

投资专家指出，底部放量上涨一般都是盘中主力所为。根据经验，即使有利好的消息出台，高位套牢盘也不会轻易放血，所以就更加确定底部放量的操纵者身份了。除了盘中主力外，也有可能是控盘庄家所为，如果该股被控盘庄家操纵，那么该股的未来走势就很难超过大盘了。

2. 底部放量下跌。主力在底部以不惜成本的方式进行对倒，其用意是吸引投资者的进入，进而达到减仓或者出逃的目的。有时为了更好地迷惑投资者，主力会在向下破位出货前做一个低调反弹，进行试盘。试盘时，主力会有两种表现：

（1）当投资者买盘进来后，会先往上做一段时间，然后再进行杀跌出货。

（2）如果试盘的效果不理想，主力就会采取一路向下砸盘的操作方式。下跌走势是无利可图的，一般很少有人关注下跌情况。但是，投资者必须明白一点，如果股价持续下跌必然使自己套得更深，所以，关注下跌行情同样重要。一般而言，底部放量下跌是指突破支撑线以后持续走跌。在这种情况下，投资者需要注意以下两个方面：

（1）开始突破时就有成交量伴随，说明股价还有回升的希望。

（2）突破时无量，而下跌中出现放量，说明主力回天乏术，已经认赔出局，后市堪忧。

练习题

1. 简述成交量与股票交易价格的关系的基本原理。

2. 简述股价上涨中的量价关系。

3. 简述股价下跌中的量价关系。

4. 简述整理状态下的量价关系。

5. 如何理解地量地价？

第五章　形态理论

K 线理论注重短线的操作，它的预测结果只适用于很短的未来时期，有时仅仅是一两天。为了弥补这种不足，我们将相对足够长期的 K 线组合形成的上下波动的曲线称为形态。这条曲线就是股价在这段时间移动的轨迹，它比前面 K 线理论中的 K 线组合情况所包括的内容要多得多。

这条曲线形态的波动实际上仍然是多空双方进行争斗的结果。不同时期多空双方力量对比的大小就决定了曲线是向上还是向下，这里的向上和向下所延续的时间比 K 线理论中所说的向上和向下从时间跨度上相对长得多。

第一节　形态理论概述

形态理论这门重要的技术分析学问正是通过研究股价 K 线所经过的轨迹，分析和挖掘曲线告诉我们的多空双方力量的对比结果，进而指导我们的行动。趋势的方向发生变化一般不是突然来到的，变化都有一个渐进的过程。形态理论通过研究股价曲线的各种形态，发现股价正在变化的行动方向。

一、股价移动规律

股价的移动是由多空双方力量大小决定的。一个时期内，多方处于优势，力量增强，股价将向上移动，这是众所周知的。同样，在另一个时期内，如果空方处于优势，则股价向下移动，这也是显然的。这些事实，我们在介绍 K 线的时候已经进行了说明，这里所考虑的范围要比前面所叙述的广泛得多。

多空双方的一方占据优势的情况又是多种多样的。有的只是稍强一点，股价向上（下）走不了多远就会遇到阻力。有的强势大一点，可以把股价向上（下）抬得多一些。有的优势是决定性的，这种优势完全占据主动，对方几乎没有什么力量与之抗衡，股价的向上（下）移动势如破竹，失去任何阻挡的能力。

　　股价移动的规律是完全按照多空双方力量对比大小和所占优势的大小而行动的。

　　一方的优势大，股价将向这一方移动。如果这种优势不足以摧毁另一方的抵抗，则股价不久还会回来。这是因为另一方只是暂时退却，随着这种不大的优势影响的消失，另一方还会站出来收复失地。再者，如果这种优势足够大，足以摧毁另一方的抵抗，甚至把另一方的力量转变成本方的力量，则此时的股价将沿着优势一方的方向移动很远的距离，短时间内肯定不会回来，甚至永远也不会回来。这是因为此时的情况发生了质变，多空双方原来的平衡位置发生了变化，已经向优势一方移动了。

　　根据多空双方力量对比可能发生的变化，可以知道股价的移动应该遵循这样的规律：

　　第一，股价应在多空双方取得均衡位置上下来回波动；

　　第二，原有的平衡被打破后，股价将寻找新的平衡位置。

　　可以用下面的表示方法具体描述股价移动的规律：

　　持续整理，保持平衡→打破平衡→新的平衡→再打破平衡→再寻找新的平衡→……股价的移动就是按这一规律循环往复、不断地进行的。股市中的胜利者往往是在原来的平衡快要打破之前或者是在打破的过程中采取行动而获得收益的。原平衡已经打破，新的平衡已经找到，这时才开始行动，就已经晚了。

二、股价移动的三种形态类型

　　股价的移动主要是保持平衡的持续整理和打破平衡的突破这两种过程。这样，我们把股价曲线的形态分成三个大的类型：持续整理形态、反转形态和缺口形态。常见的持续整理形态有三角形、旗形、楔形、钻石形、矩形等；常见的反转突破形态有头肩顶（底）、双重顶（底）、三重顶（底）、圆弧顶（底）、V形顶（底）等；缺口形态包括上涨缺口和下跌缺口。

　　平衡的概念是相对的，股价只要在一个范围内变动，都属于保持了平衡。因此，这个范围的选择就成为判断平衡是否被打破的关键。

第二节　反转形态

　　反转形态有头肩顶（底）、双重顶（底）、三重顶（底）、圆弧顶（底）、V形顶（底）等。

一、头肩顶和头肩底形态

头肩顶和头肩底是实际股价形态中出现得最多的形态，是最著名和最可靠的反转突破形态。

头肩顶形态的成立一定要有"一头双肩"，即在该形态中要连续出现 3 个局部顶点，中间的高点要比另外两个高点高，中间的高点称为"头"，左右两边的两个相对低的高点称为"肩"。当右肩跌破颈线位的支持、股价持续下跌时，头肩顶的形态成立。如果左右肩成立之后，颈线发挥极大的支持力，价位没有突破颈线向下，反而向上回升的话，这是失败的头肩顶形态，是整理形态的变种。头肩顶简单形态如图 5-1 所示。

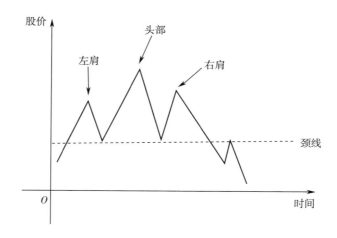

图 5-1　头肩顶形态

头肩顶形成过程：股价持续一段时间上升，此时行情中会出现价升量增的特点，前期买进的投资者皆有利可图，于是开始获利沽出，股价出现短期回落，即形成左肩；当股价回落到一定程度，想逢低吸货的买盘开始介入，随后又产生一次强力的上升，但成交量较前期左肩部分呈减少之势，即在行情中出现价升量减或量平的特点，股价在突破上次高点后不久再一次回落，形成了头部；当股价下跌到接近上次的回落低点时，又再次获得了支撑，开始回升，只是此时市场投资热情明显减弱，成交量较左肩和头部减少，当股价抵达头部高点附近时便即刻回落，形成右肩部分。如果把二次回落的低点用直线连接起来，便可以画出头肩顶形态的颈线，一般认为，当颈线支持被有效跌破时，即跌幅超过市价的 3% 以上时，头肩顶形态成立。

头肩顶是一种见顶信号，一旦头肩顶正式形成，股价下跌几乎成定局。一根中阴线使多方赖以生存的颈线被击破，股价收于颈线下方，头肩顶已基本成立，行情走到这个地步，投资者应该认识大势，停损离场是当下的最佳选择。

头肩顶图形由左肩、头部、右肩及颈线形成（如图5-2所示）。股价连续上涨，成交量大幅放大后回落整理，形成第一个峰谷；错过上升行情的投资者买入推升股价，并突破第一个峰谷位置创出新高，但成交量未见连续放大，股价遭遇获利盘打压再度回调形成第二个峰谷，形成头部；之后回落至第一次下跌低点附近再度受低位买盘刺激上涨，但反弹至第一个峰谷附近就掉头向下，并跌穿第一次和第二次回落低点连线形成的颈线支撑，第三个峰谷形成，头肩顶形态形成。面对这一走势，应在形态的低点买入、高点卖出。

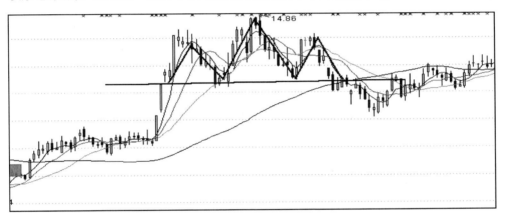

图5-2　白云机场（日线）2013.1.31—2013.4.3

头肩底形态是一种反转的上升形态，它和头肩顶的形态相反，又称"倒转的头肩顶形态"。

形成左肩时，股价下跌，成交量相对放大，接着是一次成交量较小的上升。然后股价再次下跌，且跌破前期的低点，但成交量随下跌而增加，较左肩反弹阶段时的成交放大，形成底部；从底部最低点回升时，成交量有可能放大。但整个底部的成交量比左肩多。当股价回升到前期反弹高点时，出现第三次回落，此时成交量明显少于左肩和头部，股价在跌至与左肩平时，逐渐稳定下来，形成右肩。最后，股价发动一次升势，成交量随之增加，当颈线被突破时，成交量显著放大，整个形态由此确立，如图5-3所示。

在运用头肩底中K线突破颈线组合形态来指导实战的时候，稳健的做法是耐心等待市场对突破的确认。如果头肩底中K线突破颈线之后，股价站稳在颈

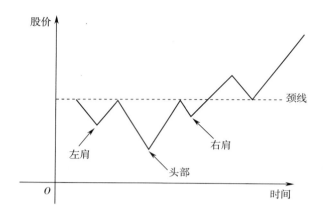

图 5 - 3　头肩底形态

线上，从此不再回到颈线之下，那么这样的突破就是有效的突破。如果突破颈线之后的随后交易日里，很快又回到了颈线之下，那么说明前边的突破是无效的突破，此时应当及时止损出局。

二、M 头和 W 底形态

M 头形态是 K 线图中较为常见的反转形态之一，由两个较为相近的高点构成，其形状类似于英文字母"M"，因而得名。在连续上升过程中，当股价上涨至某一价格水平时，成交量显著放大，股价开始掉头回落；下跌至某一位置时，股价再度反弹上行，但成交量较第一高峰时略有收缩，反弹至前高附近之后再第二次下跌，并跌破第一次回落的低点，股价移动轨迹像 M 字，双重顶形成，如图 5 - 4 所示。

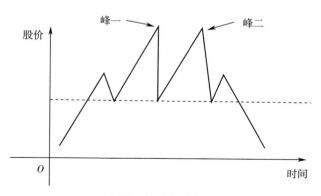

图 5 - 4　M 头形态

在双顶出现之前，股价一直处于长期单边上涨的过程，市场对后市一片看涨，成交量配合放大。但因为长期上涨累积较大的获利筹码，在股价继续上冲过程中开始有获利资金了结出局，成交量也大幅放大，股价开始震荡回落，出现调整走势。但在回落过程中，一直错过前期上涨过程的投资者在调整期间逐步买入，股价回落至一定位置后前期获利资金再度进场逢低介入，股价不再下跌，反而掉头反弹走高，表面看市场依然乐观和看涨，但是成交量并没有跟进配合，较第一波高峰时的量能稍有萎缩，市场弱势逐步显现。在股价反弹至第一次回落的高位附近，获利资金因担心无法突破再度获利出局，主力也沽售，于是股价再度回落，引发市场恐慌资金跟出，跌破第一次回落低点，双重顶形态形成。如图 5 - 5 所示，"双重顶"又称"M"头，下穿颈线，见顶反转。

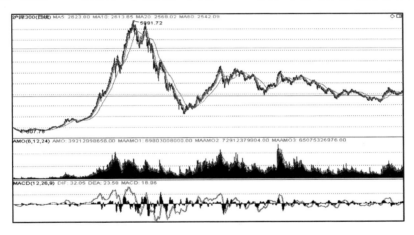

图 5 - 5 000030 富奥股份 2012.12.24—2013.03.15

W 底形态其走势外观如英文字母"W"，属于一种反转形态，一般发生于波段跌势的末期，一般不会出现在行情趋势的中途，一段中期空头市场，必须会以一段中期底部与其相对应，也就是说，一个 W 底所酝酿的时间，有其最少的周期规则，所以 W 底的形态周期是判断该形态真伪的必要条件。

W 底形态的形成是由于价格长期下跌后，一些看好后市的投资者认为价格已很低，具有投资价值，买盘积极，价格自然回升，但是这样会影响大型投资机构吸纳低价筹码，所以在大型投资机构的打压下，价格又回到了第一个低点的位置，形成支撑。这一次的回落，打伤了投资者的积极性，形态呈圆弧状。W 底形态内有两个低点和两次回升，从第一次下跌反弹形成的高点处可绘制出一条水平线，这条线表示 W 底的颈线，是一条压力线。股票价格在回调后，再次向上突破时，必须要伴随较大的成交量，突破颈线，W 底才算正式成立。如果向上突破不成功，则股价要继续横向整理。股价在突破颈线后，颈线压力变为颈线支撑，股价在此时会出现回抽，股价暂时回档至颈线附近，回抽结束，股价则开始波段上涨。

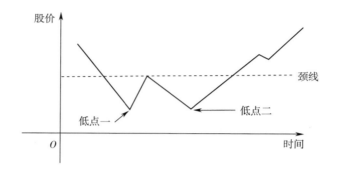

图 5 – 6　W 底形态

W 底形态的特征：下跌趋势结束前出现反弹，然后再度下跌，跌势趋于缓和，在前次低价附近止住，开始向上涨升。突破颈线时出现大的多头持仓量，也就是 W 底从第二个底部上升时的多头持仓量会高于第一底部上升时的多头持仓量，W 底得以确认。

三、三重底和三重顶形态

三重底（Triple Bottom）是在股市下跌过程中以大致相同的三低点而形成的一种反转形态。在股市价格经过三次做底后向上摆动时，发出重大转向讯号。与三重顶相比，三重底图形通常拖延数月时间及穿破阻力线才被确认为三重底图形。另一种确认三重底的讯号，可从成交量中找到。

形成的原理：股价经过长期下跌后，主力开始逐步集筹，这时在主力吸货的作用下，股价出现小幅反弹，由于此时空方势大，且继续大规模集筹已不划算，股价出现回落，再次探底，主力在前期低点附近更是不遗余力地吸货，股价再次拉起，出于洗盘和集筹的双重目的，主力将股价再次打至前期低点，不坚定的持筹者被洗出，主力借机再次集筹（前两重底部是被动性下跌，而最后一重底部则是主动性下跌，其性质完全不同），洗盘结束后，股价一举突破前两次反弹高点形成的颈线位，开始一轮上升行情。

一般来说，三重底形态要注意以下三点：首先，三重底三次低点时间，通常至少要保持 10 个交易日以上，如果时间间隔过小，往往说明行情只是处于震

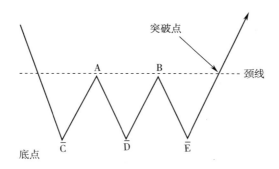

突破点

A　　　　　B

颈线

底点

C　　　　D　　　　E

图 5 - 7　三重底形态

荡整理中，底部形态的构筑基础不牢固，即使形成了三重底，由于其形态过小，后市上攻力度也会有限。而近期的三重底的第一和第二低点之间间隔 9 天，第二和第三低点之间间隔 11 天，只是勉强符合标准。

其次，三重底的三次上攻行情中，成交量要呈现出逐次放大的势态，否则极有可能反弹失败。如果大盘在构筑前面的双底形态时，在期间的两次上升行情中，成交量始终不能有效放大的话，将极有可能导致三重底形态的构筑失败。

最后，在三重底的最后一次的上攻行情中，如果没有增量资金积极介入的放量，仍然会功败垂成。所以，三重底的最后一次上涨必须轻松向上穿越颈线位时才能最终确认。股价必须带量突破颈线位，才能有望展开新一轮升势。

投资者在实际操作中不能仅仅看到有三次探底动作，或者已经从表面上形成了三重底，就一厢情愿地认定是三重底而盲目买入，这是非常危险的。因为有时即使在走势上完成了形态的构造，但如果不能最终放量突破其颈线位的话，三重底仍有功败垂成的可能。三重底由于构筑时间长，底部较为坚实，因此，突破颈线位后的理论涨幅，将大于或等于低点到颈线位的距离。所以，投资者需要耐心等待三重底形态彻底构筑完成，股价成功突破颈线位之后，才是最佳的建仓时机。大可不必在仅有三个低点和形态还没有定型时过早介入，虽然有可能获取更多的利润，但从风险收益比率方面计算，反而得不偿失。

三重顶（Triple Top）形态是在上涨过程中形成的，以三个有一定时间间隔、大致相同并相连的股价的高点而形成的反转形态。三重顶可从整体的成交量中观察到，当三重顶形成过程中，成交量逐渐减少，直至价格再次上升到第三个高位时，成交量便开始增加，形成一个确认三重顶讯号。第一次低点的形成，投资者通常以它作为主要支持线或颈线，当价格出现双顶后回落至颈线（支撑线），然后再次反弹至原先双顶的位置，并遭遇阻力后回落。若价格跌破颈线，便会大幅滑落，三重顶图形被确认。

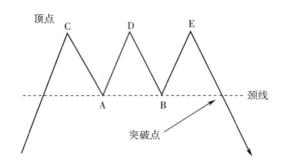

图 5 - 8   三重顶形态

形成原理：在股价上升过程中，上升一段时间后投资者开始获利回吐，市场回落，形成第一个峰顶；当股价落至某一点位时，一些看好后市的投资者逢低回补，于是行情再度回升，但市场买气不是十分旺盛，在股价回复至与前一高位附近时，在一些减仓盘的抛售下令股价再度走软，形成第二个高点；股价继续回落，在接近前一低点时，"抄底"投资者的买盘进入，股价再次被拉起，行情再度回升，但由于高点两次都受阻而回，令投资者在股价接近前两次高点时都纷纷减仓，股价逐步下滑至前两次低点时一些短线买盘开始止损，此时若愈来愈多的投资者意识到大势已去均沽出，令股价跌破上两次回落的低点（即颈线），于是整个三重顶形态便告形成。

四、圆弧顶（底）形态

圆弧顶形态是指 K 线在顶部形成的圆弧形状，处于一段上涨过程之后，是顶部反转形态的一种。圆弧顶形态成交量的逐渐减少是形成圆弧顶的主导因素，随着成交量的逐渐减少趋势发生缓慢的变化，当新的趋势形成后，成交量也开始放大，于是在圆弧顶过后就是下跌趋势的开始，如图 5 - 9 所示。

形成原理：在上涨过程中，多方维持一段股价或指数的继续升势之后，力量逐步趋弱，难以维持原来的购买力，使涨势缓和，而空方力量却有所加强，进而双方力量均衡，此时股价保持平台整理的静止状态。一旦空方力量超过多方，股价开始回落，起初只是慢慢改变，跌势不明显，但后来空方完全控制市场，跌势转急，表明一轮跌势已经来临，先知先觉者往往在形成圆弧顶前抛售

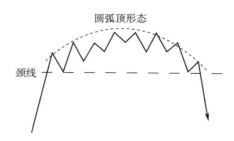

图 5 - 9　圆弧顶形态

出局，造成股价进一步下跌，在跌破颈线后，圆弧顶形成。一般来说圆弧顶的
跌幅较大，至少为顶部到颈线的距离。

　　圆弧底形态属于反转形态的一种，多出现在长期下跌过程后股票价格底部
区域，其形态表现在 K 线图中宛如锅底状。

图 5 - 10　圆弧底形态

　　圆弧底形态的形成是由于价格经过长期下跌之后，卖方的抛压逐渐消失，
空方的能量基本上已释放完毕，许多高位深度套牢盘因价格跌幅太大，只好改
变操作策略，继续长期持仓不动。但由于短时间内买方也难以汇集买气，价格
无法上涨，加之此时价格元气大伤，价格只有停留在底部长期休整，以恢复元
气，行情呈极弱势。持仓人不愿割肉，多头也不愿意大量介入，价格陷入胶着，
震幅小，但随着股市的发展，股票市场的参入者慢慢增加持有量，直到大多数
人认为此股价增长可期，增加持有量，此时，价格便会上升，形成圆弧底形态，
如图 5 - 11 所示。

五、V 形底与倒 V 形顶

　　V 形底形态是反转形态的一种，它是市场急剧由跌势转为涨势而形成的。
主力机构利用淡薄的市场人气，在股指下跌接近底部时，以连续长阴下跌的方

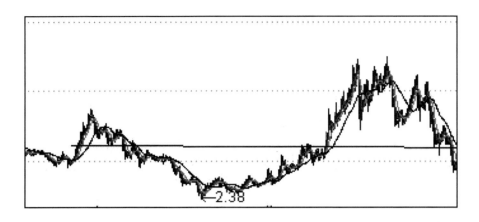

图 5 – 11 凤凰光学圆弧底形态 2004. 05—2007. 01

式，使投资者产生恐慌心理，在低位抛出手中筹码；然后再利用连续长阳快速上攻，使深度被套尚未平仓的投资者在上涨初期减亏平仓，以便在下跌后期和上涨初期加快建仓进程，如图 5 – 12 所示。

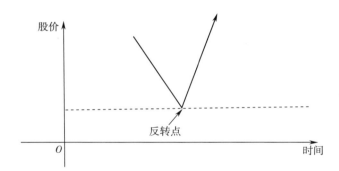

图 5 – 12 V 形底形态

通常 V 形的左方跌势十分陡峭，由于市场中卖方的力量很大，股价持续地下跌，而且要持续一段短时间；当这股抛售力量消失之后，买方的力量完全控制整个市场，使得股价出现戏剧性的回升，几乎以下跌时同样的速度收复所有失地，所以，V 形的底部十分尖锐，一般来说形成这个转势点的时间很短，而且成交量在这低点时明显增多。有时候 V 形顶点就在恐慌交易日中出现，接着股价从低点回升，成交量亦随之而增加。因此在图表上股价的运行，形成一个像 V 字般的移动轨迹。

V 形底有时会演变为延伸 V 形底走势，在带量向上突破延伸 V 形底徘徊区

3.04

图5－13 深深房 V 形底走势，底为 2012－01－16 的最低价 3.04 元

时，可以追买；V 形底不易在图形完成前被确认，在遇到疑似 V 形底的情况下，已经买进的投资者则应随时留意股价发展方向，保守投资者则可等到以大成交量确认 V 形底反转形态时，再追买。一旦 V 形底形成，要敢于进场抄底，前期下跌的幅度越大，则后市上涨的空间就越大，不要错失制胜的良机。

倒 V 形反转形态常出现在股市上涨过程中，在涨市后期或失控的牛市环境中，前期市场涨势过于猛烈，突发因素或恐慌性抛售造成转折点，股价急速掉头，造成大幅下跌，从而形成倒 V 形反转。

倒转 V 形情形与 V 形底刚好相反，市场看好的情绪使得股价节节扳升，可是突如其来的一个因素扭转了整个趋势，卖方以上升时同样的速度下跌，形成一个倒转 V 形的移动轨迹。

倒 V 形反转的顶部显得十分尖锐，常在很短的时间内形成，而且在转势过程中都有较大的成交量。在涨势中，市场看好的气氛使股价节节上扬，但这些上涨的力量多为短线行为，而一旦买方都买了，后面买方力量出现乏力时，下跌的动力就出现了。短线投资者见股价涨不上去，就会反手沽空，将筹码卖出，这种现象愈演愈烈，市场迅速逆转，以几乎等同于上涨时的速度快速下跌，倒 V 形反转走势就这样确立，这种形态容易辨认，但是如何做逃顶交易实属不易，如图 5－14 所示。

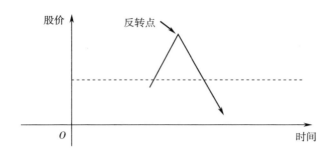

图 5－14　倒 V 形反转形态

第三节　整理形态

在股市中，多空双方处于对峙状态，根据多空双方力量的悬殊，经常处于单边上涨或单边下跌的情形之中，很少处于相对均衡。如果多空双方在决战的过程中，形成的这种力量相对均衡的拉锯战或处于牛市和熊市的转换过程，即为整理形态。

在股市中，整理形态和反转形态的划分是相对的，主要看分析者作长周期还是短周期分析而定，往往在一个大的反转形态中包含了若干小的整理形态，大的整理形态中也可分解出相对较小的反转形态。重要的持续整理形态主要有三角形整理、矩形整理、旗形和楔形整理形态。

一、三角形整理形态

三角形整理形态是一种重要的整理形态，根据整理收敛的形状，可分为对称三角形、上升三角形和下降三角形三种形态。三角形由两条收敛的趋势线构成，如果上方趋势线向下倾斜，下方趋势线向上倾斜，此种三角形整理形态称为对称三角形；如果上方趋势线呈水平状态，下方趋势线向上倾斜，此种三角形整理形态称为上升三角形；如果下方趋势线呈水平状态，上方趋势线向下倾斜，此种三角形整理形态称为下降三角形。

虽然没有非常好的测量目标位的方法，但是有规则可供使用。假设有一个上升运动，从开始形态的第一个反弹顶部出发，作为一条平行于底部边界线的直线，这条线将会向右滑离开形态。价格可望一直上升而达到这条线，而且，在形态突破后，价格上升的角度和速度等趋势特征通常与进入形态之前的趋势特征相同。这条规则可使我们得出价格到达测量线的大体时间和价格水平，同样的规则适用于下降运动。

三角形并不是预示着趋势反转。相反，除非相当不寻常的情况，它们更倾向于预示着最好称作"巩固"的形态。三角形的图表很少有预示价格在哪个方向突破三角形的线索，直至突破行为最后发生。在未冲破边界前，价格朝两边交叉的顶点推进得越远，该形态的力量或能量可能会越弱。

当前面两个反弹顶部已经形成了下倾的上部边界线时，从下部边界线出发的第三个反弹上升并以一适度的幅度冲过最初顶部线，这个运动没有形成可识别的突破性交易量，在没有超过前一形态顶部最高点时停了下来。当价格随后又回至形态中时，必须将原来上部边界线废弃，再由第一次和第三次反弹顶部重新画一条线。

以极大交易量为开端的对称三角形，对它的向下突破更容易是虚假信号，而非真实下跌趋势的开端。尤其是突破发生在价格已经逐渐前进到三角形顶点处之后，上述奇怪现象更容易发生。只有直角三角形的整理形态给出关于向下突破的事先预兆。三角形整理形态突破越早，越不会是虚假运动。时间超过三年的巨大三角形最好作为无用信息而忽略掉。

三种三角形整理的基本形式。根据三角形出现的形态特征，可以将其分为上升三角形、下降三角形、对称三角形。

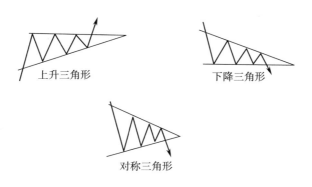

图 5 - 15 三种三角形的基本形式

（1）上升（下降）三角形。上升（下降）三角形是指股价在某水平位置，呈现出强大的卖压，价格从低点回升到水平便告回落，但市场的购买力十分强，股价未回至上次低点即告弹升，这情形持续使股价随着一条阻力水平线波动日渐收窄。我们若把每一个短期波动高点连接起来，可画出一条水平阻力线；而每一个短期波动低点则可相连出另一条向上倾斜的线，这就是上升三角形。下降三角形的形状与上升三角形恰好相反。

上升三角形显示买卖双方在该范围内的较量，但买方的力量在争持中已稍占上风。卖方在其特定的股价水平不断沽售而不急于出货，但却不看好后市，于是股价每升到理想的沽售水平便即沽出，这样在同一价格的沽售形成了一条水平的供给线。不过，市场的购买力量很强，他们不待股价回落到上次的低点，就急不可耐地购进，因此形成一条向右上方倾斜的需求线。下降三角形则情形相反。

上升三角形和下降三角形都属于整理形态。上升三角形在上升过程中出现，暗示有突破的可能；下降三角形正相反。上升三角形在突破顶部水平的阻力线时，有一个短期买入讯号，下降三角形在突破下部水平阻力线时有一个短期沽出讯号。这两种形态虽都属于整理形态，有一般向上向下规律性，但亦有可能朝相反方向发展。上升三角形向上突破后的最少涨幅为三角形的竖直高度。

（2）对称三角形。对称三角形是指投资者暂时摸不清楚股价未来的走向，多空双方看法出现严重分歧，多方有看多的理由，空方有看空的理由，因此股价下跌，多方人士逢低买入，而股价上涨，空方人士借机高抛，虽然一底比一底高，但没有出现多方预期的效果，使多方信心产生动摇，买方力量逐步减弱，相对应的股价一顶比一顶低，但并没有向空方预期的那样，产生大幅下跌。因此使空方对自己原来的判断产生怀疑，致使做空不坚决，空方力量同样逐步减弱，这样就出现了多空双方都无法迅速战胜对方，但价位区域却在逐步缩小，股价去向含糊不清，究竟未来是升是跌，暂时没有明确的信号，这便是对称三角形的主要特色。当股价运行到对称三角形的尾端或接近顶点时，多空双方处于一种暂时的平衡状态，双方都无力打破僵局。这时，如有一种力量加入多方或者空方，天平将马上会产生倾斜，经常是一种外力，如明显的利多、利空消息引发三角形向上或向下突破，突破方向产生后，宣告对称三角形态结束。

对称三角形是一种未明朗的形态，发展到一定阶段，将可以产生向上突破或向下突破。

向上突破通常发生在股价产生了一段升幅，由于涨幅已大，短线获利盘开始获利了结，形成了对股价的打压，但看多者逢低继续买入，便形成了相互拉锯的三角形整理状态，股价运行一段时期后，将在一个较窄的区域内暂时达到平衡，多空双方势均力敌，这时如果出现一种力量（常是一种外力），加入多方之中，均衡即被打破，产生向上突破，并指示了向上攻击的方向，一波升势又将展开。

向下突破通常是在股价产生了较大的跌幅，因跌幅较大，投资者惜售，短线买家试探性逐步逢低买进，形成三角形整理形态，多空力量暂时平衡，但这只是下跌途中的中转站，一旦新的利空因素产生，稍有卖压，平衡即被打破，产生向下突破，另一轮跌势又将开始。

判断对称三角形是否有效突破，要注意三点：

①价位产生明显的改变，有明确的突破方向。

②向上突破时，必须有较大成交量的支持，成交量增加幅度越大，突破的可信性就越高；向下突破时，可以有较大成交量增量，也可以没有成交量增量，没有成交量增量突破可以成立，如有大成交量的配合，向下突破就更为有力。

③突破后 3 日内，股价没有重新走回对称三角形之内，这样可以确认股价已走出对称三角形，形成了向上或是向下的突破。

有假突破时，应随时重划界线形成新的三角形。

对称三角形形态内的第一个高点和低点连线的中心点延伸至三角形顶端的这条直线叫颈线力距。一个对称三角形其突破信号通常产生于颈线力距的 1/2 或 3/4 处，在这种距离产生的突破，一般较有力度。理论上，如果股价超过 3/4 长度位置后，仍未产生有效突破，股价会缓慢运行至对称三角形顶端，多空力量相互抵消，股价继续横向运动；但在实践中，也经常出现股价直至运行到三角形顶端时，才产生向上或向下的突破。

对称三角形产生突破后，经常会有一种反抽现象，向上突破产生反抽是一个较好的逢低买入点；而向下突破，投资者应坚决离场，不要死等反抽点的出现，因为一旦下跌趋势产生，经常这种反抽根本不出现。对称三角形突破后，向上和向下的空间是可以度量的。理论上，对称三角形突破后，其向上的最小涨幅和向下最小跌幅是对称三角的宽，也就是对称三角形形态内，第一个顶点与第一个低点之间的垂直距离。对称三角形的股价变动愈接近其顶点而未能突破界线时，其力量愈小，若太接近顶点的突破即失效。通常在距三角形底边 1/2 或 3/4 处突破时会产生最准确的移动。

在对称三角形形态内的投资策略：虽然对称三角形大部分属于整理型态，不过亦有可能在升市的顶部或跌市的底部中出现。根据统计，对称三角形中大约 3/4 属整理型态，而余下的 1/4 则属转势型态，所以应遵循等待、观望、休息的策略，直至产生突破方向时，才进入市场。

（3）扩散三角形。扩散三角形也叫喇叭形，大多出现在顶部，为看跌形态，是头肩顶的变形，价格经过一段时间的上升后下跌，然后再上升再下跌，上升的高点较上次为高，下跌的低点亦较上次的低点为低，也就是说在完成左肩与头部之后，在右肩反弹时超越头部的高点创出新高。整个形态以狭窄的波动开始，然后在上下两方扩大，把上下的高点和低点分别连接起来，就可以画出一个镜中反照的三角形状，也就是右肩创新高的头肩顶，这就是"笑里藏刀"的扩散三角形。

扩散三角形是因为投资者冲动情绪造成的，通常在长期上升的最后阶段出现。这是一个缺乏理性和失去控制的市场，投资者受到市场炽烈的投机风气或传言所感染。本来投资者操作已趋保守，直到右肩创新高后，在市场一片鼓吹延伸浪的呼声中，又重新疯狂追涨。但"夕阳无限好，只是近黄昏"，当众人都看好之际，行情总是朝反方向前进。市场冲动和杂乱无章的行动，使得股价不正常地大起大落，形成上升时高点较上次为高，回落时低点则较上次为低的情况。

扩散三角形实战运用技巧：

①标准的扩散三角形至少包含三个转折高点、两个转折低点。这三个高点一个比一个高，两个低点可以在水平位置上，或者右边低点低于左边低点；当股价从第三个高点回跌，其回落的低点较前一个低点为低时，可以假设形态的成立。将高点与低点各自连接成颈线后，两条线所组成的区域，外观就像一个喇叭形，由于其属于"五点转向"形态，故较平缓的喇叭形也可视之为一个有较高右肩和下倾颈线的头肩顶。

②扩散三角形在整个形态形成的过程中，成交量保持着高而且不规则的波动。喇叭形是由投资者冲动和非理性的情绪造成的，绝少在跌市的底部出现，因为股价经过一段时间的下跌之后，市场毫无人气，在低沉的市场气氛中，不可能形成这种形态。而不规则的成交波动，反映出投资者激动且不稳定的买卖情绪，这也是大跌市来临前的先兆。因此，喇叭形为下跌形态，暗示升势将到尽头。

③扩散三角形下跌的幅度无法测量，也就是说并没有至少跌幅的量度公式估计未来跌势，但一般来说，跌幅都将极深。同时喇叭形右肩的上涨速度虽快，但右肩破位下行的速度更快，但形态却没有明确指出跌市出现的时间。只有当下限跌破时形态便可确定，投资者该马上止盈或止损出局了。

④扩散三角形也有可能会失败，即会向上突破，尤其在喇叭形的顶部是由两个同一水平的高点连成，如果股价以高成交量向上突破，那么显示前面上升的趋势仍会持续。但对于稳健保守的投资者而言，"宁可错过，不能做错"，不必过于迷恋于这种风险大于收益的行情，毕竟喇叭形的构筑头部概率十分大。

首创股份 2013 年 3 月 12 日到 2013 年 5 月 23 日出现三角形整理形态，但随后突破压力线，预测该股票将上涨，如图 5 - 16 所示。

图 5 - 16 首创股份 2013 年 3 月到 2013 年 5 月出现三角形整理形态

一般认为，上升三角形突破必然向上，下降三角形突破必然向下，但实际情况也不尽然如此。在很多情况下，三角形态都不能事先确定股价的波动方向，其突破是否有效取决于两个方面：其一是向上突破必须有成交量的配合，向下突破不一定要有量的配合；其二是三角形突破只有在从起点至终点（末端）的大约 2/3 处发生，才会有效或具有相当的突破力度，股价若运行至末端才出现突破，其突破往往不会有效或缺乏力度。

二、箱形整理形态

矩形是股价由一连串在两条水平的上下界线之间变动而成的形态。股价在其范围之内上升或回落。价格上升到某水平时遇到阻力，掉头回落，但很快便获得支持而上升，可是回升到上次同一高点时再一次受阻，而挫落到上次低点时则再得到支持。这些短期高点和低点分别以直线连接起来，便可以绘出一条通道，这条通道既非上倾，亦非下降，而是平行发展，这就是矩形形态。矩形是整理形态（如图 5 - 17 所示），在升市和跌市中都可能出现，长而窄且成交量小的矩形在股市价格波动的底部常常出现。突破上下限后有买入和卖出的讯号，涨跌幅度通常等于矩形本身宽度。一个高低波幅较大的矩形，较一个狭窄而长的矩形型态更具威力。矩形是一个整理形态，整理的结果究竟是向上还是向下，这要根据当时多空力量对比而定，在矩形形成过程中没有最后朝一个方向有效突破时，谁也不能妄下结论。在预测价值方面和对称三角形相似，但趋势线平行而不相交。价格在上趋势线或下趋势线之外收盘时，矩形便告完成并指示趋势的走向。

矩形有可能成为反转形态，更通常为持续形态而非反转形态，反转形态矩形在底部比在顶部出现得多。很长时间、波动疲弱、股价变动沉缓的矩形在底部并非不常见，如果这种整理形态出现，有人称之为潜伏底。

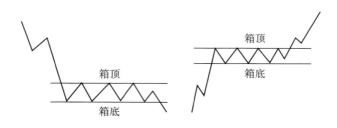

图 5－17　箱形整理形态

三、旗形整理

旗形走势就如同一面挂在旗杆上的旗子，这种图形经常出现在急速、大幅变动的市况中，股价经过一连串紧密短期波动后，形成一个略与原走势呈反方向倾斜的平行四边形，这种图形又可再分为上升旗形与下降旗形，如图 5－18 所示。

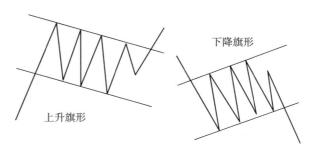

图 5－18　旗形整理形态

（1）上升旗形。经过一段陡峭的上升行情后，股价走势形成了一个成交密集、向下倾斜的股价波动密集区域，把这一区域中的高点与低点分别连接在一起，就可看出一个下倾的平行四边形或称上升旗形。

（2）下降旗形。当股价出现急速下跌行情后，接着形成一个波动区域紧密、稍向上倾的价格密集区域，分别把这一个区域中的高点、低点各自相连，即形成一个向上倾斜的四边形。

旗形的市场含义：在上升旗形中，先是投资人共同看好股市出现争购现象，促使股价上升到一个短期中的高点，原先买进股票者因上升产生利润而卖出了结。上升趋势受到阻力开始回落，但多数投资者依然看好后市，造成回落速度不快，幅度也不十分大，成交量有不断减少之状，反映做空力量不断减弱。经过一段时间的整理，在成交量的配合下，股价又沿着原来上升的方向急速上升，形成了"上升—整理—再上升"的规律。下降旗形则与上述情形相反。

四、楔形整理形态

所谓"楔形"，一般是由两条同向倾斜、相互收敛的直线组成，分别构成股价变动的上限和下限，其中上限与下限的交点称为端点。楔形形态属于短期调整形态，通常分为上升楔形和下降楔形（如图5-19所示）。楔形的与众不同之处是它明显倾斜。楔形向上或向下明显倾斜。通常，楔形如同旗形一样与当前趋势呈反向倾斜，下跌楔形向上倾斜，上涨楔形向下倾斜。因此，下降楔形看涨，而上升楔形看跌。

上升楔形　　　　　　下降楔形

图 5 – 19　楔形整理形态

市场含义：下降楔形（上升楔形的含义相反）：股价经过一段时间上升后，出现了获利回吐，虽然下降楔形的底线往下倾斜，似乎说明市场的承接力量不强，但新的回落浪较上一个回落浪波幅为小，并且跌破前次低点之后，并没有出现进一步下跌，反而出现回升走势，说明沽售抛压的力量正在减弱，抛压的力量只是来自上升途中的获利回吐，并没有出现新的主动做空力量进场，所以经过清洗浮筹后价格向上突破的概率很大。

上升楔形和上升三角形：表面上，也许会以为，既然有一条水平线和一条上倾线的上升三角形为上升图像，那么有两条上倾线的上升楔形将更加牛性。但实际并非如此。记住，上升三角形的平顶代表了供给正在某价位进行出仓，上倾的底边线表示多头的信心增强，当供给全被多方吃掉时（上升的底边线表示供给将被吃完），压力解除，价格将跳跃前进。但是，上升楔形中没有明显的将被吞吃的空头抛卖方设置的障碍线，多头不知道顶部在哪里，当多头的投资兴趣的渐渐衰竭，股票价格已经上升，但每个新的上升波动比上一个要弱。最后，需求彻底失败，趋势反转。所以，从技术分析意义上讲，上升楔形代表了一种逐渐变弱的形势。

上升楔形、上涨通道和旗形：上涨通道和旗形的两边几乎是平行稳定的，它们明显替上涨和下跌设下一个波动范围。楔形它的相交边界线相聚点在上涨停止及回撤切入点附近。

上升楔形和下跌楔形：除了下部尖细这一点外，下降楔形与上升楔形完全相同。但上升和下跌楔形完成后的价格趋势特点不一样。当突破上升楔形后，价格通常急剧下跌，而当突破下跌楔形时，价格在开始上涨前更易于横向漂移或进入一沉缓的"碟形环绕"运动。因而，上升楔形中，为确保盈利可能要求交易者行动迅速。而下降楔形中，可以不急不忙地入场。

最后一点，上升楔形是熊市反弹相当典型的形态。事实上，它是如此典型，以至于有时在大规模下跌之后，楔形的频繁出现使人怀疑新的牛市是否正在生成，这些还可作为主要趋势仍在下降的证据。当一轮主要熊市波动结束在头肩底部时，最后的上升楔形通常呈现为从左肩到颈部的价格反弹，且正好在它们跌破头部（最终低点）之前。周线图中的上升楔形几乎总是一轮熊市的景象，表现出减缩的市场活力，而这是与主导地位的市场基本趋势相反的任何回撤运动的正常表现。

在具体分析中，需要密切关注成交量、时间等诸多因素。通常楔形形态内的成交量是由左向右递减的，且萎缩较快。同样，楔形整理的时间不宜太长，一般在8~15日内，时间太久的话，形态力道将消失，也可能造成股价反转的格局。究其具体操作而言，上升楔形在跌破下限支撑后，经常会出现急跌，因此当其下限跌破后，就发出沽出讯号。而下降楔形向上突破阻力后，可能会演变成横向发展，形成徘徊状态，成交依然非常低沉，然后再慢慢爬升，成交亦随之增加。这种情形出现时，投资者则可等股价打破徘徊局面后适当跟进。

要点提示：

（1）楔形（无论是上升楔形还是下降楔形）上下两条线必须明显地收敛于一点，如果型态太过宽松，形成的可能性就该怀疑。一般来说，楔形需要两个星期以上时间完成。

（2）虽然跌市中出现的上升楔形大部分都是往下跌破占多，但相反地若是往上升破，而且成交亦有明显的增加，型态可能出现变异，发展成一上升通道。

这时候我们应该改变原来偏淡的看法，市道可能会沿着新的上升通道，开始一次新的升势。同样倘若下降楔形不升反跌，跌破下限支持，型态可能改变为一下降通道，这时候后市的看法就应该随着市势的变化而作出修正。

（3）上升楔形上下两条线收敛于一点，股价在型态内移动只可以作有限底的上升或下跌，最终会告跌破。而股价理想的跌破点是由第一个低点开始，直到上升楔形尖端之间距离的 2/3 处。有时候，股价可能会一直移动到楔形的尖端，出了尖端后还稍作上升，然后才大幅下跌。

（4）下降楔形和上升楔形有一点明显不同之处，上升楔形在跌破下限支持后经常会出现急跌；但下降楔形往上突破阻力后，可能会向横发展，形成徘徊状态或圆状，成交仍然十分低沉，然后才慢慢开始上升，成交量亦随之而增加。这种情形出现时，投资者可待股价打破徘徊闷局后再考虑跟进。

（5）从实战的经验统计，下降楔形向上突破与向下突破的比例为 7∶3 左右；从时间上看，如果下降楔形超过三四个星期，那么向下突破的可能性就会增大一些。

第四节　缺口形态

缺口共分四类：普通缺口、突破缺口、持续缺口、消耗缺口，股价出现缺口，经数天或较长时间的变动，又回到原来缺口的价位时，称为补空，即缺口的封闭。

一、形态分析

（1）普通缺口。一般出现在密集成交区中，约在几个交易日内便会补空，出现在整理形态的可能最大；当发现三角形或矩形形态中有许多缺口，则判断此形态为整理形态。

（2）突破缺口。当股价一跳很远地远离某一形态，则表示真正的突破开始了，突破的缺口越大，预示着未来变化将越是强烈。这种缺口一般出现在重要的转向形态中。

（3）持续缺口。这种缺口出现在上升或下跌的途中，其特点是出现在离开密集成交的区域急升或急跌的中途。它具有预计后市变化幅度的功能，因此又称可量度性缺口。即从股价的突破点开始，到持续缺口始点的垂直距离，就是未来股价将达到的高度。

（4）消耗缺口。消耗缺口常伴随快速、大幅的波动而出现，即在股价快速上升或下降时，股价变动并非逐渐产生阻力，而是变动速度加快，使股价似耗尽全力般地速升或急跌。这种缺口一般出现在恐慌性抛售或消耗性上升的终点处。

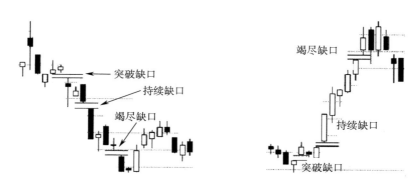

图 5 - 20　缺口形态

普通缺口与消耗缺口都会在几天内封闭，可根据缺口位置来辨别。

普通缺口与突破缺口都可能出现在密集股价区域中，但前者位于形态内，后者则脱离形态。持续缺口没有股价的密集形态，而是在行情发展中途。

突破缺口表明股价变动的开始，持续缺口是快速移动近于行情的中点信号，消耗缺口则表示已将近终点。消耗缺口就像持续缺口一样伴随快而猛的价格上升或下跌出现，这两种缺口的区别在于，若发生缺口的当天成交量放大，且短期无法再出大量的话，则为消耗缺口。持续缺口及突破缺口在较长时期内不会被封闭，而普通缺口与消耗缺口几天内便会被封闭。

缺口分析有助于我们选择个股，当许多股票同时出现向上突破时，应选择买入已有突破缺口产生的个股，而不是去找升幅较小的个股。

缺口形态：600272 开开实业的上升缺口（如图 5 - 21 所示），即 2011 - 07 - 16 为突破缺口（第一个缺口）；2011 - 07 - 18 为中继性缺口（第二个缺口）；2011 - 07 - 19 为普通缺口（第三个缺口），出现缺口后短期内又被补回；2011 - 08 - 03 为普通缺口（第四个缺口）。

二、形态理论应用中的问题

在图形研判中，首先区别是反转形态还是整理形态，其中尤其要重视成交量的演变过程。

图 5－21　开开实业的缺口形态

对这两点的把握，可以通过以下要点分析。

（1）不论是短线还是中长线分析，反转形态的出现机会少于整理形态，掌握该要点，才不致得出误差极大的分析结论。

（2）成交量分析中，可把握这一点，即向上突破发展必须有成交量的放大配合，而向下发展则不必。在形态演变过程中，我们要坚信形态是会出现多空信号的，如同事物的发展过程一样，总是由量变引起质变。股价不会不经整理过程就从一个反转形态进入另一个反转形态。

如一个上升过程总是由下列形态组成：由头肩底反转或圆底形反转等形态，冲破颈线再回抽确认颈线后开始拉出诸如上升旗形整理、对称三角形整等整理形态，中间时常还出现一些缺口，在向上发展末期，可能出现头肩顶图形、圆顶图形、M 头或岛形形态，对先前走势给予否定。

同样，一个下探过程也须经过类似步骤。在股市中常见的短线操作，则更离不开对动态走势曲线的分析。当发现股价加速下滑后开始止跌时，应马上作出反应：将形成 W 底，还是下降三角形形态呢？要注意的是：形态中的颈线确认工作，有助于测量可能的涨幅或可能的跌幅。

练习题

1. 什么是反转形态，它主要包括哪几种形态？

2. 什么是整理形态，它主要包括哪几种形态？

3. 什么是缺口形态？

4. 如何处理圆弧底？

5. 箱形整理和旗形整理的区别是什么？

6. 如何处理头肩顶形态，何时是卖点？

7. 如何理解同一种形态有可能同时属于反转形态和持续形态。

8. 如何处理 V 形反转，谈谈你的看法。

第六章　切线理论

——压力线与支撑线

判断股市波动方向的工具除了前几章涉及的工具外，还有其他工具。股价波动趋势的方向有三个：（1）上升方向；（2）下降方向；（3）水平方向，也就是无趋势方向或横盘整理。本章将讨论判断趋势的其他工具。

第一节　趋势线和轨道线

趋势线（trend line）是用来描述一段时间内股价运行方向的直线。

一、趋势线的画法

趋势线的画法为连接一段时间内价格波动的高点和低点，如图 6 - 1 所示。在上升趋势中，将两个明显的反转低点连成一条线，得到上升趋势线，上升趋势线起支撑作用；在下降趋势中，将两个明显的反转高点连成一条线，得到下降趋势线，下降趋势线起阻力作用。画出直线后，必须得到第三个点的验证才能确认该趋势线的有效性。

二、趋势线的确认

趋势线就是上涨行情中两个以上的低点的连线以及下跌行情中两个以上高点的连线，前者被称为上升趋势线，后者被称为下降趋势线。当有一个低点，在上升趋势线上被支撑住之后，这条上升趋势线被确认；当有一个高点遇到下降趋势线后下跌，那么这条线得下跌趋势线被确认。

上升趋势线的功能在于能够显示出股价上升的支撑位，一旦股价在波动过程中跌破此线，就意味着行情可能出现反转，由涨转跌；下降趋势线的功能在于能够显示出股价下跌过程中回升的阻力趋势线对今后的价格变动起约束作用，

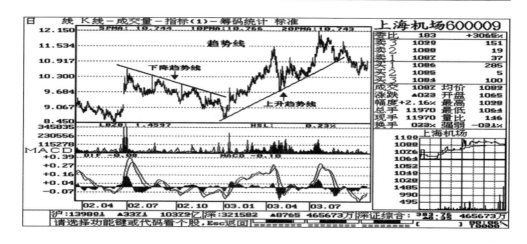

图 6 – 1 压力线与支撑线

即支撑和阻力作用；趋势线被突破后，说明股价下一步的走势将反转，越重要的趋势线被突破，转势信号越强烈，突破后，趋势线的作用会转换。

第二节 支撑线和压力线

支撑线（support line）又称抵抗线，起阻止股价继续下跌的作用；压力线（resistance line）又称阻力线，起阻止股价继续上升的作用。压力线和支撑线主要对趋势的潜在幅度范围与趋势的持续期间进行估计。这些指标与我们前面讨论过的大多数指标形成鲜明的对照；压力线和支撑线是对已经发生的趋势改变进行确认。这两种方法只能用于预测走势变化的可能幅度，而不能作为实际操盘的即时预测。在走势图上，支撑和压力是指当前的趋势可能中止或反转的点位。

一、支撑线与压力线的转换原理

（1）支撑线。支撑是指"由于买盘的集中，使下降趋势有望暂时停止的点位"。当股价跌到某个价位附近时，股价停止下跌，甚至有可能还会回升。这个起着阻止股价继续下跌或暂时阻止股价继续下跌的价格就是支撑线所在的位置。

（2）压力线。压力是指"由于卖盘的集中，使上升趋势可能暂时停止的点位"。当股价上涨到某价位附近时，股价会停止上涨，甚至回落。这个起着阻止或暂时阻止股价继续上升的价位就是压力线所在的位置。

支撑线和压力线的作用是阻止或暂时阻止股价向一个方向继续运动。同时，支撑线和压力线又有彻底阻止股价按原方向变动的可能。

显然，买盘和卖盘总是相等的，这样买盘集中的区域意味着买方的热情要比卖方的高，并因此更愿意报比较高的价格；反之则相反。

一条支撑线如果被跌破，那么这条支撑线将成为压力线；同理，一条压力线被突破，那么这条压力线将成为支撑线。这说明支撑线和压力线的地位不是一成不变的，而是可以改变的，条件是它被有效的足够强大的股价变动突破。

在图 6-2 中，开始时价格处于下跌趋势，然后在 A 点位反弹，当反弹至 B 点位时，由于受到阻力下跌，由于以前的底部为 A 代表了潜在的转折点，所以有理由认为价格会在下一次下跌到 A 点位。从图 6-2 中可以看出，当价格跌至和 A 点大致相等的 D 点时，股价上升。但是，从 A 点到 D 点并不是很快到达的，我们看到 E 点、F 点有支撑，股价跌至 E 点时，由于短期支撑股价恢复到 B 点附近的 C 位。经过 BC 和 EF 连线间的震荡整理后，股价才下跌至 D 点。按照技术分析的行话，可以说支撑位被突破。就是说支撑位已经被破坏，当 EF 支撑线被破坏后，必须寻找新的支撑位，这就是 D 点。股票市场中股价的支撑规律是，特定的支撑位被突破后必须在下面再寻找一个新的支撑位。

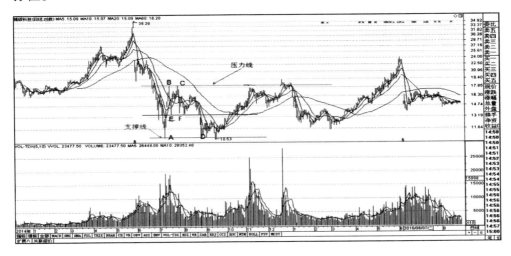

图 6-2 压力线和支撑线的互相转化

图 6-3 中，当价格达到其最低价位后，经过短期的整理，会向上反弹。这种上升趋势在虚线点位停止；该点位是处于 AA 与 BB 线之间的矩形形态的底部。在这个区域，先前买入股票的股价又回到原来点位，而且大多数人渴望将手中的股票兑现，既不赚也不赔，因此，在该点价位形成集中买盘区域，先前

的支撑位 AA 转化为现在的阻力位。这些点的价位往往是 10、50、100 等整数，因为它们表示了简单的心理点位，投资者通常据此作出买卖决策。然后，价格在稍微回落以后，即展开下一轮向上突破 A 阻力位的攻势，但仍然有大量的股票抛售。这是非常重要的，因为这是技术分析的一个规律，即下跌行情中的支撑位，本身就是上涨行情中的阻力位。如果我们从第 10 层楼跳下，并在第 9 层获得支撑后掉入 8 层，你如果想再跳回到第 10 层，你就不得不跃过第 9 层的天花板，但是它现在成了阻力位。股票市场也是如此。最终，阻力位 AA 被突破，价格上涨至第二个阻力位 BB。先前下跌行情的支撑位又一次成为现在上涨行情的阻力位。其基本原理基于这样的事实：许多在 B 点位买入股票的人，当股价再次由低价位返回该点位时，他们会将手中的股票兑现。既然价格再一次返回到 B 点位，它就有可能再一次破位，因为许多人利用这个机会卖掉所持股票。你也会发现，一旦向上突破阻力位，这一阻力位就会成为随后下跌趋势的支撑位。因此，最后的下跌趋势在 A 点位停止。这样，阻力位被再一次突破后就变成了支撑位。

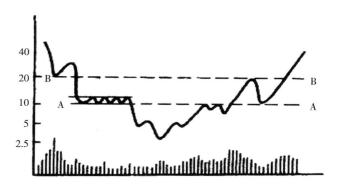

图 6－3　压力线与支撑线

二、估计未来的支撑/阻力位

支撑线和压力线的确认是人为主观判断的，它们对当前时期影响的重要性可从三个方面考虑：价格在此区域停留的时间长短；价格在此区域伴随的成交量大小；此区域发生的时间距离当前时期的远近。价格停留的时间越长、伴随的成交量越大、离现在越近，对当前的影响越大。下面是一些识别潜在的支撑区域或压力区域的指导原则。

（1）在走势图中，整数是关键点位。我们常常听见人们说："当价格上涨到某某点位，我就把它卖掉。"那好，如果要他们凭空选一个价格，他们就会选25、50、100等整数。对于下跌行情也一样，你会说："如果价格跌到10、5或某一特定值，我要买一些股票。"因此，整数点位往往会成为支撑和压力区域。

"区域"（Zone）而不是"水平价位"（Level），是因为价格往往会超过或低于实际整数，所以"区域"是一个更准确的说法。

（2）以前的峰位和谷底所在区域或价格水平最可能成为支撑或压力区域。有人说："如果股价上涨到过去某某最高位，我就卖出"或"如果股价跌到过去某个最低位，我就买进。"例如，如果股价反弹到20元，然后返回，再上涨到25元，则容易判断的预测回调的最终位置将是20元的区域。这是因为先前的最高位可能会转变其压力角色而成为下跌趋势的支撑位。

（3）趋势线和移动平均线是动态的支撑位或阻力位。趋势线和移动平均线本身就是支撑和压力线。因此，在上涨行情中，当价格回落至趋势线区域之内时购买股票是有理论支持的。如果其他指标一致，则这是一个低风险交易或投资，因为能够在趋势线之下立即止损。如果趋势线受到冲击，投资者就会知道趋势线反映的支撑位已被突破。

（4）走势图的情绪点位（Emotional Points）通常表示重要的潜在支撑或阻力位。这些点位包括缺口的开盘价和收盘价、关键反转日的最高价和最低价等。

走势图6-4显示几个支撑和压力点位。首先，围绕整数价位20的区域。在2002年末期，支撑位阻止了两次下跌趋势，并成为2003年初发生的系列反弹的阻力位，而且是稍后一个交易日跳空缺口的开盘价。2002年10月末，下跌跳空

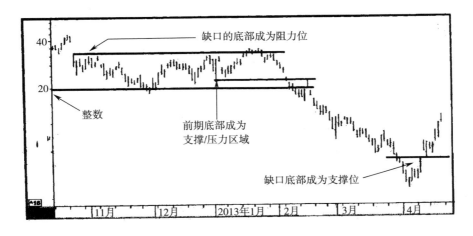

图6-4　支撑线和压力线

缺口形成的区域成为随后几个月非常重要的阻力位。即使此后有几个交易日价格成功反弹到该阻力位以上，但还是受到明显的阻力。并且到达此点位以后，股价均受挫下跌。最后发生在 2003 年 4 月向上跳空缺口的开盘价成为未来下跌趋势的重要支撑位。

三、如何判断支撑线和压力线的重要程度

以下是四个判断压力线和支撑线重要程度的规则：

（1）压力线所在区域阻止或使价格趋势发生反转的次数越多，则该压力线区域的重要程度越高。这也许是最重要的规则。照此规则，如果价格不断触及某支撑位，则人们就会对此习以为常。那么，当价格最终突破支撑位，那些习惯于在此区域内买入，并在适当点位卖出获利的人，就会被迫赔钱卖出。其他人也许会在支撑位以下的某个点位止损。这一区域越长，成为止损位就越明显。当支撑位垮掉以后，市场就令人失去了信心，直到更低的支撑价位建立。在反弹行情中，该规则对压力线区域同样适用。

（2）在支撑线或压力线形成之前，价格走势的波动越剧烈，其重要程度越高。已经急剧上涨或急剧下跌的股市价格比经历了缓慢上涨或缓慢下跌以后的价格更需要适度的支撑或阻力位，这一点可能非常重要。

（3）在给定的支撑线或压力线区域，证券的换手率越高，该区域越重要。人们往往会记住他们自己的经验。这意味着在特定交易区内人们买卖的数量越多，该区域作为潜在的支撑或压力区域的重要程度就越高。如果大量股票交易者以 10 元买入，而价格跌到 7 元，则当价格反弹到 10 元时会有大量的卖单，因为人们要挽回损失，但更满意的是不赚不赔。

（4）支撑位线或压力位线形成的时间越近，一般来说对决策越重要。应考察形成最初的密集交易区所花的时间及在整个市场发展中的状况，例如，6 个月前形成的密集交易区要比 10 年或 20 年前形成的密集交易区重要得多。

四、压力和支撑的转换

压力线和支撑线在一定的条件下是互相转换的，互相转换的原因主要在于心理因素。支撑线被突破，将转换为压力线；压力线被突破，将转换为支撑线（如图 6－5 所示）。

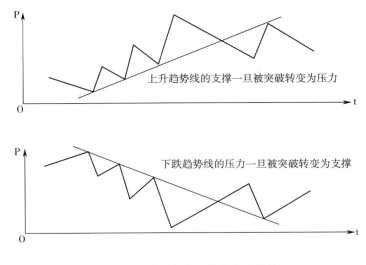

图 6 - 5　压力线和支撑线的突破及转换

第三节　比例线和阻速线

在金融市场中，比例线和阻速线正如各种趋势线反映的价格波动规律，也是对公众心理作用的一种真实的衡量。比例线和阻速线衡量价格变动形态，它和趋势线、移动平均线、轨道线等的变动规律一样是衡量一些股票价格的波动规律，是比例原则在实际中的应用。

支撑线和阻力线所处位置有助于我们判断价格趋势可能在何处暂时被中止或反转。比例线原则也是这些作用的延伸。例如，当股价创历史新高，而且是空前的高位时，由于已经没有交易发生，也就没有产生压力的任何迹象，在此情形下，比例的概念就可以提供可能变盘的线索。

一、比例线

在过去的历史实践中，"50%原则"是大家熟知的。例如，根据美国学者马丁·J. 普林格的研究[①]，道琼斯工业指数在空头行情中经常下跌 50%。比如，在 1901—1903 年、1907 年、1919—1921 年和 1937—1938 年这些空头行情中，指数分别下跌了 46%、49%、47% 和 50%；在 1929—1932 年的空头行情中，第

---

① 马丁·J. 普林格：《技术分析》，北京：中国财经经济出版社，2003。

二波走势于 1929 年 10 月的 195 点终止，大约是 9 月份最高点的一半。有时，一段涨势的中点代表着均衡点位，通常可以给出所讨论走势的最终幅度的线索，或者预示折返走势的重要转折点。因此，在 1970—1973 年间，市场指数从 628 点上涨到 1067 点。该段上涨行情的中间点位为 848 点，或者说近似于 1973—1974 年空头行情第一波结束时的最低点。在股市上涨行情中，压力线的位置往往会在最低位向上两倍的位置出现。1932—1937 年的上涨行情中，第二波反弹即从 40 点涨到 81 点，翻了一番。

　　无独有偶，在中国市场上，"50% 原则"也得到很好的体现。在图 6-6 中，显示在 2013 年 3 月至 2016 年 8 月的上证综合指数图中，在 2013 年 6 月 25 日上证指数最低跌至 1849.65 点，至 2015 年 6 月 12 日上涨至 5178.19 点，涨了 3328.54 点，约为 1849.65 点的 1.8 倍，接近 2 倍。2015 年 6 月 13 日股市下跌，我们看到"50% 原则"在上涨和下跌时的作用，在 3090 点区域受到支撑，在上涨过程中 3090 点区域遇到阻力；同时在下跌趋势中，从期间最高和最低之间的 33% 的幅度都遇到了压力和得到了支撑，看到了压力和支撑的转换。

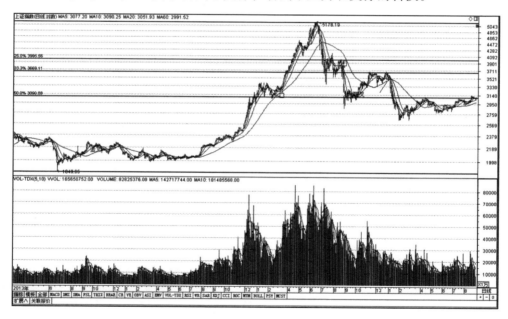

图 6-6　比例线与上证综合指数 2013 年 3 月—2016 年 8 月

比例线分析也可应用于个股。图 6-7 显示，招商证券股票经常以"50% 原则"的比例上涨。在下跌走势中，则表现出从最高价到最低价 33% 的幅度。在这里，50%和33.33%的比例及其倍数常常代表着支撑和压力区域的重要点位。因此，对2012年11月30日大约8.04元的低位，在乘上150%以后就得到12.06元附近的目标价位。事实证明12.06元附近区域确实是2012年11月和2014年11月近两年时间里的阻力位，但同时在13.79元一线，即涨幅是原来8.04元的175%倍即33.33%的位置，是2012年和2014年的阻力位；也是自40元下跌至13.8元时的支撑位和反弹的阻力位。

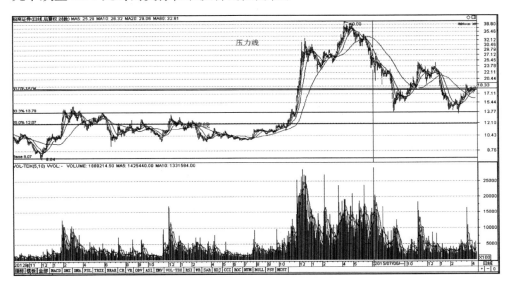

图6-7 招商证券支撑线与比例线

我们无法准确预测一段时期走势适用多大的比例。但是，在一波走势中，摆动幅度体现了足够的一致性。我们以此可以判断峰位和谷底之间可能的反转点。如果整个市场条件和其他技术分析所得结果一致，则根据比例原则预测的反转点可能非常准确。

我们仅仅依靠单项技术分析的方法进行预测是不行的。如果根据比例原则预测了目标价位，把它与以前的支撑或阻力位进行比较，看看是否一致。如果一致，则该区域作为反转点或至少是一个暂时的障碍区域的概率就会非常高。当价格创历史新高时，可以延伸上升的趋势线，延伸趋势线与用比例规则得出的目标价位的交叉点，往往代表重要的反转点与时间。经验表明，每一个市场、股票或商品都有自己的特征，有些适用于该方法，而有些则根本不适合。

图6-8刻画了华仪电气的走势特征，它再一次表明如何应用比例折返技

术。在 50% 位置受到支撑；0 表示走势的头部，因而不存在折返；100% 表示了整个走势的折返。

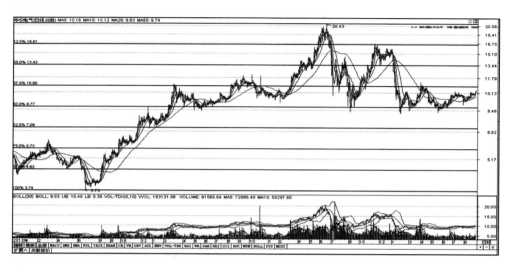

图 6 - 8 华仪电气按比例折返的走势图（2012—2016 年）

二、阻速线

阻速线（Speed Resistance Lines）这个概念应用了 1/3 和 2/3 的比例规则，但并不是用它们作为可能的目标价位的基础，而是用作上涨或下跌的速度。在向下的折返走势中，当价格到达其前期底部到前期位 1/3 或 2/3 的上涨速度线时有望获得支撑。

图 6 - 9（a）和图 6 - 9（b）对此进行了说明。A 标注的是谷底，B 标注的是峰位。从 A 到 B 上涨了 100 点，花了 100 天，于是上涨的速度是每天 1 点。1/3 速度压力线将以 1/3 的速度上升（即每天 1/3 点），而 2/3 速度线将以每天 2/3 点的速度上升。

上涨和下跌是通过盘中最高价和最低价衡量的，而不是通过收盘价。为了在图 6 - 9（a）中绘制 1/3 阻速线，必须在 A 点的价格上增加 33 个点（100 点上涨幅度的 1/3），并直接在 B 点下方绘制该点。在此情况下，A 是 100 点，所以在 B 下方 133 点处绘制一点，然后将该点与 A 相连，并向图的右侧延长。类似的，2/3 线是连接 A 点与 B 点下方 166 点位的一条直线。

如果走势图根据比率绘制，则绘制更简便，所需要的只是连接 A 点和 B 点的直线，在该例中所标注的仰角是 30 度。据此，1/3（10 度）和 2/3（20 度）

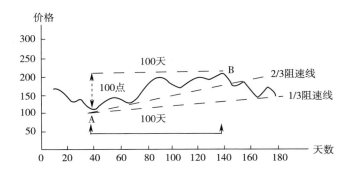

图 6 - 9（a）　阻速线

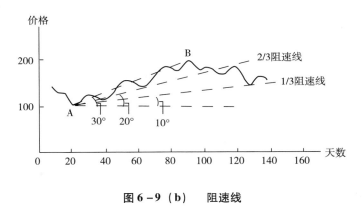

图 6 - 9（b）　阻速线

的两条线就绘制出来了。图 6 - 10（a）也显示了空头市场中的类似过程。一旦绘制完毕，速度压力线就可以作为重要的支撑和压力区域。

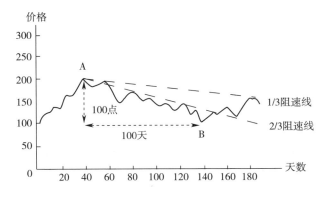

图 6 - 10（a）　阻速线（空头折返）

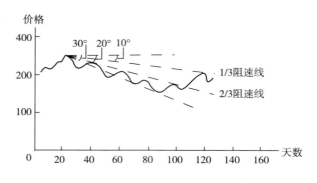

图 6 – 10（b）　阻速线（空头折返）

更明确地说，图 4 – 9 和图 4 – 10 中的这些线的应用基于下列规则：

（1）上涨走势以后的拆返走势中，价格将会在 1/3 阻速线获得支撑。如果该线被突破，则会在 1/3 阻速线获得支撑。如果指数跌至 1/3 压力线以下，这意味着上涨走势已经完结，而且指数将跌至新低，也可能跌至阻速线所在的最低点以下。

（2）如果指数能够守住 1/3 阻速线，则价格上涨的下一个压力线将会是 2/3阻速线。如果指数向上突破 2/3 阻速线，则有望创出新高。

（3）如果指数向下突破其 1/3 速度压力线，然后又反弹，则该线将会成为反弹的压力线。

以上规则适用于下跌行情中的反转走势。

图 6 – 11 给出了这些规则在市场中的应用。

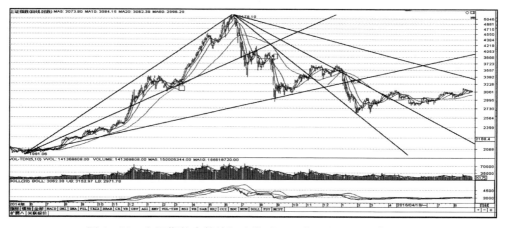

图 6 – 11　上证指数走势的阻速线（2014 年 4 月—2016 年 8 月）

第四节　斐波纳契折返与江恩扇形

一、斐波纳契折返

斐波纳契折返（Fibonacci Retracements）线又称黄金分割折返线。它来自斐波纳契数列，是由 13 世纪的数学家斐波纳契（Leonardo Fibonacci）发现的一个数列，又称黄金分割数列、因数学家列昂纳多·斐波纳契以兔子繁殖为例子而引入，故又称为"兔子数列"，指的是这样一个数列：0、1、1、2、3、5、8、13、21、34……在数学上，依次将其与前一个数相加得到数列，即 $0 + 1 = 1$，$1 + 1 = 2$，$2 + 1 = 3$，$3 + 2 = 5$，$5 + 3 = 8$，等等。该数列即为 1、2、3、5、8、13、21、34、55、89、144、233，等等。斐波纳契数列以如下被以递归的方法定义：$F(0) = 0$，$F(1) = 1$，$F(n) = F(n-1) + F(n-2)$（$n \geqslant 2$，$n \in N*$）。在现代物理、准晶体结构、化学等领域，斐波纳契数列都有直接的应用。

在数列中任何相邻两个数字的前后比值都向 0.618 靠近，数列越向后，其与 0.618 靠得越近。数列中前一个数字与其后第二个数字的比值逼近 0.381，并且数列越向后，其与 0.382 越靠近。

0.618 是黄金分割率。在柏拉图的《蒂迈欧篇》中，彼得·汤普金斯说："黄金分割是宇宙中物理学的关键。" 16 世纪的天文学家约翰尼斯·开普勒说："黄金分割是神赐的分割。"

$0.618 + 1 = 1 \div 0.618$

$0.618 \times 0.618 = 1 - 0.618$

$0.618 \times 0.618 \times 0.618 = 0.618 - 0.618 \times 0.618$

$1.618 \times 1.618 = 1 + 1.618$

$1.618 \times 1.618 \times 1.618 = 1.618 + 1.618 \times 1.618$

$1.618 \times 1.618 \times 1.618 \times 1.168 = 1.618 + 1.618 \times 1.618 \times 1.168$

$1.618 - 0.618 = 1$

$1.618 \times 0.618 = 1$

$1 - 0.618 = 0.382$

$0.618 \times 0.618 = 0.382$

$2.618 - 1.618 = 1$

$2.618 \times 0.382 = 1$

$2.618 \times 0.618 = 1.618$

$1.618 \times 1.618 = 2.618$

关于斐波纳契数列还有很多特性，例如：

- 两个连续的斐波纳契数字没有公约数；
- 如果把斐波纳契数列标上序列号，如 1、2、3、4、5、6，7 等，从斐波纳契数列的第 3 项开始，每次遇到为质数的斐波纳契数字时，它的序列号也是质数；
- 数列中的任何十个数字之和，均可被 11 整除；
- 数列中发展至任何一步的所有的斐波纳契数字之和加上 1，等于与最后一个加数向后相隔一项的斐波纳契数字；
- 从第一个 1 开始的任何相连的斐波纳契数列数字的平方和，等于被选的最后一个数列数字乘以这个数字之后的斐波纳契数列数字；
- 任何斐波纳契数字的平方，减去数列中与这个数字向前相隔一项数字的平方，结果还是一个斐波纳契数字；
- 任何斐波纳契数字的平方等于数列中这个数字的前一项与后一项的乘积，再加上 l 或减去 1；
- 第 N 个斐波纳契数字的平方加上第 N + 1 个斐波纳契数字的平方，等于第 2N + 1 个斐波纳契数字的平方。

在预测未来转折点的时候斐波纳契数列受到技术分析师的广泛应用。该数列一个最实际的应用就是斐波纳契折返。第一步是测量最低价与最高价之间的距离。

在走势图 6 - 12 中，由粗黑线表示斐波纳契数用作可能的折返目标价位。这些目标在走势图中用其他水平线表示。第 2 次下跌是 61.8%（跌到 D 点），随后的反弹是至 38.2% 位 E 点，随后的下跌创造新低的时候，接下来的反弹在图 6 - 12 中 38.2%（E 点）、50% 的位置受到压力。下一个要注意的事情是，6~8 月的一系列峰位在 100% ~ 138.2% 的折返位置受到压力和支撑，亦即开始时的点位和下跌 138.2% 的位置。

显然，并非所有的转折点位都具有斐波纳契特征。但是，当价格逼近一个已知的斐波纳契折返点时，走势图是否有其他的变化迹象的分析当然是有意义的。

二、斐波纳契扇

在多头市场，首先测量最低价和最高价之间的垂直距离（在空头市场中，

图 6 – 12　光大证券股票的斐波纳契折返（2012—2013 年）

反之则相反），然后测量该垂线上的某斐波纳契点。在图 6 – 13 中，标注了 38.2%、50%、61.8% 和 100%。

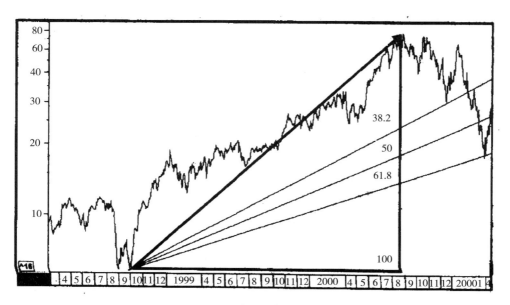

图 6 – 13　S 公司股票的斐波纳契折返（2012—2013 年）

100%表示整个垂线的长度，61.8%表示从峰位向下的长度，再一步是，连接垂线上的那些特殊点与初始最低点，并向右延长。这些就是将来用于预测可能的价格转折点的"扇"。图6-13表明：38.2%和61.8%两条线支撑住了S公司股价两次严重的下跌。

我们已经给了两个关于斐波纳契折返和斐波纳契扇（Fibonacci Fan）的例子，但是，值得强调的是，事情并非总是如此。已经多次强调，在技术分析时，任何单一指标应该与其他指标一起使用。因为与技术分析武器库中的其他分析方法一样，联合起来效果更好。在具体的股票投资分析中，任何单一指标都可能被人为操纵，从而导致此单一指标失效。

三、江恩扇形

江恩线（Gann line），又译作甘氏线，是根据20世纪早期的商品交易商江恩的名字命名的。它有3种表现形式：江恩线、江恩扇形（Gann Fan）、江恩方格（Grid），最实用的是江恩扇形方法。其概念和应用与前面讨论过的阻速线非常类似。

江恩的思想是，特定的几何形态和角度对价格转折点的预测具有独特的表现。该方法的本质是时间和价格之间的均衡。这样，按他的话来说，45度角是时间和价格之间最完美的均衡。这种情况在走势图上只有当价格和时间长度相同的时候才能达到，因而就需要对价格轴进行算法上的调整。图6-14给出了这样的一个例子，其中绘制了9条推荐的江恩线（江恩角）。

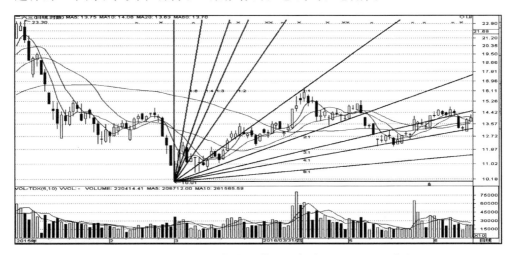

图6-14 二六三公司股票及其江恩扇形（2015—2016年）

图 6 – 14 给出一些江恩扇形。在该例中，中心线是连接最高价与 2015 年 3 月最低价的连线。价格上涨和时间变化的比例相同，中心线反映 $1 \times l$ 变化，最上面的线反映 $8 \times l$ 变化，等等。但是，由于价格和时间长度不同，这些线有不同的角度。而解释方面的原则是相同的，因为已经假定当一条线被穿越时，价格会在另一条线上受到阻力或在其刚刚穿越的江恩线上获得支撑。这样，这些线不断变换其支撑和阻力功能。可以考察一下第一次反弹是如何在 $2 \times l$ 线上遇阻的。该线在价格随后的上涨中被突破，并成为后面两次折返的支撑位。这里还应再次强调，还有比那些反转点更多的情况可以弥补这些规则。当然，这意味着，如果用江恩扇形预测反转价位，还要考虑其他指标的表现。

练习题

1. 什么是支撑线和压力线？
2. 简述压力线和支撑线的相互转化。
3. 什么是斐波纳契扇？
4. 什么是阻速线，如何画阻速线？
5. 什么是比例线，如何使用？

第七章 技术指标

第一节 技术指标简介

技术指标法是技术分析中极为重要的分支，英文是 Technical Indicator。它是指用一定的数学方法对原始数据进行计算处理得到指标值，将连续不断得到的技术指标值制成图表，形成技术指标，并根据所制成的图表对市场进行行情研究。因为计算技术指标需要涉及"巨大"的计算量，在计算机不普遍使用的时候，用"手"计算技术指标是不可想象的。大约在 20 世纪 70 年代计算机被广泛使用之后，技术指标逐步得到流行。全世界各种各样的技术指标至少有 1000 个，它们都有自己的拥护者，并在实际应用中取得一定的效果。由于有了计算机的帮助，在实际投资决策中，投资者没有必要也不可能用"手工"计算技术指标的具体值，因此，本章学习重点是放在对指标使用方法的介绍上。

一、应用技术指标的分析要点

应用技术指标应该从以下六个方面进行考虑。每种技术指标的使用，一定要考虑到这六个方面中的至少一种。这六个方面是：（1）技术指标的背离；（2）技术指标的交叉；（3）技术指标的极端值；（4）技术指标的形态；（5）技术指标的转折；（6）技术指标的盲点。

1. 技术指标的背离（Divergence）。技术指标的背离是指技术指标曲线的波动方向与价格曲线的波动方向不一致。实际中的背离有两种表现形式。第一种是"顶背离"（Negative Divergence）。价格曲线的走势一波比一波高，技术指标曲线却一波比一波低，是见顶的信号，投资者应考虑卖出。第二种是"底背离"（Positive Divergence）。价格曲线的走势一波比一波低，技术指标曲线却一波比一波高，是见底的信号，投资者应考虑买进。技术指标的波动有超前于价格波动的"功能"。在价格还没有转折之前，技术指标提前指明未来的趋势。技术指标的背离是使用技术指标最为重要的一点。

2. 技术指标的交叉（Cross）。技术指标的交叉是指技术指标图形中的两条曲线发生了相交现象。实际中有两种类型的指标交叉。第一种是属于同一个技术指标的不同参数的两条曲线之间的交叉，常说的"黄金交叉"和"死亡交叉"就属于这一类。第二种交叉是技术指标曲线与固定的水平直线之间的交叉。水平直线通常是指横坐标轴。横坐标轴是技术指标取值正负的分界线。技术指标与横坐标轴的交叉表示技术指标由正值变成负值或由负值变成正值。技术指标的交叉表明多方和空方力量对比发生了改变，至少说明原来的力量对比受到了"挑战"。

3. 技术指标的极端值（高位和低位）。技术指标取极端值是指技术指标的取值极其大或极其小。技术术语上将这样的情况称为技术指标进入"超买区和超卖区"（Overbought or Oversold）。

超买指过度买进，表示市场的需求远远超过供给，股价已上涨到相当高度。根据物极必反的道理，当市场出现超买现象时，供求关系迟早会发生逆转，需求会相对减少，供给会绝对增加，高企的股价将会回档或反转向下，所以技术指标进入超买区是卖出的信号。

超卖与超买相反，技术指标进入超卖区是买进的信号。

在这里要涉及一个"定量"的问题，即技术指标达到了何种程度就可以被认为是极端值。很显然，肯定没有一个固定的数字，不同的技术指标其极端值不同，同一技术指标选择的参数不同，极端值也可能不同。

4. 技术指标的形态（Formation）。技术指标的形态是指技术指标曲线的波动过程中出现了形态理论中所介绍的反转形态。在实际中，出现的形态主要是双重顶底和头肩形。

5. 技术指标的转折。技术指标的转折是指技术指标曲线在高位或低位"调头"，表明一个趋势将要结束，而另一个趋势将要开始。

6. 技术指标的盲点。技术指标的盲点是指技术指标在大部分时间里是无能为力的。也就是说，在大部分时间里面，技术指标都不能发出买入或卖出的信号。因为在大部分时间里，技术指标是处于"盲"的状态。只有在很少的时候，技术指标才能"看清"市场，发出信号。我国目前对于技术指标的使用，在这个方面有极大的偏差，相当一批对技术指标了解不深的投资者都是在这个问题上犯了错误。

二、应用技术指标应注意的问题

1. 主观因素在技术指标使用中有很重要的作用。使用技术分析指标的投资者，必然受到一些个人主观因素的影响。具体地说，主观因素体现在三个方面。

（1）对相同"对象"的不同判断。归根到底，技术指标是一批工具，投资者利用这些工具对市场进行预测。面对同一时间的同一技术指标，每个投资者可能得到不同的结论。这是主观因素的直接体现。

（2）技术指标的参数选择。计算绝大多数的技术指标都需要设定参数。这就涉及参数的选择问题，也是主观因素的直接体现。很显然，选取参数不同，技术指标的取值就不同，直接影响技术指标的使用效果。这一点特别重要。

（3）技术指标的适用条件。每种关于技术指标的结论都有自己的适应范围和适用条件。有时，有些技术指标的效果很差，而另外一些技术指标的效果就比较好。人们在使用技术指标时，常犯的错误是机械地照搬结论，而不问这些结论成立的条件和可能发生的意外。首先是盲目地绝对相信技术指标，出了错误以后，又走向另一个极端，认为技术指标一点用也没有。这显然是错误的认识，只能说是不会使用技术指标。

2. 多数技术指标只能作为战术手段而不能作为战略手段。

3. 技术指标之间的结合和调整。了解每一种技术指标特性和构造原理是很有必要的，但是，众多的技术指标不可能都考虑到，每个技术指标在预测大势方面也有能力大小和准确程度的区别。通常使用的手法是以 4～5 个技术指标为主，其余的技术指标为辅，依此构建自己的指标体系。选择自己使用的技术指标体系因人而异，各人有各人的习惯，不能硬性规定。根据实战效果的好坏，对所使用的指标体系中的技术指标应该不断地进行调整。调整的内容包括对技术指标的调整和对技术指标参数的调整。虽然这样做的工作量很大，但为了进行成功的交易，还是有必要这样做。

第二节　趋势指标

怎样才能判别市场的趋势呢？价格运动由一系列波动组成，这些波动有时会朝一个方向发展，并产生明显的波峰和波谷，正是这些波峰和波谷构成了趋势。这里我们将主要讲述三种判断趋势的方法：一是移动平均线趋势判断法。当价格在移动均线之上时趋势向上，当价格在移动均线之下时趋势向下。一般来说，短期均线在长期均线上，趋势向上；短期均线在长期均线下，趋势向下。二是切线或趋势线判断法。K 线在趋势线上，趋势上升；K 线在切线或趋势线之下，则趋势下降。三是形态理论判别方法。

一、移动平均线（Moving Average）趋势判别法

1. MA 指标。一般均线是对过去某个时间段的收盘价进行一般算术平均得到的。比如 20 日均线，是将过去 20 个交易日的收盘价相加然后除以 20，就得到一个值；再以昨日向前倒推 20 个交易日，同样的方法计算出另外一个值，以此类推；将这些值连接起来，就形成一个均线。对于均线的选择，人们可以选取 5 日、10 日、20 日均线作为短线，也可以选取 20 日、30 日、60 日、120 日等不同的组合。当然也可以选取超短线的 5 分钟、10 分钟和 30 分钟等均线组合。

例如，N 日 MA 的计算方法如下：

$$MAn = (B_1 + B_2 + B_3 + \cdots + B_n)/n$$

式中，B 是对应某一天的收盘价格；n 是对应的计算周期。

MA 的计算方法通常为算术移动平均法。该方法算法简单，容易得出相应的操作方法。如果连续 8 天内出现的股票收盘价格分别为 18.76、19.81、20.06、20.30、20.80、21.17、21.43、23.14，相应计算出来的 4 日移动平均值如下：

第四天均值 = （18.76 + 19.81 + 20.06 + 20.30）/4 = 19.73

第五天均值 = （19.81 + 20.06 + 20.30 + 20.80）/4 = 20.24

第六天均值 = （20.06 + 20.30 + 20.80 + 21.17）/4 = 20.58

第七天均值 = （20.30 + 20.80 + 21.17 + 21.43）/4 = 20.93

第八天均值 = （20.80 + 21.17 + 21.43 + 23.14）/4 = 21.64

如果将这 8 天当中出现的收盘价格用一条平滑的线勾画出来，就形成了 4 日移动平均线。而将这些平均价格用平滑的线勾画起来，就是 MA。常用的 5 日、10 日、30 日、60 日等移动平均线也是这样勾画出来的。

一般来说，当短期均线向上穿越长期均线时，我们称之为"金叉"，为买入时机；当短期均线从上面向下穿越长期均线时，我们称之为"死叉"，为卖出时机。按照这种指标操作是很不错的选择，但是每个人对于分时线的选择可以根据不同的股票自己去摸索，找到适合自己的交易均线。因此，基于股票价格分析而出现的 MA，就很自然地能够为投资者提供较好的买卖时机。在 K 线图分析中，我们还会看到很多的均线在 K 线中交错穿越。该指标是反映价格运行趋势的重要指标，其运行趋势一旦形成，将在一段时间内继续保持，趋势运行所形

成的高点或低点又分别具有阻挡或支撑作用，因此均线指标所在的点位往往是十分重要的支撑或阻力位，这就提供了买进或卖出的有利时机，均线系统的价值也正在于此。

（1）MA多头排列，预示股价将上攻。多头排列是指在K线图中，短期、中期和长期均线自上而下依次排列，而且这三根均线都朝着向上的方向运动，如图7-1所示。

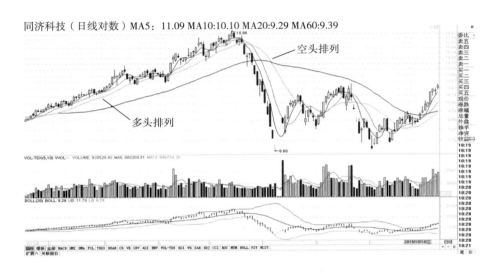

图7-1 同济科技多头排列和空头排列

多头排列的出现表明股市继续看涨，是做多信号。在多头排列初期和中期，投资者可积极做多；在其后期，投资者应谨慎做多。

（2）空头排列，预示股价将下跌。空头排列指在股市下跌中，短期、中期、长期均线从下至上依次排列，而且这三根均线都正以一定角度向下运动，如图7-1所示。均线死叉的出现表明后市看跌，是卖出信号，投资者可做空。其中，时间越长的均线形成的死亡交叉意义也越强。股市处于整理中出现均线死叉不可靠。空头排列的出现表明股市继续看跌，是做空信号。在空头排列初期，投资者应以观望为主；在其后期，投资者应谨慎做空。

（3）均线金叉，预示买入时机来临。均线金叉指短期均线向上穿越长期均线，呈多头排列形成的交叉，如图7-2所示。均线金叉的出现表明后市看涨，是买入信号，投资者可积极做多。其中，长期均线的"黄金交叉"的买进信号比短期均线的"黄金交叉"强。股市处于整理中出现的均线金叉不可靠。

（4）均线死叉，预示卖出时机到来。均线死叉指短期均线向下跌破长期均线，呈空头排列形成的交叉，如图 7 - 2 所示。

图 7 - 2　上证指数金叉和死叉

2. 平行线差。平行线差（DMA）指标是利用两条不同期间的平均线，来判断当前买卖能量的大小和未来价格趋势。DMA 指标中存在正数和负数的区别，一般情况下，正数表示多头市场的运行情况，负数表示空头市场的运行情况，所以投资者在使用 DMA 指标的时候需要考虑市场的多头空头方向以及时间（见图 7 - 3）。

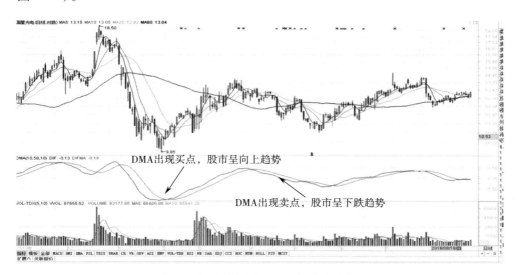

图 7 - 3　国星光电 DMA 买卖点实例

（1）DMA 的算法。

$$DMA = 股价短期平均值 - 股价长期平均值$$

$$AMA = DMA 短期平均值$$

以求 10 日、50 日为基准周期的 DMA 指标为例，其计算过程具体如下：

$$DMA（10） = 10 日股价平均值 - 50 日股价平均值$$

$$AMA（10） = 10 日 DMA 平均值$$

和其他指标的计算一样，由于选用的计算周期不同，DMA 指标也包括日 DMA 指标、周 DMA 指标、月 DMA 指标、年 DMA 指标以及分钟 DMA 指标等各种类型。经常被用于股市研判的是日 DMA 指标和周 DMA 指标。虽然它们在计算时的取值有所不同，但基本的计算方法一样。

（2）DMA 判定趋势的应用原则。

①DMA 线向上交叉 AMA 线，股市上涨，买进；DMA 线向下交叉 AMA 线，股市下跌，卖出。

②当 DMA 和 AMA 均大于 0（即在图形上表示为它们处于零线以上）并向上移动时，一般表示为股市处于多头行情中，股价将持续上升，为买入信号，可以买入或持股；当 DMA 和 AMA 均大于 0（即在图形上表示为它们处于零线以下）并向下移动时，一般表示为股市处于空头行情中，股价将持续下跌，为卖出信号，可以卖出股票或观望。

③当 DMA 和 AMA 均小于 0 时，经过一段时间的下跌后，如果两者同时从低位向上移动时，为股市将上涨的买进信号；当 DMA 和 AMA 均大于 0，在经过一段时间的上涨后，如果两者同时从高位向下移动时，为股市将下跌的卖出信号。

④DMA 指标与股价产生背离时的交叉信号，可信度较高。

⑤DMA 指标亦适于结合形态理论进行分析。

⑥DMA 指标、MACD 指标、TRIX 指标三者构成一组指标群，互相验证。

DMA 指标有盘绕的现象，也就是 DMA 指标和 AMA 指标呈现上下盘绕的行情姿势，而这也表示目前市场正处于震荡整理的局势，此时 DMA 指标的方向指引性较弱。

3. 三重指数平滑平均线。三重指数平滑平均线（TRIX），英文全名为"Triple Exponentially Smoothed Average"，是一种研究股价趋势的长期技术分析工具。TRIX 指标是根据移动平均线理论，对一条平均线进行三次平滑处理，再根据这条移动平均线的变动情况来预测股价的长期走势。与 TRMA 等趋向类指标一样，

TRIX 指标一方面忽略价格短期波动的干扰，除去移动平均线频繁发出假信号的缺陷，以最大可能地减少主力"骗线行为"的干扰，避免由于交易行为过于频繁而造成较大交易成本的浪费；另一方面保留移动平均线的效果，凸显股价未来长期运动趋势。

（1）TRIX 的计算方法。

$$TR = 收盘价的 N 日指数移动平均$$

$$TRIX =（TR - 昨日 TR）/ 昨日 TR × 100$$

$$MATRIX = TRIX 的 M 日简单移动平均$$

参数 N 设为 12，参数 M 设为 20。

图 7 - 4　国星光电 TRIX 的买卖点与股价走势

（2）TRIX 判定趋势的应用原则。

①当 TRIX 线一旦从下向上突破 TRMA 线，形成"金叉"时，预示着股价开始进入强势拉升阶段，投资者应及时买进股票。

②当 TRIX 线向上突破 TRMA 线后，TRIX 线和 TRMA 线同时向上运动时，预示着股价强势依旧，投资者应坚决持股待涨。

③当 TRIX 线在高位有走平或掉头向下时，可能预示着股价强势特征即将结束，投资者应密切注意股价的走势，一旦 K 线图上的股价出现大跌迹象，投资者应及时卖出股票。

④当 TRIX 线在高位向下突破 TRMA 线，形成"死叉"时，预示着股价强势上涨行情已经结束，投资者应坚决卖出余下股票，及时离场观望。

⑤当 TRIX 线向下突破 TRMA 线后，TRIX 线和 TRMA 线同时向下运动时，预示着股价弱势特征依旧，投资者应坚决持币观望。

⑥当 TRIX 线在 TRMA 下方向下运动很长一段时间后，并且股价已经有较大的跌幅时，如果 TRIX 线在底部有走平或向上勾头迹象，一旦股价在大的成交量的推动下向上攀升时，投资者可以及时少量地中线建仓。

⑦当 TRIX 线再次向上突破 TRMA 线时，预示着股价将重拾升势，投资者可及时买入，持股待涨。

⑧TRIX 指标不适用于对股价的盘整行情进行研判。

4. 指数平滑异同移动平均线。指数平滑异同移动平均线（Moving Average Convergence and Divergence，MACD）是 Geral Appel 于 1970 年提出的，利用收盘价的短期（常用为 12 日）指数移动平均线与长期（常用为 26 日）指数移动平均线之间的聚合与分离状况，对买进、卖出时机作出研判的技术指标。

图 7-5　国泰君安 MACD 曲线图

（1）MACD 是一项利用长期指数移动平均数（Long - ExpMA）指标与短期指数移动平均数（Short - ExpMA）指标之间的聚合与分离状况，对买进、卖出时机作出研判的技术指标。MACD 摆动指标由三个信号指标组成，这三个指标信号都是从交易价格中计算出来的（通常是由收盘价格中计算出来的）。这三个信号是 MACD 线、平均线（DEA）和分离线（DIF）。MACD 可以用来指整个指标体系，也可以专门指代 MACD 线本身。第一条线称为"MACD"线等于快速 ExpMA（短期指数平滑移动平均线）和慢速 ExpMA（长期指数平滑移动平均线）的差。MACD 线随着时间的移动而波动，同时伴随着 MACD 指标体系中的一条"信号线"DEA，MACD 线和 DEA 线的差显示为"棒棒"。

（2）MACD 的算法。在西方国家的教科书上，MACD 线，即 DIFF 线，它是快速 ExpMA 和慢速 ExpMA 的差。

DIFF（Difference）线是收盘价短期、长期 ExpMA（指数平滑移动平均线）间的差。

DEA（Difference Exponential Average）线又称作信号线（Signal line），是 DIFF 线的 M 日指数平滑移动平均线。MACD 柱状线（MACD Histogram）是 DIFF 线与 DEA 线的差，为彩色柱状线。

参数：SHORT（短期）、LONG（长期）、M 天数，一般为 12、26、9。

MACD 线即 DIFF 线 = 12 日 ExpMA − 26 日 ExpMA

DEA 为 9 日 DIF 的移动平均值，但有的教科书用最近 9 日的 DIF 之和除以 9 来计算。

MACD 柱状线 BAR = DIF − DEA。

对于 EMA 的计算，我们采用以下方法：

$$EMA = Price(t) \times k + EMA(y) \times (1 - k)$$

t = today，y = yesterday，N = number of days in EMA，k = 2/（N+1）

在我国的一些股票分析软件上，MACD 线和西方的不一致，在中国：

$$MACD = 2(DIFF - DEA) = 2 \times BAR$$

（3）MACD 运用的原则。

①当 DIFF 由下向上突破 DEA，形成黄金交叉，黑色的 DIF 上穿红色的 DEA 形成的交叉。同时 BAR 缩短，为买入信号。

②当 DIFF 由上向下突破 DEA，形成死亡交叉，黑色的 DIF 下穿红色的 DEA 形成的交叉。同时 BAR 缩短，为卖出信号。

③顶背离：当股价指数逐波升高，而 DIFF 及 DEA 不是同步上升，而是逐波下降，与股价走势形成顶背离，预示股价即将下跌。如果此时出现 DIFF 两次由上向下穿过 DEA，形成两次死亡交叉，则股价将大幅下跌。

④底背离：当股价指数逐波下行，而 DIFF 及 DEA 不是同步下降，而是逐波上升，与股价走势形成底背离，预示着股价即将上涨。如果此时出现 DIFF 两次由下向上穿过 DEA，形成两次黄金交叉，则股价即将大幅度上涨。

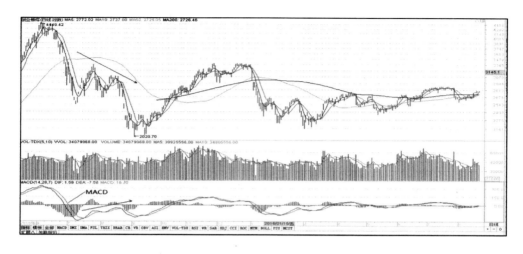

图 7-6　创业板指数 MACD 底背离

⑤牛皮市道中 MACD 指标将失真。当价格并不是自上而下或者自下而上运行，而是保持水平方向的移动时，我们称之为牛皮市道，此时虚假信号将在 MACD 指标中产生，指标 DIF 线与 MACD 线的交叉将会十分频繁，同时柱状线的收放也将频频出现，颜色也会常常由绿转红或者由红转绿，此时 MACD 指标处于失真状态，使用价值相应降低。MACD 指标主要用于对大势中长期的上涨或下跌趋势进行判断，当股价处于盘局或指数波动不明显时，MACD 买卖信号较不明显。当股价在短时间内上下波动较大时，因 MACD 的移动相当缓慢，所以不会立即对股价的变动产生买卖信号。

⑥在现有的技术分析软件中，MACD 还有一个辅助指标——柱状线（BAR）。在我国大多数技术分析软件中，MACD 就是用柱状线表示的，柱状线是有颜色的，在低于 0 轴以下是绿色，高于 0 轴以上是红色，前者代表趋势较弱，后者代表趋势较强。柱状线由高变低和由低变高与 K 线的配合分析非常重要，二者之间的背离也是股价顶部和底部的信号。当 MACD 与 Trigger 线均为正值，即在 0 轴以上时，表示大势仍处多头市场，趋势线是向上的。而这时柱状垂直线图（Oscillators）是由 0 轴往上升延，可以大胆买进。当 MACD 与 Trigger 线均为负值，即在 0 轴以下时，表示大势仍处空头市场，趋势线是向下的。而这时柱状垂直线图（Oscillators）是由 0 轴上往下跌破中心 0 轴，而且是在 0 轴下展延，这时应该立即卖出。当 MACD 与 K 线图的走势出现背离时，应该视为股价即将反转的信号，必须注意盘中走势。

⑦0 线穿越。MACD 线在快速 ExpMA 和慢速 ExpMA 没有差额时穿越 0 线，

从正值到负值的穿越是标志着市场是熊市，由负值向正值穿越标志着由熊变牛。0 线穿越为市场的变动方向提供了证据，但是 0 线穿越的标志没有 DIFF 穿越 DEA 信号强。进行 MACD 指标分析时，为了防止短期交易和中期趋势的抵触，应该查看周线图的 MACD 指标和其他时间周期的 MACD 指标。分析师也可以使用不同的 MACD 参数去捕捉未来不同时期内的趋势，比较受欢迎的短期设置如 MACD（12、26、9）。

二、切线或趋势线判断法

趋势线根据股价波动时间的长短分为长期趋势线、中期趋势线和短期趋势线，长期趋势线应选择长期波动点作为画线依据，中期趋势线则是中期波动点的连线，而短期趋势线建议利用 30 分钟或 60 分钟 K 线图的波动点进行连线（具体应用见第六章切线理论）。长期趋势线可以用来判定股价的长期波动趋势；中、短期趋势线用来判定股市价格波动的中短期趋势。

三、形态理论判别方法

形态理论是技术分析的重要组成部分，它通过对市场波动时形成的各种价格形态进行分析，并且配合成交量的变化，推断出市场现存的趋势将会延续或反转。价格形态可分为反转形态和持续形态和缺口形态。反转形态表示市场经过一段时期的酝酿后，决定改变原有趋势，而采取相反的发展方向，持续形态则表示市场将顺着原有趋势的方向发展，缺口形态表示股市在利好或利空的因素影响下股价形成的上下跳空缺口。形态理论是通过研究股价所走过的轨迹，分析和挖掘出曲线的一些多空双方力量的对比结果，进行行动。（具体见第五章形态理论）。

第三节　市场波动强弱指标

一、相对强弱指标 RSI

相对强弱指标 RSI（Relative Strength Index）是最简明易用而准确性比较高的一种常用技术指标，其发明者是 J. Welles Wilder。相对强弱指标是通过对一定时期股价累计涨跌幅度的相对比较计算，来测度市场买卖人气的相对强弱，以确定股票的买卖时机。

1. RSI 的计算公式和参数。RSI 的参数是选择的交易日的天数，即考虑的时期的长度。参数一般有 5、9、14 等几种选择。

2. RSI 的计算过程。确定了参数后，计算 RSI 一共分为三个步骤。以参数等于 14 为例，具体介绍 RSI（14）的计算方法，其余参数的计算方法与此相同。

第一步，计算价差。先得到包括当天在内的连续 14 个交易日的收盘价。以每个交易日的收盘价减去上一个交易日的收盘价，就得到 14 个数字价差（Change）。这 14 个数字中有正（当天收盘价比上一天高）也有负（当天收盘价比上一天低）。

第二步，计算总上升波动 A、总下降波动 B 和总波动（A + B）。

A = 14 个数字中正数之和（14 天中上涨幅度之和）

B = 14 个数字中负数之和 ×（−1）（14 天中下降幅度之和）

注意，A 和 B 都是正数。

第三步，计算 RSI。

$$RSI(5) = A/(A + B) \times 100$$

RSI 的参数是选择的交易日的天数，即考虑的时期的长度。参数一般有 5、9、14 等几种选择。

RSI 的取值介于 0～100 之间。如果 n 日中，股价只跌不涨，则 A = 0，RSI = 0；股价只涨不跌，则 B = 0。

RSI = 100，如果累计涨幅等于累计跌幅，则 A = B。

RSI = 50，此时表示多空双势均力敌；如果 RSI > 50，多方占强势，是强市，如果 RSI < 50，空方占强势，是弱市。

3. RSI 的应用法则。主要应从以下五个方面考虑 RSI 的应用。

（1）不同参数的两条 RSI 曲线的联合使用。同 MA 一样，参数越大的 RSI 考虑的时间范围越大，结论越可靠，但反应速度慢，这是无法避免的。参数小的 RSI 被称为短期 RSI，参数大的被称为长期 RSI。

第一，短期 RSI > 长期 RSI，则市场属多头市场。

第二，短期 RSI < 长期 RSI，则属市场空头市场。

当然，以上两条仅供参考，不能完全照此操作。

（2）从 RSI 取值的大小判断行情。将 0～100 分成四个区域，根据 RSI 的取值落入的区域进行操作。划分区域的方法如下。

表7－1	RSI 取值区域划分及对策	
100～80	极强	卖出
80～50	强	买入
50	弱	卖出
20～0	极弱	买入

以上分界线划分所使用的数字不是绝对的，它的选择与以下两个因素有关：

①与 RSI 的参数有关。不同的参数，它们的区域划分就不同。一般而言，参数越大，分界线离中心 50 就越近，离 100 和 0 越远。

②与选择证券的活跃程度有关。不同的证券，由于其活跃程度不同，RSI 所能达到的高度也不同。一般而言，越活跃的证券，分界线的位置离 50 就应该越远，越不活跃的股票，分界线离 50 就越近。

（3）从 RSI 的曲线形态上判断行情。同 KD 指标一样，RSI 在较高或较低的位置形成头肩形和多重顶（底），是采取行动的信号（如图 7-7 所示）。切切记住，这些形态一定要出现在较高位置或较低位置，越低越应该买入，越低结论越可信，出错的可能性越小。形态理论中有关这类形态的操作原则，这里都适用。

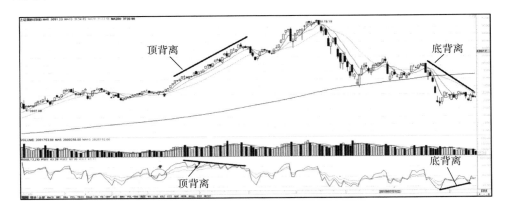

图 7-7　上证指数 RSI 的顶背离和底背离

（4）从 RSI 与价格的背离判断行情。RSI 也可以利用背离进行操作。出现顶背离，要考虑卖出；出现底背离，要考虑买进。

（5）极高的 RSI 值和极低的 RSI 值。

当 RSI 在极高或极低位时，可以不考虑别的因素而单方面采取行动。比如说，上证指数的 RSI 如果达到了 90 以上，则必须要卖出。RSI 如果低于 5，则一定要买进。当然，这里的 90 和 5 是可以变化的。

二、威廉指标

威廉指标（W&R）由拉里·威廉（Larry Williams）于 1973 年首创，最初用在期货市场上，现在在股票市场也有广泛应用。W&R 指标取值的大小表示市场当前的价格在过去一段时间内所处的相对高度，进而指出价格是否处于超买或超卖的状态。

1. 计算公式。

$$W\%R = (HHV（CLOSE，N）- CLOSE）/（HHV（CLOSE，N）- LLV（CLOSE，N））\times100$$

式中，CLOSE 为当天收盘价；HHV（CLOSE，N）为取 N 个交易时间内收盘价的最大值；LLV（CLOSE，N）为取 N 个交易时间内收盘价的最小值。

W&R 指标的含义是当天的收盘价在过去的一段时间中全部价格变动范围内所处的相对位置。

W&R 在 1% ~ 100% 之间变动。

2. W&R 指标的应用法则。W&R 指标的操作法则从两方面考虑：一是 W&R 取值的数值大小；二是 W&R 曲线撞顶底的次数和形成的形态。当威廉指标数值高于 80，市场处于超卖状态，行情即将见底；当威廉指标数值低于 20，市场处于超买状态，行情即将见顶（如图 7 - 8 所示）。使用威廉指标既不容易错过大行情，也不容易在高价区套牢。但由于该指标太敏感，在操作过程中，最好能结合其他指标一起判断。

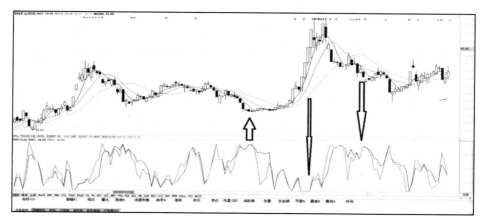

图 7 - 8　华钰矿业威廉指标的买进与卖出指示

三、KDJ（随机指标）

在使用 KD 指标时，我们往往称 K 指标为快指标，D 指标为慢指标。K 指标反应敏捷，但容易出错；D 指标反应稍慢，但稳重可靠。

1. 计算公式。产生 KD 以前，先产生未成熟随机值 RSV。其计算公式为：

$$N 日 RSV = [(Ct - Ln)/(Hn - Ln)] \times 100$$

对 RSV 进行指数平滑，就得到如下 K 值：今日 K 值 = 2/3 × 昨日 K 值 + 1/3 × 今日 RSV。式中，1/3 是平滑因子，是可以人为选择的，不过目前已经约定俗成，固定为 1/3 了。对 K 值进行指数平滑，就得到如下 D 值：今日 D 值 = 2/3 × 昨日 D 值 + 1/3 × 今日 K 值。式中，1/3 为平滑因子，可以改成别的数字，同样已成约定，1/3 也已经固定。在介绍 KD 时，往往还附带一个 J 指标，计算公式为：J = 3D − 2K = D + 2 (D − K)，可见 J 是 D 加上一个修正值。J 的实质是反映 D 和 D 与 K 的差值。此外，有的书中 J 指标的计算公式为：J = 3K − 2D。

2. KDJ 的应用法则。从 KD 的取值方面考虑，80 以上为超买区，20 以下为超卖区，KD 超过 80 就应该考虑卖了，低于 20 就应该考虑买入了。从 KD 指标的交叉方面考虑，K 上穿 D 是金叉，为买入信号，金叉的位置应该比较低，是在超卖区的位置，越低越好。交叉的次数以 2 次为最少，越多越好。从 KD 指标的背离方面考虑：

（1）当 KD 处在高位，并形成两个依次向下的峰，而此时股份还在一个劲地上涨，这叫顶背离，是卖出的信号。

（2）当 KD 处在低位，并形成一底比一底高，而股价还继续下跌，这构成底背离，是买入信号。J 指标取值超过 100 和低于 0，都属于价格的非正常区域，大于 100 为超买，小于 0 为超卖，并且，J 值的讯号不会经常出现，一旦出现，则可靠度相当高。

股价短期波动剧烈或者瞬间行情幅度太大时，使用 KD 值交叉讯号买卖，经常发生买在高点、卖在低点的窘境，此时须放弃使用 KD 随机指标，改用 CCI、ROC、BOLLINGER BANDS 等指标。但是，如果波动的幅度够大，买卖之间扣除手续费仍有利润的话，此时将画面转变成 5 分钟或 15 分钟图形，再以 KD 指标的交叉讯号买卖，还可以斩获一点利润。

极强或者极弱的行情，会造成指标在超买或超卖区内上下徘徊，K 值也会发行这种情形，应该参考 VR、ROC 指标，观察股价是否超出常态分布的范围，一旦确定为极度强弱的走势，则 K 值的超买卖功能将失去作用。以 D 值来代替

K 值，将可使超买超卖的功能更具效果。一般常态行情，D 值大于 80 时，股价经常向下回跌；D 值低于 20 时，股价容易向上回升。在极端行情中，D 值大于 90 时，股价容易产生瞬间回档；D 值低于 15 时，股价容易产生瞬间反弹。

图 7 - 9　亿阳信通 KDJ 指标的买进与卖出指示

四、乖离率（BIAS）

乖离率，简称 Y 值，是移动平均原理派生的一项技术指标，其功能主要是通过测算股价在波动过程中与移动平均线出现偏离的程度，从而得出股价在剧烈波动时因偏离移动平均趋势而造成可能的回档或反弹，以及股价在正常波动范围内移动而形成继续原有趋势的可信度（如图 7 - 10 所示）。

乖离度的测市原理建立在：如果股价偏离移动平均线太远，不管股份在移动平均线之上或之下，都有可能趋向平均线这一原理上。而乖离率则表示股价偏离趋向指标的百分比值。

1. 计算公式。Y 值 =（当日收市价 - N 日内移动平均收市价）/N 日内移动平均收市价×100%。其中，N 日为设立参数，可按自己选用移动平均线日数设立，一般分定为 6 日、12 日、24 日和 72 日，亦可按 10 日、30 日、75 日设定。

2. 运用原则。乖离率分正乖离和负乖离。当股价在移动平均线之上时，其乖离率为正，反之则为负，当股价与移动平均线一致时，乖离率为 0。随着股价走势的强弱和升跌，乖离率周而复始地穿梭于 0 点的上方和下方，其值的高低对未来走势有一定的测市功能。一般而言，正乖离率涨至某一百分比时，表示短期间多头获利回吐可能性也越大，呈卖出讯号；负乖离率降到某一百分比时，

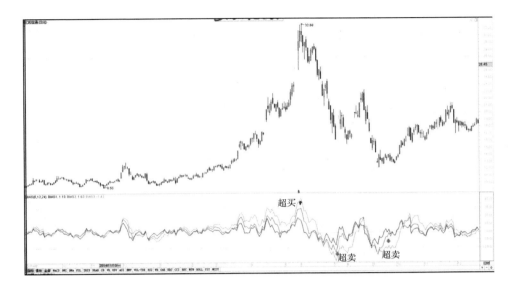

图 7 - 10 亿阳信通 BIAS 超买超卖指示

表示空头回补的可能性也越大，呈买入讯号。对于乖离率达到何种程度方为正确之买入点或卖出点，目前并没有统一原则，使用者可凭经验对行情强弱的判断得出综合结论。一般来说，在大势上升市场，如遇负乖离率，可以在跌价时顺势买进，因为进场风险小；在大势下跌的走势中，如遇正乖离，可以待回升高价时，出脱持股。

由于股价相对于不同日数的移动平均线有不同的乖离率，除去暴涨或暴跌会使乖离率瞬间达到高百分比外，短、中、长线的乖离率一般均有规律可循。下面是国外不同日数移动平均线达到买卖讯号要求的参考数据：6 日平均值乖离：- 3% 是买进时机，+ 3.5 是卖出时机；12 日平均值乖离：- 4.5% 是买进时机，+ 5% 是卖出时机；24 日平均值乖离：- 7% 是买进时机，+ 8% 是卖出时机；72 日平均值乖离：- 11% 是买进时机，+ 11% 是卖出时机。

第四节 人气指标

一、心理线 （PSY）

心理线是一种建立在研究投资人心理趋向基础上，将某段时间内投资者倾向买方还是卖方的心理与事实转化为数值，形成人气指标，作为买卖股票的参数。

1. 计算公式。PSY = N 日内的上涨天数/N × 100，N 一般设定为 12 日，最大不超过 24，周线的最长不超过 26。

2. 运用原则。

（1）由心理线公式计算出来的百分比值，超过 75 时为超买，低于 25 时为超卖，百分比值在 25～75 区域内为常态分布。但在涨升行情时，应将卖点提高到 75 之上；在跌落行情时，应将买点降低至 45 以下。具体数值要凭经验和配合其他指标。

（2）一段上升行情展开前，通常超卖的低点会出现两次。同样，一段下跌行情展开前，超买的最高点也会出现两次。在出现第二次超卖的低点或超买的高点时，一般是买进或卖出的时机。

（3）当百分比值降低至 10 或 10 以下时，是真正的超买，此时是一个短期抢反弹的机会，应立即买进。

（4）心理线主要反映市场心理的超买或超卖，因此，当百分比值在常态区域上下移动时，一般应持观望态度。

（5）高点密集出现两次为卖出讯号；低点密集出现两次为买进讯号。

（6）心理线和 VR 配合使用，决定短期买卖点，可以找出每一波的高低点。

（7）心理线和逆时针曲线配合使用，可提高准确度，明确指出头部和底部。

图 7 – 11　曲美家居 PSY 指标买进卖出指示

二、OBV（能量潮）

该指标通过统计成交量变动的趋势来推测股价趋势。OBV 以"N"字形为波动单位，并且由许许多多"N"形波构成了 OBV 的曲线图，我们对一浪高于一浪的"N"形波，称其为"上升潮"（UP TIDE），至于上升潮中的下跌回落则称为"跌潮"（DOWN FIELD）。

1. 计算公式。OBV 的计算公式很简单，首先我们假设已经知道了上一个交易日的 OBV，就可以根据今天的成交量以及今天的收盘价与上一个交易日的收盘价进行比较计算出今天的 OBV。用数学公式表示如下：

$$今日\ OBV = 昨\ OBV + sgn × 今天的成交量$$

式中，sgn 是符号的意思，sgn 可能是 +1，也可能是 −1，这由下式决定：sgn = +1，今收盘价 ≥ 昨收盘价；sgn = −1，今收盘价 < 昨收盘价。

2. OBV 应用法则。OBV 线下降，股价上升，表示买盘无力为卖出信号；OBV 线上升，股价下降时，表示有买盘逢低介入，为买进信号；当 OBV 横向走平超过 3 个月时，需注意随时有大行情出现（如图 7 – 12 所示）。

当 OBV 出现超过 1 个月以上，大致上接近水平的横向移动时，代表市场正处于盘整期，大部分没有耐心的投资者已经纷纷离场，此时正是暴风雨前的宁静，大行情随时都有可能发生。成交量指的是成交股票的手数，不是成交金额。

图 7 – 12　方正证券 OBV 指标买进卖出实例

三、腾落指数（ADL）

腾落指数（AD Line），是以股票每天上涨或下跌之家数作为计算与观察的对象，以了解股票市场人气的盛衰，探测大势内在的动量是强势还是弱势，用以研判股市未来动向的技术性指标。

1. 计算公式。每天收盘价上涨股票家数减去收盘价下跌的股票家数（无涨跌不计）后的累积值。

ADL（t）＝Σ（上涨家数 – 下跌家数），t = 1 日期为 ADL（1），目前日期为 ADL（t）。

2. ADL 应用法则。腾落指数与股价指数比较类似，两者均为反映大势的动向与趋势，不对个股的涨跌提供讯号。但由于股价指数在一定情况下受制于权值大的股票，当这些股票发生暴涨与暴跌时，股价指数有可能反应过度，从而给投资者提供不实的信息，腾落指数则可以弥补这一缺点。

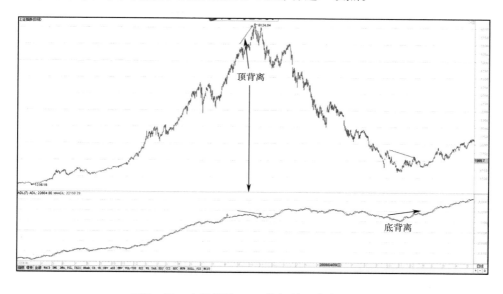

图 7 – 13　上证指数 ADL 指标的买卖点示意图

由于腾落指数与股价指数的关系比较密切，观图时应将两者联系起来参考判断。一般情况下，股价指数上升，腾落指数亦上升，或两者皆跌，则可以对升势或跌势进行确认。如若股价指数大动而腾落指数横行，或两者反方向波动，不可互相印证，则说明大势不稳，不可贸然入市。

具体来说有以下六种情况。

（1）股价指数持续上涨，腾落指数亦上升，股价可能仍将继续上升。

（2）股价指数持续下跌，腾落指数亦下降，股价可能仍将继续下跌。

（3）股价指数上涨，而腾落指数下降，股价可能回跌。

（4）股价指数下跌，而腾落指数上升，股价可能回升。

（5）股市处于多头市场时，腾落指数呈上升趋势，其间如果突然出现急速下跌现象，接着又立即扭头向上，创下新高点，则表示行情可能再创新高。

（6）股市处于空头市场时，ADL 呈现下降趋势，其间如果突然出现上升现象，接着又回头，下跌突破原先所创低点，则表示另一段新的下跌趋势产生。

一般来说，若是多头走势里，维持上升走势一定要有重心，重心即所谓的主流股，当主流股大涨小回以维持中长线多头信心，而其余股票则采取轮涨的步调上扬时，上升的步伐将是十分稳定的。如果在 K 线上升而 ADL 下降，就是提醒您大盘的上升气势已有偏于某一族群的味道，而涨势不均匀并非是件好事，通常在连续这种背离现象时，都是大势回档的顶兆。反之，在空头的行情里，虽然 K 线仍然收绿，但 ADL 已翻上，代表了多头主力企图以点的攻击增强对面的扩张，既然大多数的股票回升了，大盘的止跌也应该不远了！

在正常情况下，股市大势指数上升，上涨股票的家数必然较多；相反，股市大势指数指数下跌，下降股票的家数较多。两者之间的关系往往成正比，而股市大势的升降与市场的人气的强弱情形也是相同的。但是，当股市大势指数接近高位或低位时，也常有例外发生。这主要是由于股市大势指数的计算一般都是以股市大势高低和股本总额的大小来选样加权计算的，这就使得市场上的高价股和股本流通盘大的股票（即指标股或成分股），其上升或下跌在指数运算中所占的比例甚重，对指数的涨跌影响较大。而市场上的主力为了吸引买盘的兴趣，或诱逼卖方抛售，达到有效控制市场的目的，经常利用股本大或者股市大势高的个股占股市大势指数的特性，刻意拉抬或者打压指标股，从而间接地影响大盘走势的涨跌。

ADL 指标与股市大势指数比较类似，两者均为反映大势的动向和趋势，不对个股的涨跌提供讯号。但由于股市大势指数在一定情况下受指标股的影响，这些股票的异常走势（暴涨或暴跌）会对股市大势指数的走势带来影响，从而给投资者提供不真实的信息。为了弥补股市大势指数可能失真这方面的缺点，因此，在对股市大势指数分析中引入了腾落指标来辅助研判股市大势指数。

四、超买超卖线

超买超卖线（OBOS）主要用途在于衡量大势涨跌气势。OBOS 为大势分析指标，通过计算一定时期内市场涨跌股票数量（家数）之间的相关差异性，了解整个市场买卖气势之强弱，以及未来大势走向如何。

1. 计算公式。

OBOS = N 日内上涨家数移动总和 – N 日内下跌家数移动总和

N 日的采样统计一般设定为 10 日。

2. OBOS 应用法则。

（1）OBOS 的数值可为正数亦可为负数，当 OBOS 为正数时，市场处于上涨行情，反之为下跌行情。

（2）10 日 OBOS 对大势有先行指标之功能，一般走在大势前，6 日或 24 日的 OBOS 因其波动太敏感或太滞缓，参考价值不大。

（3）当 OBOS 达到一定正数值时，大势处于超买阶段，可选择时机卖出。反之，当 OBOS 达到一定负数值时，大势超卖，可选择时机买进。OBOS 的超买和超卖的指标区域，因市场上市的总股票数多寡而变。

（4）OBOS 走势与股价指数相背离时，需注意大势反转迹象。

（5）OBOS 可用趋势线原理进行研制，当 OBOS 突破其趋势线时，应提防大势随时反转。

（6）OBOS 亦可采用形态原理对其研制，特别是当 OBOS 在高档走出 M 头或低档走出 W 底时，可按形态原理作出买进或卖出之抉择。OBOS 反映的是股市的大趋势，对个股的走势不提出明确的结论，因此，在应用时，只可将其作为大势参考指标，不对个股的具体买卖发生作用。

图 7 – 14　上证指数 OBOS 指标买卖实例

五、人气指标（AR）和意愿指标（BR）

1. 人气指标（AR）。人气指标是以当天开市价为基础，即以当天市价分别比较当天最高、最低价，通过一定时期内开市价在股价中的地位，反映市场买卖人气。

$$AR = \frac{\sum_{i=1}^{N}(H_i - O_i)}{\sum_{i=1}^{N}(H_i - L_i)}$$

其中，H＝当日最高价；L＝当日最低价；O＝当日开市价；N为公式中的设定参数，一般设定为26日。

（1）AR值以100为中心地带，其在±20之间，即AR值在60～120之间波动时，属盘整行情，股价走势比较平稳，不会出现剧烈波动。

（2）AR值走高时表示行情活跃，人气旺盛，过高则表示股价进入高价，应选择时机退出，AR值的高度没有具体标准，一般情况下，AR值上升至150以上时，股价随时可能回档下跌。

（3）AR值走低时表示人气衰退，需要充实，过低则暗示股价可能跌入低谷，可考虑伺机介入，一般AR值跌至70以下时，股价有可能随时反弹上升。

（4）从AR曲线可以看出一段时期的买卖气势，并具有先于股价到达峰顶或跌入谷底的功能，观图时主要凭借经验，以及与其他技术指标配合使用。

2. BR指标的计算方法。BR指标是通过比较一段周期内的收盘价在该周期价格波动中的地位，来反映市场买卖意愿程度的技术指标。

以计算周期为日为例，其计算公式为N日BR＝N日内（H－CY）之和除以N日内（CY－L）之和。

其中，H为当日最高价；L为当日最低价；CY为前一交易日的收盘；N为设定的时间参数，一般原始参数日设定为26日。

和其他指标的计算一样，由于选用的计算周期的不同，AR、BR指标也包括日AR、BR指标，周AR、BR指标，月AR、BR指标，年AR、BR指标以及分钟AR、BR指标等各种类型。经常被用于股市研判的是日AR、BR指标和周AR、BR指标。虽然它们的计算时的取值有所不同，但基本的计算方法一样。另外，随着股市软件分析技术的发展，投资者只需掌握AR、BR形成的基本原理和计算方法，无须去计算指标的数值，更为重要的是利用AR、BR指标去分析、研判股票行情。

3. 市场人气BRAR指标。市场人气BRAR指标由两部分组成，即由BR线与 AR 线共同组成。其中，BR 线是对"市场情绪"的全面反映，而 AR 线则包含有一种"潜在的能量"。这种"潜在的能量"是通过股价在开盘价之后的表现来体现的，这是因为当股价开盘价产生后，从开盘价向上推升至当天最高价之间，每超越一个价位都会损耗一份能量。当 AR 值升高到一定限度时，代表能量已经耗尽，缺乏股价的推动，股价此时就容易反转下跌。相反，股价开盘后并未向上冲高，自然就减少能量的损耗，相对地保存了许多能量。

图 7 - 15　上证 B 股指数 BRAR 指标实例

对于 BRAR 指标的实际应用，应注意以下使用总则：

第一，BRAR 指标是以 100 为中心的。当 BR 处于 100 附近时，表明市场的情绪完全处于一种非常均衡的状态。

第二，当 BRAR 开始波动时，会上升至 200～300～400，同样也会下降到 80～60～40，这表明 BRAR 带动股价的运行是从 100 附近开始上升或下降的。

第三，当 BRAR 上升时，股价一般会上升一段时间，当 BRAR 下降时，股价一般也会下降一段时间。

第四，BRAR 的转折点表明股价的多空转换方向，因此，BRAR 的转折点是研判股价短中长多空转换的指标。

第五，BR 线一般情况下都在 AR 线之上运行，且比 AR 线的速度要快。而 AR 线则对股价的两端有审视作用。

人气意愿 BRAR 指标判断原则：人气 BRAR 指标是以分析历史股价为手段的

技术指标，其中 AR 较重视开盘价，从而反映市场买卖人气；BR 重视收盘价格，反映的是市场买卖愿望的程度。两者通过不同的角度对股价波动进行分析，达到跟踪股价未来动向的目的。

（1）BR 通常与 AR 一起配合使用，作为 AR 的辅助指标。BR = 100 是多空强弱的平衡线。

（2）BR > 400，暗示行情过热，应反向卖出；BR < 40，行情将起死回生，应买入。

（3）AR > 180，能量耗尽，应卖出；AR < 40，能量已累积爆发力，应买进。

（4）BR 由 150 以上的高点跌至 50 以下的水平，BR 低于 AR 时，为绝佳买点。AR 指标又叫人气指标，BR 指标又叫买卖意愿指标，它们是衡量市场上多空双方力量对比变化的最重要指标。它们既可以单独使用，更多情况下是一同使用，是一种中长期技术分析工具。

AR、BR 指标的原理：在一个交易日或某一段时期，多空双方的优势是不断地交替着的，双方都有可能在一定时期内占据优势。如果一定时期内多方力量占据优势，股价将会不断上升；如果一定时期内空方力量占据优势，股价则会不断下跌；多空双方力量如果大致平衡，股价会在某一区域内窄幅波动。而市场上多方力量大，则买方气势就会比较强、卖方气势就会减弱；市场上空方力量大，则卖方气势就会比较强、买方气势就会衰弱。因此，股价走势的变动主要是由供求双方买卖气势和多空力量的对比造成的。正如每个事物都有一个开始的地方一样，在股票市场上，多空双方的争斗都是从某一个均衡价位区（或基点）开始的。股价在这个均衡区上方，说明多方力量占优势；股价在这个平衡区下方，说明空方力量占优势。随着市场的进一步发展，股价会向上或向下偏离这一平衡价位区（或基点），股价偏离得越大，说明力量越大；偏离得越小，说明力量越小。因此，利用股票各种价格之间的关系，找到这个平衡价位区（或基点），对研判多空力量的变化有重要的作用。而 AR、BR 指标就是根据股票的开盘价、收盘价、最高价和最低价之间的关系来分析多空力量的对比，预测股价的未来走势的。

AR 指标是反映市场当前情况下多空双方力量发展对比的结果。它是以当日的开盘价为基点。与当日最高价相比较，依固定公式计算出来的强弱指标。BR 指标也是反映当前情况下多空双方力量争斗的结果。不同的是，它是以前一日的收盘价为基础，与当日的最高价、最低价相比较，依固定公式计算出来的强弱指标。

第五节 其他技术指标

一、MIKE（麦克指标）

该指标是一种随股价波动幅度大小而变动的压力支撑指标，股价上方的压力称为"上限"，股价下方的支撑称为"下限"。第一条"上限"和第一条"下限"之间，我们设一条假想的中界线，股价位于中界线的上方时，参考"上限"压力值；股价位于中界线下方时，则参考"下限"支撑值。为了避免被机构庄家故意造市而误导，MIKE 指标设定一个初始价格（Typical Price，TYP），以其作为计算基准，求得初级（Weak）、中级（Medium）、强力（Strong）三条压力线和三条初级、中级、强力支撑线，共计六条带状支撑与压力数值，属路径指标或支撑压力指标。

1. 计算公式。先求出真实值 TYP：

（1）初始价（TYP）=（当日最高价+当日最低价+当日收盘价）/3

（2）HH = N 日内最高价的最高值；LL = N 日内最低价的最低值

（3）压力线

初级压力线（WEKR）= TYP +（TYP − LL）

中级压力线（MIDR）= TYP +（HH − LL）

强力压力线（STOR）= 2 × HH − LL

（4）支撑线

初级支撑线（WEKS）= TYP −（HH − TYP）

中级支撑线（MIDS）= TYP −（HH − LL）

强力支撑线（STOS）= 2 × LL − HH

经过计算后，得出的这六条线，构成三条通道：WEKR 与 WEKS 构成窄通道，MIDR 与 MIDS 构成中型通道，STOR 与 STOS 构成一个相对较阔的通道，直观地反映出压力、支撑位置。MIKE 指标随股价的变化而变化，能够在股价上涨过程中提供可能上升空间或在股价下降过程中提供可能下降空间，并且在波段操作中具有良好的提示作用。

2. MIKE 应用法则。

（1）当股价脱离盘整，朝上涨的趋势前进时，股价上方三条"上限"为其压力参考价。

（2）当股价脱离盘整，朝下跌的趋势前进时，股价下方三条"下限"为其支撑参考价。

（3）盘整时，股价若高于其中界线，则选择"上限"价位为参考依据；股价若低于其中界线，则选择"下限"价位为参考依据。股价盘整时，"上限"和"下限"的价位比较能够同时参考，因为 MIKE 指标的路径变窄，股价和压力支撑价之间的距离接近，相对的，股价能碰触压力和支撑的机会也较大，因此，"上限"和"下限"都同时具有参考价值。股价已经开始上涨，"上限"和"下限"会朝反方向分开，"上限"和"下限"的价位不能同时参考。

如股价比较接近"上限"，则距离"下限"越来越远，太大的差距使得"下限"的支撑价位缺乏参考价值，此时在实际运用上，只选择"上限"压力为参考依据。

二、ROC 指标

ROC（Rate of Change）指标即波动率指标。该指标作为股票价格持续波动幅度的指标，可以帮助投资者发现股票价格波动过程中的风险与机会。股价的波动过程会遵循一定的规律。通常每次持续拉升出现的波动幅度，短时间内必然不会再轻易出现。ROC 指标的移动平均线之后出现的交叉信号，可以作为投资者建仓或者减仓的信号。准确掌握 ROC 指标的变化规律，投资者就可以掌握个股的运行趋势，获得投资收益。

1. ROC 指标与股价运行趋势。ROC 指标是用当天的价格与前 N 天的价格作比较，得出来的价格涨跌幅度的比率指标。ROC 指标的计算公式如下：

ROC = 100 × （今日收盘价格 − N 日前的收盘价格）/N 日前的收盘价格

投资者可以从 ROC 指标相对于 MAROC 指标的位置、移动平均 ROC 线相对于零轴线的位置、ROC 指标的波动形态三方面来判断股价的运行趋势。

从 ROC 指标的波动过程看，如果相对于其移动平均波动指标 MAROC，始终处于该平均线之上，后市持续看多的可能性非常大。股价波动幅度的位置在 MAROC 线之上，牛市行情才能够不断延续。投资者买卖股票的操作，必然需要考虑 ROC 指标相对于 MAROC 指标的位置。买入股票的时机应该在 ROC 指标处于 MAROC 线之上的时刻，而出货的时机，则应该选择在 ROC 指标处于 MAROC 线之下的时刻。

ROC 指标相对于零轴线的位置，也能够说明股价的运行趋势。尤其从 30 日 MAROC 指标的变化来看，该指标线无论从哪个方向穿越 ROC 线，都可以表明股价运行趋势短时间的改变。并且，当 ROC 指标从零轴线的一边进入另一边，投资者应该考虑做出相应的投资操作。股价的涨跌变化趋势，基本上可以在 ROC 指标穿越零轴线后得到确认。投资者要做的就是把握好这种突破后的趋势。ROC 指标形态的变化也能够从一定程度上表明股价的运行趋势。当 ROC 指标在零轴线以下逐步企稳回升，形成逐步抬高的三角形整理形态，并且 ROC 指标接近于零轴线时，是投资者买入股票的最佳时机。而见顶回落的 ROC 指标，如果出现了持续回落且在零轴线附近调整的形态，同样是投资者卖出股票的好时机。在股价回落中的反弹走势，只会使 ROC 指标出现短暂的上涨，而并不能改变其见顶回落的大趋势。投资者在 ROC 指标见顶形态出现之后减仓，是减少损失的关键时机。如图 7－16 所示，在 S 仪化（600871）的见底回升初期，ROC 指标从零轴线以下逐步企稳回升至零轴线之上。而随着 ROC 指标由负值变为正值，股价也出现了止跌回升的迹象。图中 ROC 指标初步接近零轴线后，在二次回落时，是短线投资者追涨的好时机。后市股价重新企稳后，再次买入股票必然会有不错的收益。

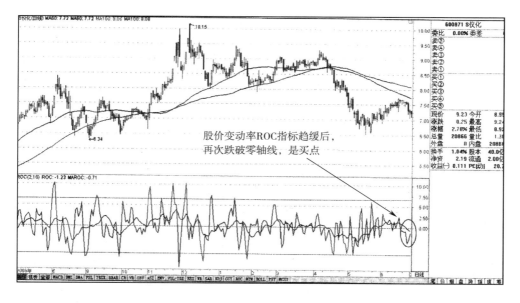

图 7－16　ROC 指标趋于零轴线后买点

2. ROC 指标的交叉信号买卖点。股价处于上涨趋势时，中途的调整走势会不断出现。而一旦股价开始短时间的下跌调整，对应的 ROC 指标也会同步下跌。当 ROC 指标下跌至 MAROC 线之下，并且再次回升至 MAROC 线之上时，就是投资者买入股票的好时机了。MAROC 处于零轴线之上时，不管怎样调整，牛市行情都不会轻易消失。投资者在 ROC 指标回调时买入股票，既可以降低持仓成本，又能够获得股价暴涨的投资收益，可谓两全其美。

熊市中，ROC 指标反弹至 MAROC 线之上，只是该指标技术性的反弹。真正的熊市行情，不会因为指标短暂的反弹而结束。投资者最好在 ROC 指标反弹至 MAROC 线之上时减仓持股。ROC 指标重新跌破 MAROC 线，并且形成死叉形态是股价继续看跌的信号。如果这个死叉形态出现在零轴线之下，更能加深股价看跌的意义。

如图 7 - 17 所示，在中国中冶日 K 线中，ROC 指标在零轴线以下形成了金叉买入信号后，该股便出现了反弹走势。在 ROC 指标企稳回升至零轴线时，是投资者非常好的追涨时机。指标企稳于零轴线，说明后市股价将出现更大的反弹行情，投资者随之追涨，可以获利丰厚。中国中冶的股价持续反弹后不久，ROC 指标出现了短暂的回落走势，但是这并不影响该股后期的持续走强。图 7 - 17 中，ROC 指标在零轴线附近形成的金叉形态，就是后市股价看涨的重要买入信号。投资者这时追涨，就会获得短期的投资收益。指标短暂回调并不可怕，适当的调整恰好为今后主力的拉升创造了条件，只要投资者明确追涨建仓，便可以获得不错的投资收益。

图 7 - 17　中国中冶 ROC 指标金叉买点

在图 7 - 17 中，还出现了另一个金叉买点。股价虽然出现短暂的震荡走势，却并不影响今后的持续走强。不过考虑到股价的上涨幅度已经过大，投资者即便追涨，也应控制好仓位，以免股价真的见顶回落后造成难以挽回的投资损失。

如图 7－18 所示，南钢股份见顶回落的死叉信号出现在图中。第二个股价顶部出现时，ROC 指标已经快速下跌至零轴线下方，股价反弹无力，是出货的好时机。如图 7－18 所示，ROC 指标跌破零轴线后，股价的运行趋势基本上也在延续下跌行情。投资者前期减仓的位置，刚好为该股回落的顶部。后期 ROC 指标维持零轴线以下的震荡过程中，股价短期内不会有明显的反弹行情出现，空仓持股待 ROC 指标出现真正的突破后再考虑加仓，才是明智的选择。

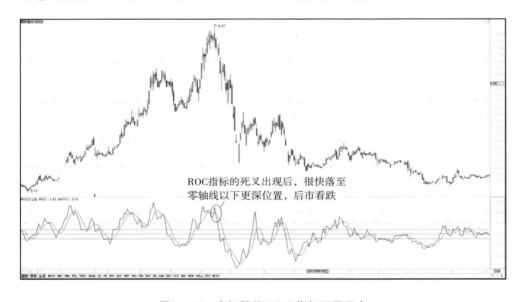

图 7－18　南钢股份 ROC 指标死叉买点

股价企稳回升后，其 ROC 指标会强势上涨，并且在实战中很多的股票走势不需要太大幅度的下跌调整。股价始终维持一种强势拉升的格局，一直到指数出现快速冲高见顶的走势。ROC 指标维持在零轴线之上，并且长时间未跌破零轴线，一旦指数企稳，这样的股票也会同步快速拉升至高位。投资者只要提前建仓这种 ROC 指标维持高位的股票，就能够获得不错的收益。

股价在牛市行情中见顶回落后，ROC 指标同步见顶后下跌趋势更快。特别是弱势股票在回落过程中，一般并不会出现反弹行情。投资者只要在 ROC 指标跌破零轴线时持续减仓，就可以轻松避免损失。一般情况下，股价见顶回落，并且 ROC 指标也出现了回落的走势，表明股价的熊市行情短时间内不会结束。当 ROC 指标出现在零轴线之下时，表明投资者尽快完成出货是明智的操作。

3. ROC 指标的看跌信号。ROC 指标虽然表明股价的波动情况，但也会出现与其他指标一样的顶部背离走势、死叉看跌形态、顶部调整形态等出货信号，因此投资者考虑出货时机时，同样需要参考这些顶部信号，并做出积极的调整。ROC 在股价见顶回落之前会出现背离走势。股价继续上涨而 ROC 指标虽然也处于零轴线之上，但其波动过程的高位却不断向下移动。直到 ROC 指标终于跌破了零轴线处的支撑，股价的看跌趋势也就基本开始了。

ROC 指标在顶部出现背离走势，并且见顶回落，表明股价会出现持续的下跌走势。投资者若不能在第一时间减仓，收益很可能在短时间内化为泡影。ROC 指标顶部背离后，其波动幅度在零轴线之上会逐步减小。当波动幅度不能再次减少时，股价的见顶回落也就很快出现了。投资者只要不是过于贪心，逃顶还是不难的。

ROC 指标的死叉见顶形态，也是投资者逃顶的重要信号。通常真正见顶意义的死叉形态，会出现在股价无力再次拉升，而 ROC 指标不断弱势下探时。前期股价强势上攻时出现了 ROC 指标的死叉形态，只是牛市途中的调整而已。当 ROC 指标调整到位后，股价还会继续上攻。ROC 指标在不断调整过程中逐步走弱后，再次出现死叉见顶形态就是投资者的出货时机了。

ROC 指标在零轴线之上的调整形态，通常都是股价趋势反转的重要机会。识别清楚真正的 ROC 指标顶部形态，并且在跌破顶部调整形态时及时出货，是比较常用的减少损失的策略。不管调整形态如何，只要该形态是走弱趋势，并且出现了跌破形态，那么投资者就需要减仓出货了。

如图 7 – 19 所示，在神奇制药的日 K 线中，股价短时间内快速冲高后，ROC 指标与股价形成了背离形态。背离的很长，投资者这时开始减仓就显得很有必要了，背离之后，ROC 指标的死叉接连出现，给出了明显的撤离信号。

三、SAR 抛物线转向指标

SAR（Stop and Reverse）指标又叫抛物线指标或停损转向操作点指标，是由美国技术分析大师威尔斯—威尔德（Wells Wilder）所创造的，是一种简单易学、比较准确的中短期技术分析工具。

1. SAR 指标的计算公式和运用原则。SAR 指标的计算相当烦琐。SAR 的计算工作主要是针对每个周期不断变化的 SAR 的计算，也就是停损价位的计算。在计算 SAR 之前，先要选定一段周期，比如 n 日或 n 周等，n 日或 n 周的参数一般为 4 日或 4 周。接下来判断这个周期的股价是在上涨还是下跌，然后再按逐

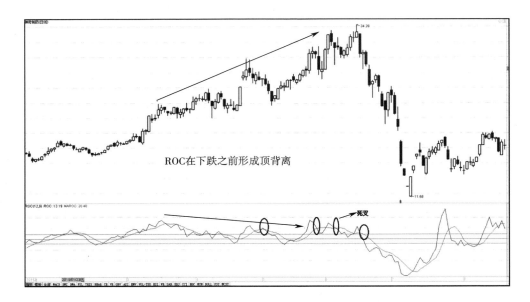

图 7 – 19   神奇制药 ROC 与 K 线背离及死叉卖点

步推理方法计算 SAR 值。

（1）计算公式：

画 SAR 之前，首先要决定开始画的第一天，是属于多头或空头趋势？

如果第一天属于多头，则第一天的 SAR 一定是 4 天来的最低点（包括今天在内）。

即：

①先选定一段时间判断为上涨或下跌。

②若是看涨，则第一天的 SAR 值必须是近期内的最低价；若是看跌，则第一天的 SAR 须是近期的最高价。

③第二天的 SAR，则为第一天的最高价（看涨时）或是最低价（看跌时）与第一天的 SAR 的差距乘上加速因子，再加上第一天的 SAR 就可求得。

④每日的 SAR 都可用上述方法类推，归纳公式如下：

SAR（n）＝SAR（n－1）＋AF［EP（n－1）－SAR（n－1）］

SAR（n）＝第 n 日的 SAR 值，

SAR（n－1）即第（n－1）日之值；

AF：加速因子；

EP：极点价，若是看涨一段期间，则 EP 为这段期间的最高价，若是看跌一段时间，则 EP 为这段期间的最低价；

EP（n-1）：第（n-1）日的极点价。

⑤加速因子第一次取 0.02，假若第一天的最高价比前一天的最高价还高，则加速因子增加 0.02，若无新高则加速因子沿用前一天的数值，但加速因子最高不能超过 0.2。反之，下跌也类推。

⑥若是看涨期间，计算出某日的 SAR 比当日或前一日的最低价高，则应以当日或前一日的最低价为某日之 SAR；若是看跌期间，计算某日之 SAR 比当日或前一日的最高价低，则应以当日或前一日的最高价为某日的 SAR。

一般 SAR 的参数设定为 4 天，尽量不要更改。

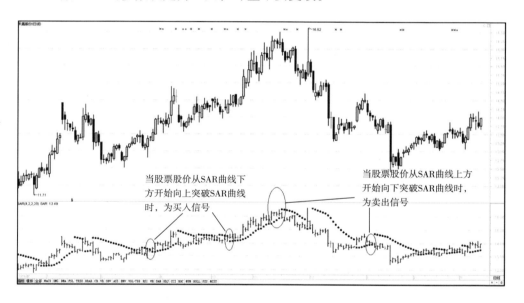

图 7-20　禾嘉股份 SAR 买卖点示意图

（2）运用原则。

①当股票股价从 SAR 曲线下方开始向上突破 SAR 曲线时，为买入信号，预示着股价一轮上升行情可能展开，投资者应迅速及时地买进股票。

②当股票股价向上突破 SAR 曲线后继续向上运动，而 SAR 曲线也同时向上运动时，表明股价的上涨趋势已经形成，SAR 曲线对股价构成强劲的支撑，投资者应坚决持股待涨或逢低加码买进股票。

③当股票股价从 SAR 曲线上方开始向下突破 SAR 曲线时，为卖出信号，预示着股价一轮下跌行情可能展开，投资者应迅速及时地卖出股票。

④当股票股价向下突破 SAR 曲线后继续向下运动，而 SAR 曲线也同时向下

运动，表明股价的下跌趋势已经形成，SAR 曲线对股价构成巨大的压力，投资者应坚决持币观望或逢高减磅。

随着股价的逐步上涨，SAR 上升的速度会加快，一旦股价上涨的速度跟不上 SAR，或者股价反转下跌，SAR 都会紧紧地盯着，一见苗头不对，应马上溜之大吉免得套牢。该指标代表应买进或抛售价位及转折点，盘整时该指标无效。以股价上升为例，具体的做法是制定一个价格，当股票价格回落并跌破这个价格时，毫不犹豫、不加任何别的条件地将手中股票抛出。这个价格就叫停损点。显然，停损点应该符合以下两个要求。

第一，随着股价的上升，每一天的停损点也应该相应地抬高，每天都应根据情况的不同，计算出一个新的停损点。

第二，停损点被跌破之后，股价应该继续下跌，至少不会很快恢复到原来的高度。要保证这一点，就应将停损点设得比较低，但这样一来，抛出的价格就会低。这是没有办法的事情，谁叫我们没有能力预见到股价能够到达的最高位置呢。

SAR 的实质就是多空立场的转变过程。当股价在停损点之上，我们将手中的股票保留，也就是我们所持的态度是看多，是多方。但股价跌破停损点之后，我们的行动是将手中股票抛出，也就是说我们所持的态度是看空，是空方。由多方变成空方完全是由股价是破停损点还是不破停损点而定。停损点成了多空转变的分界线。这也是 SAR 被作为停损转向指标的原因。

（3）巧用 SAR 指标设立止损。如何捕捉反转点和如何正确设立止损点是投资者经常遇到的问题，许多技术分析方法和指标一般都只给出买卖信号，但是并没有说明一旦该信号出现偏差，或者行情没有向预料的方向发展，应当在何时何价位设立止损点。SAR 指标能用量化的价格给出止损点位和反转点，仅此一点，就使得 SAR 指标成为一种易学好用的"傻瓜"指标。

在前面已经介绍了 SAR 的使用法则，那就是停损转向的操作法。股价突破了 SAR 就是行动的信号，向下突破卖出，向上突破买入，这是所有技术指标中叙述起来最为简单的之一。不过，在实际应用时，应该注意以下两点：

①不一定非要到股价突破了 SAR 才采取行动，可以提前；

②应用 SAR 最为重要的是明确当前处于什么大环境，是上升还是下降，在股价为盘整局面时，SAR 是不能使用的。

2. SAR 指标的特殊研判标准。

（1）当 SAR 曲线向下运行的角度大于 45 度时，说明空方力量比较强大，股价的跌势比较迅猛，股价还将继续下跌。此时，投资者应坚决持币观望，不宜轻易抢反弹。

（2）当 SAR 曲线向上运行的角度大于 45 度时，如果 SAR 曲线已经向上运行了很长一段时间并且股价短期内涨幅过大时，说明多方力量消耗过大，股价将随时可能反转向下。此时，投资者应密切关注 SAR 曲线的走势，一旦 SAR 指标发出明显的卖出信号就应坚决清仓离场。

（3）当 SAR 曲线向上运行的角度大于 45 度时，如果 SAR 曲线刚刚向上运行，说明多方力量开始积聚，股价将继续向上攀升。此时，投资者应坚决持股待涨。

（4）当 SAR 曲线向下运行的角度小于 45 度时，并且 SAR 曲线向下持续运行了很长一段时间以后（最少 3 个月以上），一旦股价向上突破 SAR 曲线，则表明股价的中长期下跌趋势可能结束，投资者可以开始逢低买入股票。

（5）当 SAR 曲线向上运行的角度小于 45 度时，如果 SAR 曲线已经向下运行了很长一段时间（最少 3 个月以上），说明空方的力量已经衰竭、多方的力量开始加强，股价的一轮新的涨升行情已经展开，股价将继续上涨。此时，投资者应坚决持股待涨。

练习题

解释名词：BOLL　ADL　PSY　MA　金叉与死叉

简答题

1. 哪些指标与成交量有关系？

2. 简述 SAR 指标。

3. Boll 指标是如何计算的，它的含义是什么？

4. DMI 表示市场哪些方面的情况？

5. CCI 所反映的是市场哪些方面的特征？

6. 你在股票买卖决策中，使用技术指标决策吗？谈谈你对利用技术指标购买股票的认识。

第八章　股市板块轮替

世界各国的经济周期与各行业周期的联动决定了板块之间具有互相依赖、互相影响的关系。简而言之，本章将根据各板块对通货膨胀或通货紧缩压力的反映，阐述股市周期中不同的行业板块在时间上的先后发展顺序，对板块领先与落后的特点及其敏感性加以归类。由于经济周期本身不断地在通货膨胀与通货紧缩之间转换，各行业板块也呈现出板块轮替的现象。

第一节　板块轮替

在地质学中，板块构造学说认为，陆地与海洋岩石圈并非一块整体，而是分裂成许多板块。这个概念被引用到股市之中，股市中，所谓某某板块股，又称为某某概念股，它是指根据股票所具有某些题材或具有某种共同特征而产生出的概念；把具有相同特征或相似题材或概念的证券群体划归同一个板块，如在证券市场上的联动十分突出，则显示出强烈的板块联动效应。用板块概念来形容我们的股票市场，可将整个股市看作岩石圈，那么股市又由众多在行业、地域、概念、业绩等方面存在高度的关联性的概念板块构成。这些板块互相依存、互相作用，在整个经济周期中，它们的价格变动由于受不同的原因和影响因素导致，此起彼伏，形成独特的板块轮动现象。不仅股票市场随着经济周期的波动而上下浮动，股票市场中的各个股票由于所处的行业不同也在市场中表现不同。由于行业的生命周期是与企业的发展阶段紧密相关的，所以造成不同的企业在不同的生命周期阶段的业绩表现也不一样，进而造成股价的不同。行业生命周期分为企业发展初期、幼稚期、成长期、成熟期和衰退期。

一、板块及其划分

在经济周期的初期，经济是由通货紧缩的力量所主导的，而当经济复苏并趋于成熟时，通货膨胀的压力便会随之而来。没有任何两个经济周期是完全相同的；在每一个经济周期中，各金融市场的峰位与谷底之间领先与滞后的关系也是不尽相同的。虽然如此，债券、股票和商品这三个市场的时间发展顺序在实际中仍具有指导作用。根据对通货膨胀的反应不同来划分板块，这一分类方法并不完美。首先，许多行业无法根据对通货膨胀或通货紧缩的敏感性来明确分类。其次，股票价格虽然会反映利润的变化，但更重要的是，它反映投资者对这些变化的态度。对于利率敏感的股票而言，利率虽然是影响利润的一个重要因素，但并不是决定性因素，所以这些利率敏感类股票价格的表现有时会与债券市场脱节。例如，美国储贷金融机构的股票在1989年所发生的下跌就与该行业的财务危机有关。在正常的情况下，由于利率在1989年基本上处于跌势，因此其股价应上涨。尽管有此缺陷，板块轮替理论还是可以发挥两方面的作用。首先，该理论可提供一种构架，借以评估主要趋势的发展程度。举例说明，如果有技术性征兆显示市场已经处于严重的超卖状态，并且其他因素也表明市场的主要趋势可能由空翻多，此时应该分析某些通常属于领先的板块，观察它们在大盘指数创下新低时，是否发生背离的现象，或者其相对强度指标是否已处于上升趋势。另外，当技术指标显示大盘可能处于头部时，应该分析那些通常领先于大盘的行业板块，观察它们是否在数周或数月之前就已经创下新高，同时观察表现相对强劲的板块是否集中在那些通常落后于大盘的行业板块。最后，板块轮替理论有助于我们确定应该买入或卖出哪些行业板块的股票。

　　股市中板块的划分，是基于对股市整体计量和个股分析的需要，以及股市健康运行的需要。大盘的涨跌往往只能表现出股市整体的水平，对个股的分析仅仅是在公司层面上进行分析，但公司基本面与行业的发展水平以及行业的前景有着密切的联系。因此，对行业板块的分类，便于投资者准确把握市场动向，采用合理的投资组合，进行理性投资。在对股市波动的研究中，我们可以发现，每次股市的大波动行情基本上是由一个或几个板块共同驱动。同个行业的股票因行业的共同因素呈现联动，并且影响到其他行业板块。所以，不同的行业板块之间相互影响，波动会从一板块波及另一个板块，进而影响整个大盘。

　　在中国股票市场萌芽及建立阶段，由于上市公司少且基本上属于国有大型企业，板块概念还没有引起人们的注意。随着上市公司的日益增多，涉及的行业面越来越广，中国股市的板块创新开始提速，板块的提法和分类不断推陈出新。每一轮牛市都离不开市场不间断的热点板块的推动。比如大盘由熊转牛时往往需要依靠国企大盘这些中坚力量带领大盘指数攻克紧要关隘，但由于大盘权重股的市场值与流通盘过大，我们很难见到这些大盘股能有几倍十几倍的涨幅，如中国银行、工商银行这些股票。否则，指数将轻松超过一万点，但有个更省力的办法，即多数交易软件中提供了板块指数。

历史数据显示，任何股市任何板块的股票除了个股的特殊情况外，板块轮动都会按最新的国家和行业政策、新的社会现象、板块新题材，以及股市中大型机构对市场及政策等的预测而上涨或下跌。但是，在经济周期的不同阶段，板块轮动的表现亦不同。

按照不同的标准可以把股市中的股票分成不同的"板块"，如我国沪深股市大盘分类指数将股市中的所有股票根据行业不同划分为工业类、商业类、地产类、综合类及公共事业类五大板块。

根据结构经济转型带来的经济概念划分为新经济、区域经济、消费概念等分类板块；根据通货膨胀受益概念，把股市分为通胀受益股，包括资源股、农业股、食品、贵金属等；根据股市估值变化把股票分为低估值股票、高估值股票等。

目前，一些股票软件中的股票板块分类比较混乱，一般根据股票所处行业如金融、地产、钢铁等分类，另外还有根据股票的特定概念，如"三通概念"股是指福建本地受惠于"两岸三通"实施的上市公司分类；而有的还把"三通概念"股分类扩大，使它不仅仅包括福建板块，还包括一些具有台资背景的 A 股上市公司以及受益于直航的一些个股。常见的股票板块分类如下：

（1）指标股：中国石油、工商银行、建设银行、中国石化、中国银行、中国神华、招商银行、中国铝业、中国远洋、宝钢股份、中国国航、大秦铁路、中国联通、长江电力

（2）金融、证券、保险：招商银行、浦发银行、民生银行、深发展 A、工商银行、中国银行、中信证券、宏源证券、陕国投 A、建设银行、华夏银行、中国平安、中国人寿

（3）地产：万科 A、金地集团、招商地产、保利地产、泛海建设、华侨城 A、金融街、中华企业

（4）航空：中国国航、南方航空、上海航空

（5）钢铁：宝钢股份、武钢股份、鞍钢股份

（6）煤炭：中国神华、兰花科创、开滦股份、兖州煤业、潞安环能、恒源煤电、国阳新能、西山煤电、大同煤业

（7）重工机械：江南重工、中国船舶、三一重工、安徽合力、中联重科、

晋西车轴、柳工、振华港机、广船国际、山推股份、太原重工

（8）电力能源：长江电力、华能国际、国电电力、漳泽电力、大唐发电、国投电力

（9）汽车：长安汽车、中国重汽、一汽夏利、一汽轿车、上海汽车、江铃汽车

（10）有色金属：中国铝业、山东黄金、中金黄金、驰宏锌锗、宝钛股份、宏达股份、厦门钨业、吉恩镍业、包头铝业、中金岭南、云南铜业、江西铜业、株冶火炬

（11）石油化工：中国石油、中国石化、中海油服、海油工程、金发科技、上海石化

（12）农林牧渔：北大荒、通威股份、中牧股份、新希望、中粮屯河、丰乐种业、新赛股份、敦煌种业、新农开发、冠农股份、登海种业

（13）环保：龙净环保、菲达环保

（14）航天军工：中国卫星、火箭股份、西飞国际、航天信息、航天通信、哈飞股份、成发科技、洪都航空

（15）港口运输：中国远洋、中海海盛、中远航运、上港集团、中集集团

（16）新能源：天威保变、丰原生化

（17）中小板：苏宁电器、思源电器、丽江旅游、华星化工、科华生物、大族激光、中捷股份、华帝股份、苏泊尔、七匹狼、航天电器、华邦制药

（18）电力设备：东方电机、东方锅炉、特变电工、平高电气、国电南自、华光股份、湘电股份

（19）科技类：歌华有线、东方明珠、综艺股份、中信国安、方正科技、清华同方

（20）高速类：赣粤高速、山东高速、福建高速、中原高速、粤高速、宁沪高速、皖通高速

（21）机场类：深圳机场、上海机场、白云机场

（22）建筑用品：中国玻纤、长江精工、海螺型材

（23）水务：首创股份、南海发展、原水股份

（24）仓储物流运输：中化国际、铁龙物流、外运发展、中储股份

（25）水泥：海螺水泥、华新水泥、冀东水泥

（26）电子类：晶源电子、生益科技、法拉电子、华微电子、彩虹股份、广电电子、深天马 A、东信和平

（27）软件：用友软件、东软股份、恒生电子、中国软件、金证股份、宝信软件

（28）超市：大商股份、华联综超、友谊股份、上海家化、武汉中百、北京城乡、大连友谊、新华传媒

（29）零售：王府井、广州友谊、新华百货、重庆百货、银座股份、益民百货、中兴商业、东百集团、百联股份、武汉中商、西单商场、上海九百

（30）材料：星新材料、中材国际

（31）酒店旅游：华天酒店、黄山旅游、峨眉山、丽江旅游、锦江股份、桂林旅游、北京旅游、西安旅游、中青旅游、首旅股份

（32）酒类：贵州茅台、五粮液、张裕A、古越龙山、水井坊、泸州老窖

（33）造纸：岳阳纸业、华泰股份、晨鸣纸业

（34）啤酒：青岛啤酒、燕京啤酒

（35）家电：佛山照明、青岛海尔、四川长虹、海信电器、格力电器、美的电器、苏泊尔

（36）特种化工：烟台万华、金发科技、三爱富、华鲁恒升

（37）化肥：盐湖钾肥、华鲁恒升、沙隆达A、柳化股份、湖北宜化、昌九生化、沧州大化、鲁西化工、沈阳化工

（38）3G：中兴通讯、大唐电信、中国联通、亿阳信通、高鸿股份

（39）食品加工：双汇发展、华冠科技、伊利股份、第一食品、承德露露、安琪酵母、恒顺醋业、上海梅林、维维股份、赣南果业、南宁糖业

（40）中药：马应龙、吉林敖东、片仔癀、同仁堂、天士力、云南白药、千金药业、江中药业、康缘药业、康恩贝、东阿阿胶、九芝堂、中汇医药

（41）服装：雅格尔、伟星股份、七匹狼、豫园商城

（42）通信光缆类：长江通信、浙大网新、特发信息、中创信测、东方通信、夏新电子、波导股份、中电广通

（43）建筑与工程：宝新能源、中材国际、上海建工、中工国际、浦东建设、中色股份、空港股份、安徽水利、隧道股份、腾达建设、新疆城建、路桥建设、中铁二局

（44）玻璃：福耀玻璃、南玻A、山东药玻

（45）股指期货：厦门国贸、弘业股份、美尔雅

（46）其他：建发股份、鲁泰A、珠海中富、紫江企业

（47）救灾概念：四川金顶、四川路桥、太极集团

（48）创投概念：紫光股份、复旦复华、龙头股份、力合股份、大众公用

（49）三通概念：厦门国贸、厦门空港、厦门港务、福建高速、宁波海运、厦工股份、建发股份、漳州发展、阳光发展、东百集团等。

二、板块轮动影响因素分析

中国股市自建立以来短短二十多年时间里，经历了几次大起大落，一直处于剧烈波动的状态。波动幅度大、频率高，"政策市"、投机性、盲目性、"游资"做主的特征明显。从总体上来说，往往随着股市的上扬和下挫而齐涨齐跌。

1. 国家政策因素与股市板块轮动的关联性分析。中国股票市场的供需矛盾、结构矛盾以及市场参与者的不成熟等原因，使政府加强了对股票市场的监管和调控，政策干预及调控成为市场波动的一个主要影响因素。中国股市一直有所谓的"政策市"之称，呈现一种特殊的游戏规则。股市政策较大程度地影响了中国股市的板块轮动，股市运行受短期性政策事件的影响极大。

2. 公司自身运行状况对股市板块轮动的影响。上市公司运营情况是投资者最为关注的方面之一，随着近年来价值投资理念的深入人心，绩优板块的行情还会进一步看涨，在股市运行过程中上扬的走势将更加明显。事实上，这一检验结果与我国股市的实际运行状况也是非常吻合的。但在中国股市运行的实际情况中，业绩不良的公司通过并购重组往往在一段时期内会走出较大的上涨行情，但是毕竟持续时间不长。如果这些公司基本面没有较大的改观，公司盈利能力上不去，其股价不可能长期上涨；而对于绩优板块，其股价基本是呈长期上升趋势的。

3. 科技进步与行业成长周期对股市板块轮动的影响。科技革命是影响所有行业及其上司公司命运的最重要因素，各个行业在科技革命中的归属、地位和代表性最终决定了一个行业在股市运行中的收益率和地位。在不同的科技水平下，不同的行业处于其行业成长周期的不同阶段，起着领涨与领跌的不同作用，反映到股市波动上来，就形成了行业板块间的交错轮动。而每个具体行业都有一个行业成长周期，通常可以分为引入期、成长期、成熟期和衰退期四个阶段，处于不同成长阶段的行业具有不同的市场走势。处于不同生命周期阶段的行业，在股市板块运行中有不同的表现。从整体而言，近十多年来板块的轮动大致反映了科技进步和处在行业不同成长周期的影响。

4. 投资者投资理念变化对股市板块轮动的影响。传统的股票投资理念主要依据两个投资理论：一是"空中楼阁理论"。它比较注重心理价值，主要研究分

析投资者在将来可能会如何行动，估计在何种投资形势下公众最宜建造"空中楼阁"，然后抢在众人之前买进股票，待股价上涨之后抛出，以获得差价收益。二是"企业基础理论"，指股票投资主要取决于企业的基本面，通过仔细研究分析企业现在的情况和将来的前景，得出其内在的价值，当市场股价低于其内在价值时买进股票，市场股价高于其内在价值时卖出股票。近年来，这种旧的投资理念受到了严重的挑战，国际市场上以企业基本面为基础的"价值投资理念"在中国股市上日益为投资者所认同和接受。

第二节　美国股市板块轮替

本节所作的评论是以美国股票市场为准，但板块轮替的概念原则上也可以适用于其他股票市场。每个国家都会经历经济周期。意大利或日本的公用事业公司对利率的反应也都与美国的此类公司一样。实际上，我们还可以把这一概念进一步延伸，并判定某些自然资源较为丰富的国家，如加拿大、澳大利亚与南非，其股票市场的表现在全球经济周期的末期应该最为理想，实际的情形也经常如此。

一、板块轮替

在多头行情中，大多数股票基本上都处于涨势，因此也就意味着大多数股票在空头行情中，通常会与大盘指数同时创新低。我们说公用事业股票是领先板块或者说钢铁股票是落后板块，并不表示公用事业股票的低点必然会出现在道琼斯工业指数的低点之前，虽然实际上经常会如此。更可能发生的情形是，由于公用事业板块对利率非常敏感，其相对于大盘的最佳表现通常会发生在空头行情的底部。同理，钢铁板块也可能在多头行情的初期随着大盘而上涨，但其相对于大盘的最佳绩效则趋向于发生在多头行情的末期或空头行情的初期。请留意，我们这里使用的是"趋向于"一词，因为这正是我们所讨论的，即"趋势"或"概率"，而绝不是"确定地"。

图 8-1 描绘了一个典型的经济周期中的经济扩张和衰退。虚线部分代表股票市场的中期走势。股票市场实际上反映了未来利润的折现值，因此其底部通常发生在经济周期处于谷底之前的 3~6 个月，而商品市场的复苏经常会发生在经济复苏的数个月之后。由于在每个经济周期中领先与落后的程度各不相同，所以这里的方法只能作为一个分析构架，绝不能机械地加以推广。整个股票市场是由许多板块所构成的，而这些板块各自代表了经济中的不同部门。如果用

一个总量指标来定义经济，如 GNP，那么在任何时候，经济不是处于上升状态便是处于下降状态。虽然如此，经济中的所有部门很少会同时呈现扩张或衰退态势，这是因为经济不是一个同质性单位，而是由许多不同部分所共同构成的。某些行业比较能够适应通货紧缩的环境，它们在经济周期的初期有着较为理想的表现；而另一些行业则比较适应通货膨胀的环境，它们在经济周期的末期有着较为理想的表现。经济复苏通常是由消费者支出所带动，特别是房地产业。随着经济衰退期间利率水平的下降，对房地产的需求逐渐上升。由此，房地产板块与一些建筑业板块可视为领先板块。由于市场预期到消费者支出将增加，因此零售业、餐饮业、化妆品、烟草业等消费性板块也将出现领先的走势；另外，某些对利率敏感的板块也是如此，如电话、电力、保险、储贷机构以及提供消费性贷款的金融机构。随着经济继续复苏，当初在衰退期间大量减少的存货将逐渐被耗尽，此时可以视作同步性板块的制造业的股价将上涨，或出现相对的强势。最后，在经济复苏的后期，当制造业的生产能力耗尽后，资本密集型板块，例如钢铁、某些化工与矿业板块，将成为市场的领导板块。信心是影响板块轮替的另一个因素。在多头行情的初期，市场的气氛相当谨慎，因为投资者刚遭遇过相当大的亏损，而且消息面通常也不佳。所以在这段时期内，资产负债面较好且股息率较高的股票会表现相对强劲。随着经济的发展，股票价格将上涨，消息面也将转佳，投资者的信心也将转强。最后，轮涨将会延伸至没有多大内在价值的投机性股票。虽然投机股的峰位通常领先于大盘的峰位，但它们所造成的急涨和大幅波动，通常发生在多头行情的后期或者第三波主要中期走势。某些板块不适于这种周期性分类。航空运输业便是一个典型的例子。在空头市场的谷底，该板块会呈现同步或稍微落后的特征，但在多头行情的峰位，该板块则具有相当明显的领先特征。这可能是由于它们对利率水平和能源价格非常敏感，而利率与能源价格的上涨通常会发生在经济周期的末期。另外，制药板块的最佳相对业绩通常发生在多头行情的末期，就这一点来说，制药板块属于落后型板块。在行情的底部，它们通常也有落后的倾向（就 RS 而言），但在程度上不如在行情顶部处明显。值得注意的是，板块轮替过程倾向于在中期反弹和折返走势或周期性走势中表现较佳。

二、将经济周期划分为通货膨胀与通货紧缩两个阶段

将板块轮替理论运用到实务中并不是一件容易的事，因为每个经济周期的特征都不相同。大体上，经济周期可以被划分为通货膨胀与通货紧缩两个阶段。

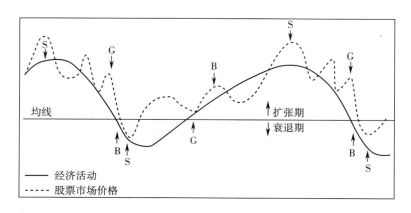

图 8 - 1   经济活动与股票价格

首先，我们应该建立一种通货膨胀/通货紧缩的指标，当该指标上升时就代表通货膨胀，而下降时就代表通货紧缩。用来判断的方法之一就是比较两只个股的价格表现，一只是对通货紧缩比较敏感的股票，如公用事业公司的股票；另一只是对通货膨胀比较敏感的股票，如矿业公司的股票。然而，这种方法的缺陷是，个股的价格可能受到与经济周期无关的公司内部因素的影响。以两个板块——公用事业板块与黄金板块来进行比较，也会产生类似的问题。举例说明，当政府对公用事业公司采取严格管制时，该板块的价格将会下跌；然而，如果南非矿工发生罢工，由于南非是黄金的主要产地，黄金价格可能会飞涨。尽管这些因素与经济周期没有关系，但都强烈影响着通货膨胀/通货紧缩这一比率的水平与趋势。一种更为理想的解决方法是，根据若干个对通货膨胀比较敏感的板块构建

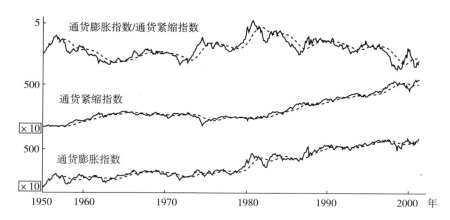

图 8 - 2   通货膨胀与通货紧缩敏感板块

一个通货膨胀指标，同时根据若干个对通货紧缩比较敏感的板块构建一个通货紧缩指标。在这种情况下，即使某个板块受到非周期性因素的影响，也不会严重扭曲整体的结果。图 8 - 2 列出了这类指标。通货膨胀板块指数是对标准普尔的黄金、其他金属、国内石油以及铝行业等指数取算术平均值，而通货紧缩板块指数则是对电力、储贷机构、房地产以及保险业等指数取算术平均值。

图 8 - 2 的上方列出了两板块之间的比率，下方分别列出两板块的走势。当市场处于上升状态时，通货膨胀敏感板块的表现要优于通货紧缩敏感板块，反之则相反。图 8 - 2 的最上方列出了通货膨胀指数与通货紧缩指数之间的比率。这一比率的趋势反转，反映了市场认为当前的经济周期是处于通货膨胀阶段还是通货紧缩阶段。该比率处于上升状态时，代表对通货膨胀比较敏感的股票有相对理想的表现，反之则相反。图 8 - 3 进一步将通货膨胀/通货紧缩这一比率的趋势与债券收益率以及工业品价格的趋势进行了比较。这些指标的走势并不总是朝同一个方向运动，但彼此之间确实有关联。图 8 - 3 中的垂直实线表示位于走势图下方的 18 个月 ROC（对应于该比率）从下方的超卖水准处发生反转。在大多数情况下，这与工业品价格的低点相当接近。由于债券收益率落后于商品价格，因此它们在 ROC 指标已开始上升一段时间之后，才到达底部。图 8 - 4 显示了同样的数据，只不过这一次图中的垂直线代表超买穿越信号。这些信号在判定政府债券收益率是否处于头部时表现得相当理想。

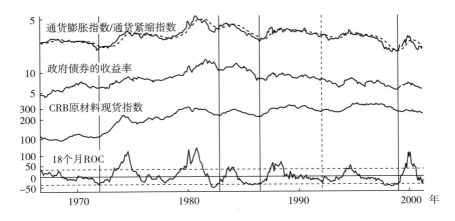

图 8 - 3　通胀指数等之间的关系

三、领先板块和落后板块的走势通常不同

图 8 - 4 列出了根据标准普尔能源指数与金融指数的 RS 线计算出的一些平

滑动能指标。我们也可以替换成道琼斯公司、《投资者商业日报》（*Investors Business Daily*）等其他机构板块来计算，而基本原理是一样的。其中最显著的特征是，这两种动能指标的运动方向几乎始终相反，这表明它们总是处于板块轮替过程中的相反端。因此，当金融指数之 RS 的动能指标处于底部时，可以考虑买进对利率敏感的板块或其他具有领先特性的板块。反之，当能源指数处于底部而金融指数处于头部时，可以考虑买进对通货膨胀敏感的板块。

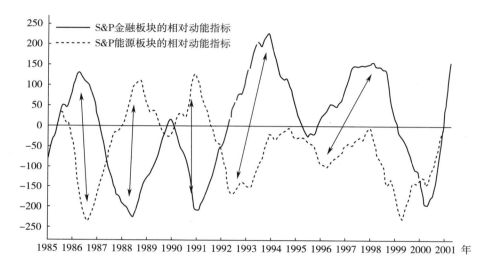

图 8 – 4　金融板块和能源板块（1885—2001 年）

当然，非常重要的一点是，当根据各板块之 RS 的动能指标来进行买卖决策时，必须要配合能源指数与金融指数本身的价格形态。举例说明，如果能源板块的 RS 正处于底部，而黄金之 RS 处于超买区域，并且正到达峰位，此时当然不应该买进黄金股。

图 8 – 5 给出了一个类似的例子，但这次是将金融板块与高科技板块进行比较。有些人会认为高科技板块是一个领先性板块，然而，这张走势图显示出这并非事实，因为当两个指标的走势出现背离时，高科技板块之相对动能指标有滞后的倾向。因此，每种指标在不同的时刻可提供不同的投资机会。

四、领先板块与落后板块之间的比率

大多数人会发现，持续更新通货膨胀/通货紧缩这一比率是相当烦琐的。一个比较简捷的方法是计算 S&P 铝制品指数（落后板块）与银行指数（领先板块）之间的比率（见图 8 – 6）。这一比率的走势与通货膨胀/通货紧缩比率的走

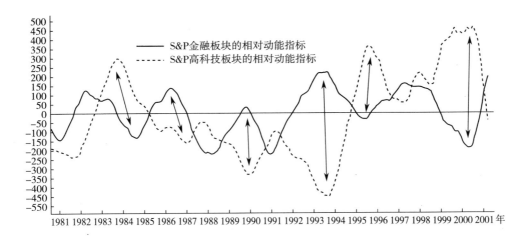

图 8 - 5　金融板块与高科技板块

势并不完全相同，但大体上经历了相同的通货膨胀、通货紧缩波动。在大部分时间里，它与图 8 - 6 中用粗线所代表的 CRB 原材料现货指数走势相类似。图 8 - 6 的下方列出了这一关系的 KST 线。

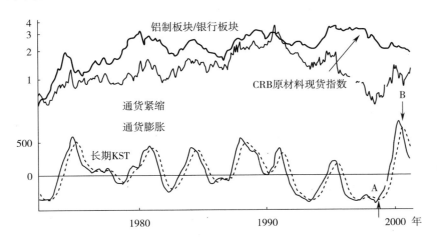

图 8 - 6　银行板块与铝制品板块联动

　　当然也可以用不同的平滑动能指标，如价格振荡指标、MACD、随机指标等来进行替换。移动平均线与 KST 线的交叉穿越可代表主要的板块轮替正在发生的信号。举例来说，图 8 - 6 中的两个此类信号（即 1998 年的 A 点与 2000 年的 B 点），就分别表示向通货膨胀和通货紧缩的反转。

　　图 8 - 7 列出了 S&P 石油与天然气板块的走势，从中可清楚地看到，该板块

在 1998 年底发出了通货膨胀时期的强劲反弹信号。能源板块整体在通货紧缩时期处于强势，导致所发出的通货紧缩信号并不是太及时。这也表明，某一特定行业的基本面有时会扭曲其各个板块在经济周期中的正常表现。这也意味着，不能盲目依赖可反映板块轮替的某一比率，而应该在作任何决策之前，仔细地分析各个行业板块的技术特征。

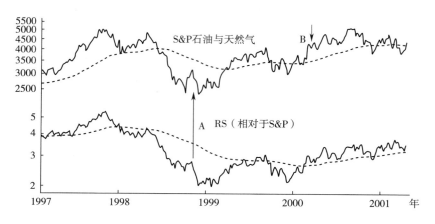

图 8-7 石油与天然气板块

图 8-8 列出同一时期内烟草这一领先板块的走势。这里的两个信号都非常及时。

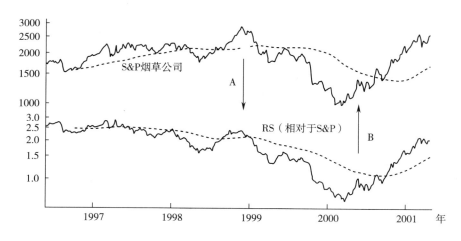

图 8-8 烟草行业指数与标普指数

表 8-1 给出了一个经济周期中各行业板块的大致分类。需要记住的一点是，并非所有的板块都恰好落到这些类别中。

表 8 - 1　　　　　　　　　　行业板块分类

领先板块（以流动性为特性）	同步板块
公用事业	零售
电力	制造
电话	医疗
天然气	**耐用消费品**
金融	汽车及其部件
证券经纪	家具与家用电器
银行	建筑材料
保险	家属和玻璃容器
储贷机构	休闲和娱乐
房地产投资信托公司	旅馆
住宅建筑公司	废物处理
包装业	**落后板块（以利润为特征）**
非耐用消费品	采矿
饮料	石油
日用品	煤炭
烟草	天然气
人身护理	**基础工业**
食物	纸张
饭店	化学
鞋业	钢铁
纺织品	重型机械
运输	**高科技**
航空客运	计算机制造
卡车	电子
铁路	半导体
航空货运	

● 股票市场的周期呈现出明显的行业板块轮替特征，这是由于经济周期的时间发展顺序所导致。对利率敏感的板块倾向于领先大盘，而由于资本支出或商品价格通胀而带来利润提升的板块通常却落后于大盘。

● 在某些情况下，某个行业的基本面如果发生重大的变化，可能导致该行业中某个板块在某一特定周期中出现异于寻常的强劲或疲软表现。因此，在分析板块轮替过程时，应该以多个行业板块为基准，而不是仅仅拘泥于某一个板块。

- 了解板块轮替的周期，不仅可以帮助我们判断主要趋势的发展程度，而且还有助于股票的选取。

第三节 中国股市板块轮替

一、我国以往股市板块走势的回顾分析

2002 年底以来，随着股价结构性调整的进一步深化，中低价股板块会受到投资者的青睐，行情处于持续看涨。受价值投资理念影响，绩优板块、大盘板块也出现较大的上升势头。2005 年，国家宏观调控继续进行，而询价发行方式的试行，使新股发行价明显降低，使投资者认购新股的成本也相应降低，从而为以后股价的升值留下空间。经过 2005 年股市进一步的探索、改革和创新，以及"国九条"等政策的进一步贯彻落实，中国证券市场迎来了 2006 年、2007 年的大牛市行情，在这一波大牛市行情中，以国字头的金融企业，以及能源、汽车等相关板块的带动下，深沪两市都迎来了历史的高点。但是 2008 年以来，受国际金融危机的影响，我国上市公司股价大幅下跌，很多公司股价都达到了历史低点。随后又触底反弹，很多公司股价其实已经回到了历史高点，主要集中在中小盘股以及能源、医药等市场热点板块。

一般来说，在经济复苏阶段，表现较好的是能源、金融、消费；表现较差的是信息技术、医疗保健、公用事业。在扩张阶段，表现较好的是能源、材料、金融；表现较差的是信息技术、公用事业、电信服务。在滞胀阶段，表现较好的是电信服务、日常消费、医疗保健；表现较差的是信息技术、能源、金融。而在收缩阶段，表现较好的是医疗保健、公用事业、日常消费；表现较差的是能源、金融、材料。

二、板块波动研究

柳燕燕、李兴平（2013）选取了 22 个行业指数——采掘指数、传播指数、地产指数、电子指数、纺织指数、服务指数、机械指数、金融指数、金属指数、建筑指数、木材指数、农林指数、批零指数、石化指数、水电指数、食品指数、医药指数、运输指数、造纸指数、制造指数、IT 指数和综企指数以及沪深 300

指数的周收盘价（选取周数据主要是为了发现月数据不能发现月内联动的规律以及减少日数据容易受到噪音交易导致的偶然性联动的影响），数据时间跨度为2005年5月13日到2012年9月28日，得到样本375个/组。同时，为了更有针对性地分析不同阶段的行业板块间波动的特征，将数据进行分阶段研究，划分为三个阶段。阶段一，2005年5月13日到2007年10月19日（急剧上升牛市阶段，上证指数从1107.63点上升到5818.05点）；阶段二，2007年10月26日到2008年11月7日（大幅下降熊市阶段，上证指数从5589.63点下降到1747.71点）；阶段三，2008年11月14日到2012年9月28日（恢复平稳阶段，上证指数从1986.44点波动到2086.17点）。研究发现：

1. 发现沪深300指数与各行业指数间呈现出极高的正相关性，表明大盘波动是由于各行业指数的波动而波动的，无论是在牛市还是在熊市阶段，各板块间呈现出一荣俱荣、一损俱损的特点。

2. 从阶段三分析看到，在此阶段中，各行业指数与沪深300指数间的相关性不是很高，行业指数间也表现出低相关特点，表示在股市平稳恢复阶段，各板块间的关联程度没有牛市或熊市高。阶段三（恢复阶段）的格兰杰因果分析中指出，影响股市波动程度大的主要板块是纺织板块、金融板块、石化板块、食品板块、医药板块、运输板块、传播板块、电子板块和制造板块。这些板块的波动在很大程度上形成了大盘的波动状态。行业间的轮动情况比较复杂，波动相互影响的板块数量大，呈现出一片互为格兰杰因果的行业板块。金融板块是多数板块的影响因子，同时，建筑板块、传播板块、服务板块、石化板块、水电板块、运输板块和制造板块与金融板块表现出互为因果的关系，即波动互相影响。同时，在此阶段，农林板块、石化板块、IT板块、食品板块与机械板块互为因果，综企板块与批零板块、IT板块、农林板块、运输板块、医药板块、纺织板块呈现出互相影响的状态。

3. 对阶段一进行格兰杰因果检验，发现行业上下游的行业板块间有波动影响。水电行业板块、运输行业板块和制造行业板块均为建筑行业板块的格兰杰原因，表明水电、运输和制造行业板块引起了建筑板块的变动，建筑行业板块出现最高点时间为2007年10月12日，均在三个行业板块时间之后，从数据中进一步得到该结果的证实。同时，该阶段中对大盘波动有深刻影响的行业板块有电子板块、金融板块、石化板块、水电板块和制造板块。这些关乎人民生活和经济命脉的行业，成了在这个阶段影响大盘波动的很重要的因素。

4. 对阶段二即熊市阶段进行格兰杰因果分析，我们可以看到，金融板块依然是引起各大行业板块和大盘的主导因素。对大盘波动影响最大的行业板块分别为石化板块、批零板块和金融板块，这表明重要领域的行业对股市的整体波动有显著的影响力。而行业板块间影响较大的表现主要在如下方面：各行业板块都是地产板块的格兰杰原因，即它们的变动都能引起地产板块的变动，这可从各板块出现最低点的时间比地产板块出现低点的时间要早可以验证；传播板块的格兰杰因子主要有 IT 板块、制造板块、医药板块、金融板块和石化板块，在数据中可以找到这些板块对于传播板块影响的证明，即它们出现极值的时间都早于传播板块；影响建筑板块波动的主要因素是采掘指数。

5. 从整个三阶段的分析中可以看到，一个行业的变动往往会引起其他行业间的变动，比如金融行业板块。金融行业板块是其他各板块的格兰杰因果检验，这表明了金融行业板块的变动会引起其他板块的变动。并且，行业上下游间的板块间波动影响也表现出格兰杰因果关系，以及行业与行业间的相互交叉关系和企业的多元化经营等都使得行业板块间具有格兰杰因果关系。

练习题

1. 什么是"板块"？你认为哪些股票属于通货膨胀板块？
2. 哪些板块属于通货紧缩板块，它有什么特征？
3. 谈谈美国的板块轮替，哪些板块是在一轮行情中的初期上涨的板块？
4. 根据本书中的研究，哪些板块在一轮行情中最后上涨？
5. 谈谈我国的板块轮替现象。

第九章　股市周期

第一节　经济学中的周期

经济周期（Business cycle）又称商业周期。经济周期一般是指经济活动沿着经济发展的总体趋势所经历的有规律的扩张和收缩，是国民总产出、总收入和总就业的波动，是国民收入或总体经济活动扩张与紧缩的交替或周期性波动变化。经济周期分为繁荣、衰退、萧条和复苏四个阶段，表现在图形上叫衰退、谷底、扩张和顶峰，这也是现在普遍使用的名称。经济周期的特点是国民总产出、总收入、总就业量的波动，它以大多数经济部门的扩张与收缩为标志。

将时间作为独立的变量来加以考察是一种复杂的过程，这是因为价格会呈现出周期性的波动。周期的长短可以从数天一直到数十年，它可以分为大周期和小周期，在任何一个时间段内，都有数个周期。如图9-1所示，熊彼特的19世纪经济周期中，有54年左右的大周期即康德拉季耶夫周期，也有4年左右的基钦周期。以图形来表示的周期将会呈现正弦的形状，这些曲线通常以变动率或趋势来表示，在实际应用时往往需要经过对历史数据的进一步的平滑处理以消除不规则波动而得到的周期。

一、前凯恩斯时代的经济周期思想

凯恩斯经济周期理论提出之前，对经济周期的研究有影响的理论主要有魏克赛尔的累积过程理论、熊彼特的非常信用理论和霍曲莱的纯货币商业循环理论。

1. 魏克赛尔的累积过程论。在魏克赛尔之前，古典经济学遵循的是"萨伊定律"，即认为货币只起瞬间的交易媒介作用，整体经济被割裂为实际与货币两方面，经济理论与货币理论也是分开研究的。魏克赛尔认为，货币经济是异于

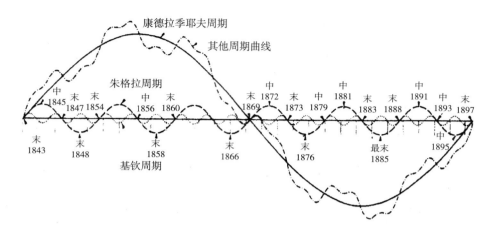

图9-1　熊彼特（Schumpeter）的19世纪经济周期与其他周期示意图

实物经济的。在货币经济中，货币绝不只是商品交易的媒介，它将通过实现价值储藏、媒介资本转移等职能对实物经济产生重大影响。因此，若货币使用得当，可对经济产生积极作用，能维持经济均衡，促进经济增长；反之，若货币使用不当，也可对经济产生消极作用，导致经济周期变动。魏克赛尔把利率区分为货币利率和自然利率。如果货币利率与自然利率一致，货币经济与实物经济一样，在这种经济中，借贷资本的供给与需求正好平衡，即投资和储蓄正好相等。于是，一般物价水平既不上升，也不下跌，企业家们的生产规模也将既不扩张，也不收缩，整个经济将在原有的轨道上均衡地、周而复始地运行。但实际上，货币利率和自然利率都是可变的，它们的变动方式也是不同的，因此，货币利率并不总是等于自然利率。在魏克赛尔看来，只要货币利率低于自然利率，企业家就有通过银行贷款扩张生产的动力，进而导致一般物价水平的上升。如果货币利率高于自然利率，则企业家们就会缩减生产规模，进而导致经济收缩、物价下跌。魏克赛尔从银行的货币利率和自然利率的关系这一角度阐述了物价上升或下降的累积过程及由此导致经济由繁荣走向萧条、再由萧条走向繁荣这一周期现象的原因。该理论将资本边际利润率和利息率的差异及其相对变动视为宏观经济周期变动的基本决定因素，开创了现代西方国家干预主义经济学的先河，也成为凯恩斯主义经济学的理论渊源之一。

2. 熊彼特的非常信用论。熊彼特将信用区分为"正常信用"和"非常信用"。企业家通过先借入购买力，以此购得商品，再以这些商品作为抵押获得银行信用。这样，信用的供给就先于商品的生产，银行也就创造了没有现存商品作为基础的新购买力。熊彼特指出，"非常信用"的扩张使企业家获得高额利润，进一步刺激其他企业家竞相仿效，从而带动收入再增加、消费再增加、生产再增加的经济繁荣周期；反之，"非常信用"收缩将导致经济萧条。正是这种"非常信用"的扩张与收缩导致经济发展的周期性的波动。

3. 霍曲莱的纯货币商业循环论。霍曲莱把经济周期看作一种纯粹的货币现象，认为其根源在于银行信用的周期性扩张和收缩。当银行增加贷款，消费者收入与支出随之扩大，刺激消费者需求增加，从而导致存货大幅度减少，企业开始扩大生产。当生产活动扩大到生产极限时，通货膨胀的恶性循环便开始了。相反，当银行减少贷款，使消费收入和支出缩小，需求降低，产品存货日渐堆积，又会导致生产活动的减少，进而发展为生产活动累积缩减的恶性循环。正是由于信用有这种内在不稳定的特性，致使信用一经扩张或收缩，总会愈演愈烈甚至走向极端。因此，银行信用不断地由扩张转向收缩，又由收缩转向扩张，导致经济的周期性变化。

二、凯恩斯主义学派的经济周期理论体系

凯恩斯及其后继者对经济周期理论的研究均是以投资分析为中心，从分析投资变动的原因来探讨经济周期形成的原因、过程和影响。该学派中的经济周期理论体系主要由凯恩斯经济周期理论和萨缪尔森及希克斯的乘数—加速数周期模型构成。

1. 凯恩斯经济周期理论在其《就业、利息和货币通论》中提出，经济发展必然会出现一种先向上、后向下、再重新向上的周期性运动，并具有明显的规则性，即经济周期。资本边际效率的循环性变动是形成经济周期性波动的主要原因。在其政策主张中，凯恩斯强调政府干预的作用。该主张客观上可以产生一定的作用，但不能解决根本问题，而且在一定条件下，可能会引发通货膨胀。从分析方法上看，凯恩斯的短期静态和比较静态分析法忽视了经济周期的动态性，需要进行理论补充与扩展，于是出现了乘数—加速数周期模型。

2. 乘数—加速数周期模型。在《乘数分析和加速数原理的相互作用》（1939）一文中，萨缪尔森引入了消费对投资变动的带有时滞结构的"乘数—加速数"线性模型，对凯恩斯理论进行了动态化研究。在该模型中，乘数基于边际消费倾向，加速数基于特定时期的生产技术水平，当有一个初始的外生扰动时，动态系统就会产生持续性的增减周期变动。萨缪尔森用乘数与加速数相互作用的原理，说明了经济系统一个小的因素扰动就会引起一个大的经济周期变动的原因，由此证明了经济周期的变动并非像古典均衡理论认为的那样，只是

经济生活中短期的、可以自我调节的小插曲。此外，希克斯也建立了一个以周期和趋势之间关系为基础的经济稳定与经济增长相互作用模型。在萨缪尔森模型中，自发投资为常数，而在希克斯模型中，自发投资是一外生给定并呈指数增长的增长率，这样，希克斯模型便成为一个增长周期模型。另外，在萨缪尔森模型中，周期变动的扩张阶段和收缩阶段使用的是同一个投资函数，即在周期变动的所有阶段，加速数是恒定的；而在希克斯模型中，扩张阶段和收缩阶段使用的是不同的投资函数，即在周期变动不同阶段，加速数是不同的。希克斯巧妙地把经济增长的长期趋势与经济周期变动组合在一起，揭示了自发投资增长是诱导经济体系重新扩张的重要外在刺激因素，从而进一步论证了凯恩斯关于由政府投资来应对衰退的主张。

三、自由放任主义学派关于经济周期的论说

20 世纪 70 年代初，西方社会经济出现的滞胀问题，以无可辩驳的事实批判了主张国家干预的凯恩斯主义学派。与之对应的，主张自由放任的思想又得以发展，并可分为三个阶段：先是以弗里德曼为首的货币主义，接着是以卢卡斯为代表的理性预期理论，现在是以基德兰德和普雷斯科特为代表的真实经济周期理论。他们是一脉相承的，理论上不断有新的发展和创新，但自由放任的宗旨未变。

1. 货币经济周期理论。凯恩斯理论和更早期的货币理论，一般强调私人经济的不稳定性。货币主义学派把经济周期变动的成因归之于外生的政策冲击，并将货币存量的变化，作为主要的、自发性的、独立性的外生变量，强调货币存量的变化对于经济活动具有重大影响，而经济活动对货币的影响只是第二位的反馈效应。货币的支出量增加有两种效应：一是直接效应，即直接导致人们对非货币资产的购买。二是间接效应，即货币量的增加引起利率下降，刺激人们对耐用消费品的购买，刺激投资者增加资本设备的购买。所以无论是间接效应还是直接效应，货币量的增加都会引起对非货币资产支出的增加，进而导致总需求、价格水平及总产量的增加，经济便进入了繁荣时期。反之，货币量的减少会引起经济萧条。货币主义认为，经济中的周期性变动是由于货币量变动所引起的，而货币量主要由中央银行控制，因此，中央银行对货币量的扩张或收缩引起了经济的周期变动。

2. 理性预期经济周期理论。最初始的理性预期理论假说是约翰·穆斯 1961 年在一篇题为《理性预期和价格变动理论》的文章中提出的。卢卡斯对理性预

期假说进行了深化，卢卡斯认为，价格的波动和货币总量的波动发生在产量的波动前，经济周期性波动应该主要从价格的波动和货币量的波动方面去寻找原因。价格的波动分为两种类型：一种是一般物价水平的变动；另一种是相对价格的变化。一般物价水平的变化最终是由货币总量的变化引起的，而相对价格的变化则是由生产技术条件和消费者偏好的变化引起的。假设政府在人们没有预期到的情况下突然增加货币供应量，一般物价水平将会随之上升，这时生产者可能会把一部分未预期到的一般物价水平上升误认为是他们所生产的产品的相对价格的上升，于是就增加投资，扩大生产规模，使经济进入繁荣时期。但是到了某一时期，一旦生产者掌握了更充分的信息，意识到自己预期的错误时，他就会立刻加以纠正，并重新调整生产决策，减少投资，结果经济由繁荣走向萧条，爆发周期性的经济危机。

3. 实际经济周期理论。实际经济周期学派是 20 世纪 80 年代以来在理性预期学派的基础上产生和发展起来的。实际经济周期理论认为，经济变动的首要原因是实际因素对经济的冲击。所谓实际因素的冲击，既包括来自需求方面的冲击，如个人需求偏好的变化、政府需求的变化等，还包括来自供给方面的冲击，如技术进步带来的生产率变动和生产要素供给的变动等。该理论认为，大多数宏观经济变动主要是由于技术冲击的动态影响所造成的，特别是技术冲击是总产量产生波动的唯一源泉。对于技术等实际因素的强调使人们在宏观经济研究中更加重视对于供给方的考察，有助于更全面地认识宏观经济中的决定力量。但是，实际经济周期理论也存在缺陷，该理论普遍使用了代表性主体分析经济的总量问题。这一过程忽视了宏观经济分析中固有的加总问题，使理论的解释力大打折扣。

四、经济周期与股市周期的关系

股市的运行与宏观的经济运行应当是一致的，经济周期决定股市周期，股市周期的变化反映了经济周期的变动，同时股市的运行状况也会对国民经济的发展产生一定的影响。

1. 经济周期对股市周期的决定作用分析。经济从衰退、萧条、复苏到繁荣的周期性变化是形成股市牛熊市周期性转换的最基本原因，正是从这种意义上讲，股市是国民经济的晴雨表。我们可以从股票市场的两个基本主体——上市公司和投资者的角度对经济周期决定股市周期的机制作一简要的理论分析。对上市公司来说，当宏观经济走出收缩期，开始进入扩张期，即经济从萧条过渡到复苏，进而趋向繁荣的过程中，企业的经营环境逐渐变得宽松，生产资金充足，设备开工率增加，同时，随着社会有效需求逐渐增加，企业产销两旺，产品价格有所回升，企业利润率相应提高。此时，作为行业代表企业的上市公司，在不断转暖的经济形势下取得业绩的大幅增长，而公司的股票价格由于有了较好的业绩支撑而重新被定位，普遍出现趋升的局面。对投资者来说，一方面，宏观经济回暖和向好的局面以及上市公司逐渐好转的经营表现大大提高了投资者对股市投资回报的期望值，增加了投资于股市的信心和兴趣，股市往往在这种强烈的心理预期趋同的作用下，率先发动上涨行情。另一方面，由于企业经营效益提高，人们的收入水平也有所提高，社会资金变得相对充裕。随着大量资金看好股市的发展而涌入股市推动股价进一步上扬，市场出现一轮人气高涨、交投活跃、股指连创新高的牛市行情。反之，当经济周期步入收缩期时，经济由繁荣趋向衰退，上市公司受宏观经济形势的影响，业绩出现滑坡，大多数投资者看空后市，纷纷离场，场内资金减少，出现股票供大于求的不平衡现象。从而引起股市人气低迷、交投清淡、股指连连下挫的熊市行情。经济周期对股市周期的决定作用是内在的、长久的和根本的，但这并不代表两个周期是完全同步的。作为一个相对独立的市场，股市的波动也存在自身的特有规律，在实际运行中，股市周期反映经济周期有着独特的特点，从而造成了股市周期与经济周期不同步，甚至背离的现象。

2. 股市周期对经济周期影响作用分析。经济周期是国民经济发展状况的集中表现，因而股市周期对经济周期的影响作用从根本上来说，是由股票市场在国民经济发展中所起的作用决定的。股票市场作为国民经济的要素市场之一，对宏观经济的作用既有微观的一面，也有宏观的一面。微观方面，股票市场对国民经济的作用主要是通过国民经济的细胞——企业来实现的。第一，股票市场为企业提供了优良的直接融资环境。通过一级市场的发行与上市，企业可以筹集到大量稳定的、低成本的资金，用于企业经营规模的扩大、经营环境的改善以及经营业务的拓展等，从而有利于企业效益的提高。第二，企业通过建立股份制，进入股票市场，客观上导入了高效的经营约束和监督机制，有利于企业的规范持久的发展。企业股票价格的高低代表市场对企业的综合评价，在这些来自企业内部和外部的约束监督下，企业规范经营，并且致力于自身经营业绩的提高以求生存和发展，从而为整个国民经济健康运行打下坚实的基础。第三，发展良好的股票市场是企业重组、并购，进行各种资本运营的大舞台，对促进社会资源的优化配置起着重要的作用。这一点对我国现阶段进行的国企改革和产业结构调整都具有非常现实的意义。宏观方面，通过股票发行的一级市场，可以实施宏观产业政策的导向作用，使主营业务符合产业政策的企业优先上市融资，得以优先发展，从而有助于宏观经济的健康发展。另外，股票市场的发展开辟了新的大众投资渠道，有效地提高了社会资金的运用效率，有利于资金合理流动，社会资源合理配置，而政府还可以通过税收的形式从中获取部分的财政收入。因此，股票市场的周期不仅反映着股票发行与交易活动本身的具体状况和趋势，而且通过股市在国民经济中宏观与微观的作用，间接地影响国家宏观经济形势，最终影响经济周期的运行。我国股市的发展历史很短，几年前，股市市价总值占国民生产总值的比例曾不到7%，随着股市规模的不断扩大，这一比例也在不断上升，1997年底达到25%，因此，股市周期与经济周期的关联程度越来越大，股市周期对经济周期的影响作用也越来越强。从表面上看，股市时涨时跌，呈现出无序化，但是，股市是整个国民经济的一部分，股市的涨跌不可能完全脱离宏观的经济大环境。经济周期决定股市周期，股市的周期变化反映了经济周期的变动。正是从这种意义上讲，股市是国民经济的晴雨表。既然如此，那么为什么在经济发展处于低迷时，股市却可能暴涨，而经济发展向上时，股市却可能暴跌呢？实际上，从长期看，股市周期应当与经济运行的周期是一致的。但是从短期看，由于股市周期在反映经济周期运行时存在一些独特的特点，就造成了股市周期与经济周期的不同步和背离。其一，股市周期反映经济周期变动具有超前性。因为股市的涨跌变化速度较快，而经济发展中的变化是逐步的、渐进的。当经济过热，还未步入低迷时，股市有可能率先下跌。当经济触底还未启动时，股市有可能提前发动行情。例如1993年经济因为过热，于5月份以后出现逆转，而股市在2月就开始大幅下挫。1996年1月，经济触底后开始复苏，而股市在3月初就开始走出了一轮大牛市行情。其二，股市周期反映经济周期变动，具有夸张性。经济周期的好转决定了股市周期的基本趋势，股市由熊市转为牛市。但是股市周期的运行速度一般会极大地超过经济周期运行的速度。股市周期上升的幅度会远远高于经济周期上升的幅度。当二者出现较大背离时，股市周期的运行必然要向经济周期运行合理复归。这种合理复归可以表现为市场自发形成的，也可以表现为政策调控的结果。这就是在宏观经济向好、股市是大牛市时，为什么还会出现股市暴跌的一个重要原因。如果经济周期恶化，股市由牛转熊，股市的周期也会以夸张的方式表现经济周期，但是如果股市下跌过深、背离经济周期运行时，也会产生合理复归，出现熊市中的暴涨。应当指出的是，在我国，股市周期背离经济周期的运行，大幅上涨往往是由于股市中的赚钱效应和巨额游资冲击的结果。而股市周期背离经济周期的运行，大幅下跌往往是因股市中的赔钱效应和巨额游资的撤离而引发的。

第二节　股市周期的划分

一、股市周期概述

1970 年，J. M. 赫斯特发表了《股票交易审时度势的获利秘诀》，这书主要研究股市周期，但是它对周期理论的解释也极为精彩，约翰·墨菲所著的《金融市场技术分析》中引用许多，很值得一读。以下是我们关于周期理论的简要介绍，其中大部分图表引自赫斯特和约翰·墨菲的著作。价格波动的底部称为波谷，顶部称为波峰，周期长度是从波谷到波谷的时间长度。波峰与波谷的距离被称为振幅。

波峰一般形成在牛市行情中，那时投资者已经习惯价格上涨，并将每一波折返都视为暂时性调整。当多头行情最终发生反转，绝大多数投资者仍然没有察觉到情况已发生根本变化，认为这只是暂时性修正，并将空头行情的第一波反弹视为多头行情的延续，最初的反应总是"不愿相信"，这可从以下一些态度看出："股市即将会反弹"或者"这是一家效益不错的公司，我预备长期持有"。随着价格下跌，对市场的乐观气氛也逐渐减退，因为绝大多数投资者不再预期行情将上涨，而是期待着横向的价格走势。最后，投资者看到价格持续下跌，因此变得非常悲观。波谷形成在熊市行情中，此时，经过足够的时间延续与价格下跌，调整过程终于完成，市场已经再度具备条件形成一轮新的做多行情，一个新的周期开始。

首先，让我们来看一看周期的形状，然后，再讨论一下它的三个方面的主要特征。周期的底部称为波谷，顶部为波峰。注意，图 9 - 2 中两个周期长度的测量是从波谷进行的。周期分析者偏好从波谷到波谷测量周期长度。当然，我们也可以从波峰到波峰测量，但是一般认为，峰不如谷那样稳定、可靠。因而通常的做法如本例所示，是沿着周期波动的低点来测量周期长度的。

图 9 - 2 为价格波的两个周期。股票和商品的价格变化就是这种简单的价格波叠加而成的。图 9 - 2 中只是这种价格波的两个周期，这个波本身则向左方和右方无限延伸。在这类波中，一个周期接一周期地重复出现。于是，一旦我们

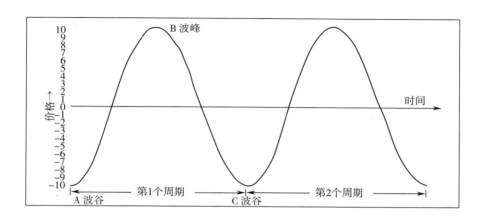

图 9 – 2　股市价格周期

把它鉴别出来，则可以确定在任何过去或未来时刻它的数值。正是波的这一特性为股票价格的变化提供了一定程度的可预测性。

周期具有三方面特征：波幅、周期长度和相位。如图 9 – 3 所示，波幅是波的高度，其单位是美元、美分或点数。周期长度如图 9 – 4 所示，是两谷之间的时间差。在这个例子中，周期（长度）都为 20 天。相位是波谷的时间位置。在图 9 – 5 中，显示了两个波的相位差。因为在市场上往往有好几种周期在同一时间出现，所以相位分析有助于分析者判定周期的波动区间。

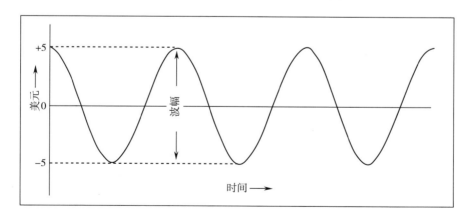

图 9 – 3　波幅和周期

图 9 – 3 中所示的波的幅度为 10 美元，波幅总是由波谷到波峰测得的。

在图 9 – 4 中，周期为 20 天。这是从两个相邻的波谷测得的，从两个相邻的

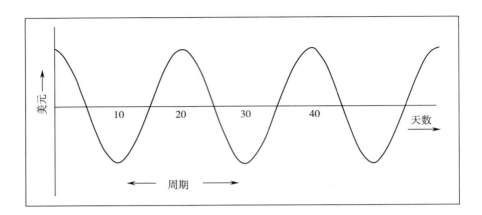

图 9 - 4 20 日周期图

波峰测量也是一样。但是在价格波中，通常波谷界定得更为分明，其原因稍后讨论。因此，价格波的周期常常是从谷到谷测算的。

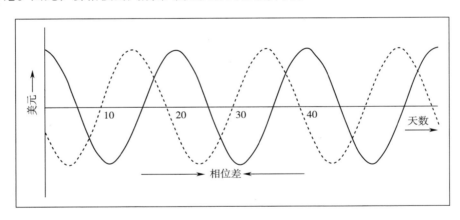

图 9 - 5 两波之间的相位差

　　图 9 - 5 中所示的两波的相位差为 6 天，位差是由两波的波谷测出的。其原因与上例一样，也是因为价格波峰波谷易于界定不同周期长度之间的关系，相位分析也有助于认定下一个波谷出现的日期。例如，如果 20 天的周期在 10 天前出现了波谷，那么下一个波谷的日期就可以确定了。一旦了解了某周期的波幅、周长度和相位，从理论上说，就能够把它推延到未来。假定周期具有好的连续性，我们就可以依之估计未来的峰和谷的情况。这一点正是周期技术的基础。不过，这还是其应用的最简单形式。

二、股市周期原理

现在我们来讨论周期理论的几条基本原理，其中最重要的四条分别是叠加原理、谐波原理、同步原理、比例原理。

叠加原理是指，所有的价格变化均为一切有效周期简单相加的结果。在图9－6中，最上方的价格形态，是通过下面两个周期简单地叠加出来的。请特别注意，在叠加波C波上出现的双重头的形状。周期理论认为，所有的价格形态都是由两个或两个以上不同的周期叠加而成的。后面我们还要再讲到这一点。叠加原理对周期理论的理论基础提出重要的注解。我们假定，所有的价格变化都只是不同周期之和；进一步地，假定我们能够从价格变化中分解出每个周期成分，那么，要把每个周期都简单地向后推延，然后再合成起来，结果就应当是未来的价格趋势了。基本上，这就是周期理论的要诀。

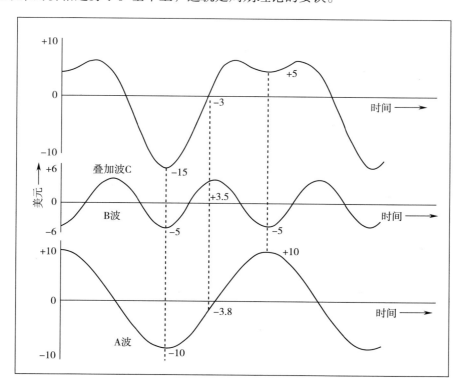

图9－6 周期波的叠加

谐波原理较简单，指相邻的周期长度之间通常存在倍数关系。图9－6两波的叠加，在图中用虚线表示，在每一时刻，叠加波 C 的数值均是由 A 波和 B 波的相应的数值相加而来的。一般为 2 倍或者 1/2 的关系。例如，对一个 20 天的周期来说，下一个较短的周期通常是它的一半，即 10 天；上一个较大的周期通常就是 40 天。

　　同步原理是指一种强烈的倾向性，即不同长度的周期常常在同一时刻达到谷底。图 9－7 试图显示谐波原理和同步原理的情形。图 9－7 中下面的 B 波长度为 A 波的一半。A 波中包含两个 B 波周期，表现出 A、B 两波的谐波关系。请注意，当 A 波到底时，B 波也每每处于波谷，显示了两波之间的同步关系。另外，根据同步原理，不同市场、但长度相近的周期往往也是同时进退的。

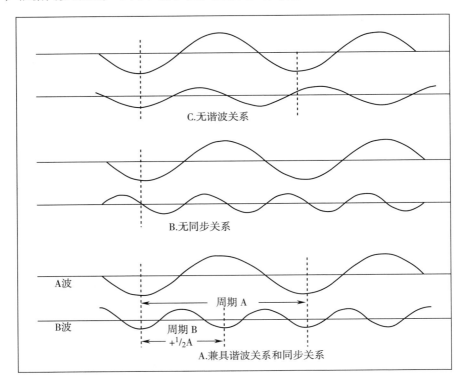

图 9－7　谐波关系和同步关系

　　同时，波幅也应当成比例地变大。比如，40 天周期的波幅，应当差不多是 20 天周期波幅的 2 倍。

三、变通原理和基准原理

另外，还有两个从更一般意义上描绘周期行为的原理——变通原理和基准原理。变通原理恰如名称所示，指上述原理——叠加原理、谐波原理、同步原理、比例原理——都只是市场的强烈的倾向性，而不是严格不变的规则。对于这一事实，其实我们在上面介绍它们时都已经打过招呼了。在实际应用时，情况通常会有所变化。

基准原理认为，尽管各种市场之间均存在一定的差异，并且在我们应用上述周期原理的时候也都容许我们有所变通，但是仍然存在一系列基准的谐波周期，适用于所有市场。这种基准的谐波模型是研究任何市场的起点。表 9 − 1 表示了一个简化的基准模型。其中从 18 年周期开始，逐渐向较短的周期排列，每一次都减短一半。这当中唯一的例外是在从 54 个月到 18 个月的地方，我们选用了前一周期的 1/3，而不是它的一半。

表 9 − 1　　　　　　　　　　简化的基准周期模型

年数	月数	周数	天数
18			
9			
	54		
	18		
		40	
		20	
			80
			40
			20
			10
			5

等我们讨论各个具体期货市场的各种周期的时候，就会看到，这个基准模型包容绝大部分周期。这里我们且看"天数"那一列。注意其中的 40 天、20 天、10 天和 5 天，这些就是最流行的移动平均线的时间跨度。即便是出名的 4 天、9 天和 18 天移动平均技术，也只不过是 5 天、10 天和 20 天的变通形式。许多摆动指数的时间跨度为 5 天、10 天或 20 天。周期规则采用的也是同样的数字，但对应地转换成 2 周、4 周和 8 周了。

股市价格周期是一种可以辨识的、且在特定期间内呈现出某种规律性的价格形态或走势。例如，当某一市场、某只股票或某项指标相当稳定地在每隔 5 周出现一次低点，我们就称其为"5 周周期"。一系列的低点是持续攀升还是下滑对于周期的辨识并不重要。关键在于每隔 5 周就会出现一个可明确辨识的"低点"，每两个低点会被一个高点所分隔，这里的高点称为"周期性高点"。

在图 9 - 4 中，虽然周期的低点大约每隔 20 日会出现一次，但周期高点的位置可能是不断变化的。在某些情况下，周期高点会提早出现，有时会在周期的中点出现；但也可能会延迟出现。一般来说，如果周期高点出现在周期低点发生后不久，表明该周期的上升部分相对疲软，整个周期的力度位于其下降部分。在这种情况下，周期的低点通常会持续下滑。类似地，周期高点也可能延后出现，即发生在周期的中点之后，此时通常代表走势强劲的周期，周期的低点将持续垫高。在任何市场或股票中，都可以同时观察到多个不同的周期，有些周期较长，有些则较短。技术分析师的任务不在于辨识出所有的周期，而在于发现最重要与最可靠的周期。

周期的要点：

● 周期的持续时间越长，价格的波动幅度通常也越大。例如，对于实际交易来说，为期 10 周的周期要比 10 小时的周期有更大的意义。

● 根据以上的第一项原则，周期愈长，其低点的重要性也愈大。

● 大约在相同的时间到达低点的周期数目越多，随后的价格走势就越强劲。

● 在上升趋势中，周期的高点有"向右移动"的趋势，即发生在周期中点之后。在空头行情中情况恰好相反，周期的高点有向左移动的趋势。

● 周期高点的发生也可能呈现出某种规律性。

● 实际发生的周期高点或低点，可能与预计的情况相反。在这种情况下，称该周期发生了"逆转"。

四、股市周期的划分方法

西方学者应用许多数学技术对周期进行辨识。例如，傅立叶（Fourier）分析就可以根据周期持续的时间长度、振幅、相位等特征来识别出各种周期。系统搜索法（Systematic Reconnaissance）是一种用来测试所需要周期的方法，所得到的结果是一张周期图，该图包括各种最重要的周期。虽然这些方法都是有用的，但它们却使不属于科学领域的技术分析看起来更像是一门精确的科学。以上这些方法超过了本书的范围，但有兴趣的读者可以参考相关资料做进一步的研究。本章仅讨论以下三种辨识周期的方法：趋势偏离法、动能法与简单观察法。

1. 趋势偏离法。该方法利用一系列数据点，并将每一个数据点除以相应的移动平均值。换言之，该方法中的数据观察点代表偏离趋势的程度，而移动平均代表趋势。移动平均线是用来反映基本的价格趋势，因此在理想的情况下，应该将其绘制在所考察的时间跨度的中央。这是因为"平均"价格是发生在计算期间的中央，例如，13 周移动平均线就应该绘制在第 7 周处。然而，在分析趋势反转时，如果根据移动平均线的方向变化来判断，时间上往往会落后。基于这个原因，技术分析人员通常都采用移动平均线的穿越信号。由于在辨识周期时使用的多是历史数据，所以这一缺陷并不重要。因此，在趋势偏离法中，数据点所采用的除数应是移动平均的中点。例如，2 月 27 日的价格数据点应当除以在 4 月 18 日所计算的 13 周移动平均线，换言之，就是将移动平均往"过去移动" 7 周。然后，将所得的结果绘制为一个摆荡指标，并借此来辨识周期的高点与低点。这样处理之后，我们就很容易观察这些低点或高点之间是否存在有规律的周期。可采用的方法之一，就是记录所有相邻两个低点或高点之间的时间间隔，从而确定出最为频繁的间隔。移动平均会消除所考察的时间跨度内的所有周期性波动，因此在辨识周期时，必须尝试使用各种不同时间间隔的移动平均，从而识别出尽可能多的周期，并在随后的分析中，选取最为可靠的周期。

2. 动能法。另一种更为简单的辨识方法，是计算价格数据的动能摆荡指标，并采用反复试验的方法来选择一个适当的移动平均对这一指标进行平滑处理。就像趋势偏离法一样，这种方法也可以显示出价格走势的基本韵律。当然，单独使用动能法来辨识周期的效果是十分有限的，但如果与后面将讨论的简单观察法结合起来使用，这一方法就可以用来有效地确认所辨识周期的可靠性。

动能指标所处的位置可以用来预示可能发生的周期逆转，换言之，预期的周期低点有可能是实际发生的周期高点，反之则相反。例如，根据所观察的数据资料，我们可推测出在某一特定时间左右会出现一个周期低点，但结合使用的动能指标当时却正处于超买区域或正从超买区域反转向下，这表明周期可能会发生逆转。走势图 9 – 8 中 S&P 综合指数的走势就是一个很好的范例。在 1987年，正如 55 个月 ROC 所示，9.2 年的周期此时处于周期峰位，而这一年正是应该出现周期低点的年份。

3. 简单观察法。图 9 – 8 列出了费城黄金与白银股票指数的走势。其中，垂直实线代表 82 周的周期低点，垂直虚线则代表为期 126 周的周期高点。ROC 指标的时间量度为41周，相当于82周周期长度的一半。这些周期都不是完美的，但在大部分时间里，它们的确可以解释所考察期内的大多数转折点。这两个周期是利用 MetaStock 软件的周期线工具，通过反复试验得到的。如果你没有类似这样的软件包，而想通过手工方法来完成，那么最简单的方法是直接观察价格走势图，选取两三个看起来似乎等距离的主要低点。然后，根据这个特定的周期向前、向后进行推测，并以铅笔标示其位置。如果这些推测点中相当一部分在实际走势图中处于高点或低点，可以用彩色铅笔对其标示出来。如果部分推测点与实际不符，就应放弃这个周期，开始寻找另一个新的周期。在这些周期低点的推测位置处，如果出现周期高点，也应该视为成功的推测，这是因为周期分析的首要目标是确定潜在的重要转折点。

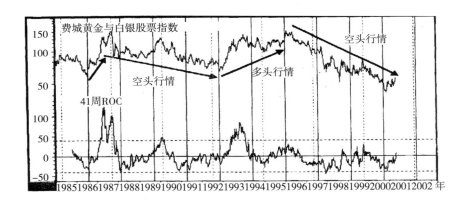

数据来源：Pring.com

图 9 - 8   费城黄金与白银股票指数 41 周 ROC 指标（1985—2001 年）

一旦确定可靠的周期后，分析人员应该找出所有未被该周期解释的重要低点，并尝试寻找另外一个周期来解释这些低点。当我们以第二个周期来解释先前未被解释的低点时，经常可以发现，第二个周期不仅可以解释一些先前未被解释的点，而且也可以解释已经被第一个周期所解释的低点。这一点是非常重要的，因为周期分析的基本原理是：在大约相同的时间达到低点的周期的数目越多，随后的价格走势也越强劲。在推测未来低点时，这种简单观察法必须与其他的技术指标配合使用，如果这些指标也提供了确认信号，那么随后出现大幅上升波浪的可能性将会大大增加。有关简单观察法的下一步骤将在下一节中详加讨论。

4. 结合周期高点与低点进行分析。图 9 - 8 中的垂线为周期高点和低点找到了一个相当可靠的模式。我们从中可发现一个极为重要的原理，即不同转折点的重要性是与主要趋势的方向相联系的。有关这一方面，走势图中的箭头标示出了各种不同的多头与空头行情。请留意，周期高点在空头行情中有着较为重要的影响，例如图 9 - 8 中 1987 年和 1990 年出现的高点。相反地，1986 年和 1992 年底的周期低点出现在多头行情的初期，并比 1997 年和 1999 年的低点有着更为重要的影响，而后两个低点是出现在空头行情中。

结合周期高点与低点进行分析的一个优点在于，该方法可以就一个反弹或修正走势将持续多久这一问题提供一些见解。具体来说，这取决于周期高点与低点的相近程度。例如，1992 年底的低点是紧接着前一个高点而出现的，因此随后的下跌走势持续时间相当短。反之也成立，1989 年底的低点与 1990 年初的高点在时间上非常接近，因此这一例子中的反弹走势持续时间也很短。ROC 指标的位置通常有助于判断一个特定的周期转折点是否真正有效。例如，1987 年、1990 年以及 1999 年底的强势峰位，都出现在 ROC 指标处于或接近于超买状态时。类似地，1986 年和 1988 年的低点出现时，并没有发生适度的超卖状况。

并不是所有的范例都能像图 9 - 8 一样给出相当精确的解释。需要注意的是，不应当强制采用某个周期来进行各种分析。如果一个周期不能自然而和谐地与实际走势相符，要么该周期根本不存在，要么相当不可靠，此时就应该放弃这一周期。无论如何，周期分析在解释上应当与其他技术指标配合使用。

一个完整的股票市场周期包括股票市场的上涨（牛市）和下跌（熊市）两个阶段，这两个阶段的交替循环我们称为股市周期。股市周期的划分有四种方法，即从一个明显的低点到下一个明显的低点可以为一个时间周期；从一个明显高点到下一个明显高点之间也可以为一个时间周期；从一个明显的低点到一个明显的高点同样也是一个时间周期；从一个明显的高点到一个明显的低点也可以称为一个时间周期。但是在四种不同的时间周期中，最流行的观点认为从低点到低点的循环周期为最好的划分方法，并且低点到低点的时间周期比其他三类时间周期判断起来要简单得多。

在时间周期的分析体系上，既有横向时间周期，又有纵向时间周期。横向时间周期是指多个重要变盘点之间的间隔时间是相等的；纵向时间周期是指已有趋势对未来趋势产生重要影响。时间周期不会因突发事件、利好或利空消息的影响而改变其周期运行时间。股市永远处于交替循环运行之中，所以时间上的变盘点，无论是高点还是低点都是相对某个阶段而言的，永远没有绝对的高点或低点。

第三节 股市著名的周期特征

一、康德拉季耶夫周期

康德拉季耶夫（Nikolai Dimitrievich Kondratiev，1892—1941）是国际知名的经济学家，他的声誉主要来自长波理论。所谓"长波"指的是经济成长过程中上升与衰退交替出现的一种周期性波动。由于康德拉季耶夫观察到的周期比人们观察到的另外两种经济波动的周期"尤格拉周期"和"基钦周期"明显要长，所以被叫作长波或者长周期。

1925 年，康德拉季耶夫在美国发表的《经济生活中的长波》一文中首先提出长波。他对英、法、美等资本主义国家 18 世纪末到 20 世纪初 100 多年的批发价格水平、利率、工资、对外贸易等 36 个系列统计项目进行加工分析，认为资本主义的经济发展过程可能存在 3 个长波（如图 9 - 9 所示）：

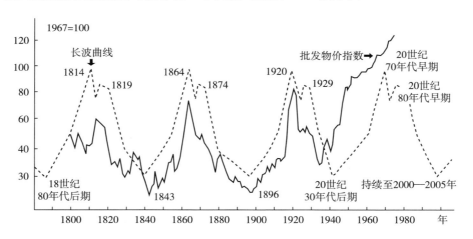

注：图中虚线表示理想的康德拉季耶夫波动周期。

图 9 - 9 康德拉季耶夫波动周期

（1）从 1789 年到 1849 年，上升部分为 25 年，下降部分 35 年，共 60 年。

（2）从 1849 年到 1896 年，上升部分为 24 年，下降部分为 23 年，共 47 年。

（3）从 1896 年起，上升 24 年，1920 年以后是下降趋势。全过程为 140 年，包括了两个半的长周期，显示出经济发展中平均为 50～60 年一个周期的长期波动。康德拉季耶夫认为，生产技术的变革、战争和革命、新市场的开发、金矿的发现、黄金产量和储量的增加等因素都不是导致长波运动的根本原因。例如，新市场的扩大一般不会引起长时期的经济高涨，相反，经济高涨会使扩大新市场成为可能和必要。技术的新发现一般出现在长周期的下降阶段，这些新发现只会在下一个大的上升阶段开始时被大规模地应用。由于长周期的上升阶段在扩大经济实力方面引起高度紧张的局势，因此，它又是挑起战争和革命的主要因素。康德拉季耶夫认为，长波产生的根源是资本主义经济实质固有的那些东西，尤其与资本积累密切相关。

康德拉季耶夫的研究表明，在利率、铜、棉花、小麦以及批发商品价格等市场中，大背景下的经济周期为 54 年，中期的循环为 25～27 年。

二、朱格拉周期

1862 年，法国医生、统计学家克里门特·朱格拉（C. Juglar，1819—1905）在《论法国、英国和美国的商业危机以及发生周期》一书中，首次提出了市场经济存在着 9～10 年的周期波动。这种中等长度的经济周期被后人一般称为"朱格拉周期"，也称"朱格拉"中周期。朱格拉在研究人口、结婚、出生、死亡等统计时开始注意到经济事物存在着有规则的波动现象。他认为，存在着危机或恐慌并不是一种独立的现象，而是社会经济运动三个阶段中的一个，这三个阶段是繁荣、危机与萧条，三个阶段的反复出现就形成了周期现象。他又指出，危机好像疫病一样，是已发达的工商业中的一种社会现象，在某种程度内这种周期波动是可以被预见或采取某种措施缓和的，但并非可以完全抑制的。他认为，政治、战争、农业歉收以及气候恶化等因素并非周期波动的主要根源，它们只能加重经济恶化的趋势。周期波动是经济自动发生的现象，与人民的行为、储蓄习惯以及他们对可利用的资本与信用的运用方式有直接联系。朱格拉周期一般从设备投资占 GDP 的比例看出，对设备投资占 GDP 的名义上的比例，以及两年后的投资收益先行指数（投资收益指总资本付息前利润率，简单地说，就是从企业的收益率减掉有利息负债利息率或金融成本）进行比较，可以看出投资收益的走势预示着设备投资占 GDP 的比例。

图 9－10 显示了 1830—1946 年期间股票价格的 9.2 年周期。其中，虚线部分代表理想的周期，此时股价精确地在预期的时点上发生反转，而实线部分代表每年的实际指数，是以 9 年期移动平均的百分率来表示。

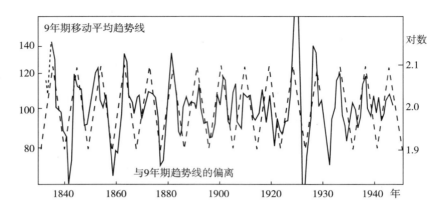

图9-10 美国股票价格的9.2年的周期（1830—1946年）

在1830—1946年期间，这一循环共发生了14次，而根据巴特尔（Bartels）概率测试，发生这一事件的概率不超过1/5000。该周期的重要性还可以从其他一些方面获得验证，例如不相关的生铁价格与树木年轮的宽度，也呈现出这种9.2年的周期。

使用上述方法会面临一个问题，在图9-10中，每年的指数都表示为9年期置中移动平均的百分率，这也就意味着，只有在事实发生的4年之后，才可以知道实际的趋势。因此，在判断这一周期是否继续存在时，在时间上将会有4年的滞后。尽管如此，如果以1965年的理论峰位作为基准，以9.2年为周期向前倒推一直到1919年，可以发现，这一9.2年周期的峰位与股票市场的主要头部相当吻合。表9-2中，道·琼斯工业指数10年的股市周期在过去的120年中股表现很清楚，例如在各周期中指数数值变化第10年的变化率大多为负值也就是处于周期谷底，第5年处于峰顶变化率较大而且均为正值。

表9-2   道·琼斯工业指数10年的股市周期

道·琼斯工业指数年度百分比变化（每个周期中的年份）									
10年期	第1年	第2年	第3年	第4年	第5年	第6年	第7年	第8年	第9年	第10年
1881—1890*	3.0	-2.9	-8.5	-18.8	20.1	12.4	-8.4	4.8	5.5	-14.1
1891—1900	17.6	-6.6	-24.6	-0.6	2.3	-1.7	21.3	22.5	9.2	7.0
1901—1910	-8.7	-0.4	-23.6	41.7	38.2	-1.9	-37.7	46.6	15.0	-18.0
1911—1920	0.5	7.6	-10.3	-5.1	81.7	-4.2	-21.7	10.5	30.5	-32.9
1921—1930	12.7	21.7	-3.3	26.2	30.0	0.3	28.8	48.2	-17.2	-33.8

续表

道·琼斯工业指数年度百分比变化（每个周期中的年份）									
10 年期	第 1 年	第 2 年	第 3 年	第 4 年	第 5 年	第 6 年	第 7 年	第 8 年	第 9 年	第 10 年
1931—1940	-52.7	-23.1	66.7	4.1	38.5	24.8	-32.8	28.1	-2.9	-12.7
1941—1950	-15.4	7.6	13.8	12.1	26.6	-8.1	2.2	-2.1	12.9	17.6
1951—1960	14.4	8.4	-3.8	44.0	20.8	2.3	-12.8	34.0	16.4	-9.3
1961—1970	18.7	-10.8	17.0	14.6	10.9	-18.9	15.2	4.3	-15.2	4.8
1971—1980	6.1	14.6	-16.6	-27.6	38.3	17.9	-17.3	-3.1	4.2	14.9
1981—1990	-9.2	19.6	20.3	-3.7	27.7	22.6	2.3	11.8	27.0	-4.3
1991—2000	20.3	4.1	13.7	2.1	33.5	26.0	22.6	16.1	25.2	
总百分比变化	7%	40%	41%	89%	369%	74%	-38%	222%	111%	-81%
上涨年数	8	7	5	7	12	7	6	10	9	4
下跌年数	4	5	7	5	0	5	6	2	3	7

注：＊基于年度 Cowles 指标，1881—1885 年。

三、基钦周期

"基钦周期"由美国经济学家约瑟夫·基钦（Joseph Kitchin，1861—1932）在 1923 年出版的《经济因素中的周期与倾向》中提出。该理论认为，经济波动有大周期和小周期之分，小周期平均长度为 40 个月，一个大周期通常由两三个小周期构成，这种约 40 个月的周期被称为基钦周期或短周期。

他认为，资本主义的经济周期只有 3～5 年，大周期约包括 2 个或 3 个小周期，小周期平均长度约 40 个月。基钦根据美国和英国 1890 年到 1922 年的利率、物价、生产和就业等统计资料，从厂商生产过多时就会形成存货，从而减少生产的现象出发，把这种 2～4 年的短期调整称为"存货"周期，在 40 个月中出现了有规则的上下波动，发现了这种短周期。经济学家熊彼特把这种短周期作为分析资本主义经济循环的一种方法，并用存货投资的周期变动和创新的小起伏，特别是能很快生产出来的设备的变化来说明基钦周期。他认为，3 个基钦周期构成一个朱格拉周期。18 个基钦周期构成一个康德拉季耶夫周期。马丁·普林（Martin Pring）认为，更精确地说，4 年期周期实际上是 40.68 个月（41 个月）的周期。据观察，自 1871 年以来，股票价格就一直呈现出这种周期。在 1923 年左右，约瑟夫·基钦发现，在美国和英国的银行结算、商品的批发价以及利率中也都存在这种 41 个月的周期。因而，该周期便以他的名字而命名。图 9－11 显示了基钦周期运用到股票市场中的情况。在 1871—1946 年之间，该周期相当一致地出现了 22 次。然而，在 1946 年，犹如爱德华·杜威（Edward R. Dewey）所形容的："像是有一只巨手推了它一把，整个周期摇摆起来，等它恢复平衡再向前前进时，已经完全丧失了多年来一直保持的理想节奏。"

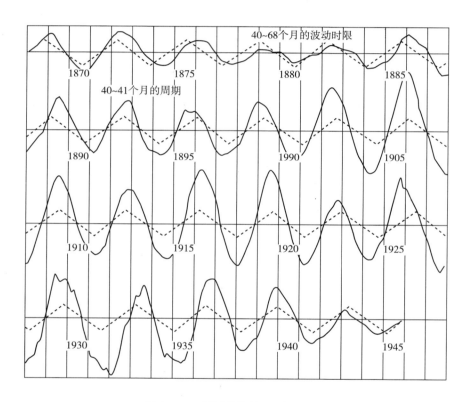

图 9－11　股票价格的 41 个月周期

我们也可以通过观测每 4 年中的主要买入时机来发现这一 4 年期周期，并且通过这种方式可以论证 4 年期周期是所描述过的周期中最为可靠的。随着 20 世纪的到来，基钦周期在 20 世纪 40 年代发生了反转，这一点很好地说明一个长期稳定运行的周期，可能会无缘无故地突然丧失其原有的运行规律。因此，任何技术指标或周期特征，不论在过去运用得如何成功，都不能保证未来也是如此。

四、季节性与月份特征

美国股市显示在一年之内，股票价格呈现出一种明显的季节性模式。股票似乎会在春天上涨，第二季度末下跌，夏天反弹，秋天下跌，年底一般会出现反弹，并持续到来年的 1 月份。如果在 10 月买进股票持有 3~6 个月，获利的机会将会很大。除了气候的季节性变化会影响经济活动与投资者心理之外，金融活动也呈现出季节性模式。例如，7 月与 1 月是分红派息最为密集的月份，年底（圣诞节）是一年中零售业最旺盛的时间。

图 9－12 给出了股票市场在一年中各个月份上涨或下跌的季节性倾向。概率是纳德·戴维斯研究所针对整个 20 世纪的股票市场计算出来的。其中，所有的走势都是相对的，例如处于强劲涨势的某个月份在多头行情中将会变得更为明显，反之则相反。还需要注意的是，这种趋势的走向要比其绝对水平更为重要。

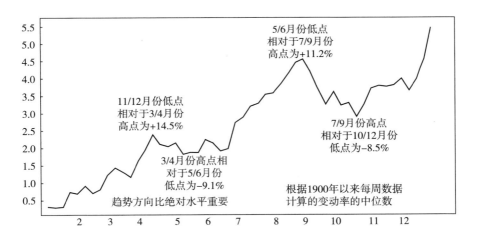

图 9－12 道·琼斯工业平均指数的季节性

一般来说，如果股票市场在 1 月份的前 5 天出现涨势，很可能整个年份也将出现涨势。这一规则在 1950—2000 年期间相当有效，出现例外的有 1994 年、1966 年、1973 年和 1991 年，而后 3 个年份与发生战争有关。在 1900—2000 年间，这个指标很好地预测了整个年份的市场表现，如果股市价格在 1 月份上涨，很大概率整个年份是上涨的，在这个期间，这一规则的准确率达 90%（如表9－3 所示）。

表 9 – 3　　　道·琼斯工业平均指数的月度表现（1900—2000 年）

1 月	2 月	3 月	4 月	5 月	6 月	7 月	8 月	9 月	10 月	11 月	12 月
平均的上涨/下跌											
1.1%	-0.1%	0.7%	1.1%	-0.1%	0.5%	1.4%	1.1%	-1%	0%	0.9%	1.5%
盈利月数所占比例											
64	50	61	55	52	52	61	65	42	55	62	73

资料来源：纳德·戴维斯研究所。

五、其他特殊的日期特征

美国的研究表明，在 1986 年前的 89 年中，每个月最后一个交易日的收益是相当高的。这种情况可能是月底现金流比较高有关，例如，工资的月底发放。同时，在每个月第三个交易日前的 4 个交易日内，股价具有明显的上升。Yale Hirsh 指出，在 1981—2000 年间，这种月底走势从前一个月的最后 4 个交易日一直持续至下一个月的前 5 个交易日。

在美国的股市价格变动研究中，星期一具有微弱的上涨优势，星期四表现最差。对于这种走势，还没有合理的解释。

美国统计显示，假日前的交易日具有明显的上涨，所有假日前交易日的市场表现都胜过平时交易日。

每天之内的走势也呈现一定的规律性，每天收盘前半小时有明显的上涨。

第四节　中国股市周期

我国股市由于起步较晚，发展时间短，由于政策及其相关因素的影响，波动也较成熟股市更频繁。国内的股市研究水平也赶不上发达国家，对市场定性的研究多于定量研究。

一、上证指数的基钦周期

我们以上证综合指数为例，自 1990 年 12 月股市开市以来，至 2017 年 2 月，上证指数也基本符合 4 年左右的基钦周期，最短 37 个月，最长 52 个月就有一次谷底出现（见图 9 – 13）。

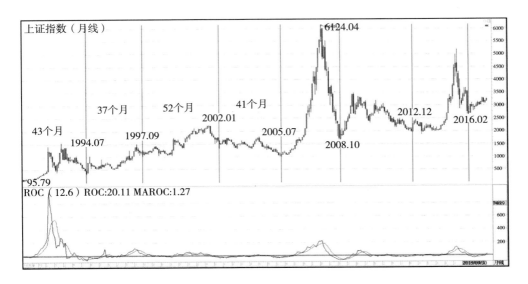

图 9 – 13　上证指数的 4 年左右的基钦周期（1990.12—2017.02）

二、上证指数的年度波动规律

1. 2000—2010 年以来的上证综合指数每年的低点

图 9 – 14　2000—2010 年上证综合指数低点

表 9 – 4　　　　　　　　　　上证指数高低点统计（2000—2016 年）

年份	最高点	时间	最低点	时间
2000	2125.72	11.23	1361.21	1.4
2001	2245.43	6.14	1685.71	10.24
2002	1747.23	6.28	1381.01	1.3
2003	1649.6	4.16	1307.4	11.13
2004	1783.01	4.7	1259.43	9.13
2005	1328.53	2.25	998.23	6.6
2006	2698.9	12.29	1161.91	1.4
2007	6124.04	10.16	2681.33	2.7
2008	5522.78	1.14	1678.96	11.04
2009	3478.01	8.4	1844.07	1.5
2010	3268.81	1.19	2319.74	7.2
2011	3067.46	4.18	2134.02	12.28
2012	2476.22	3.14	1957.88	12.3
2013	2270.27	9.12	1965.36	7.3
2014	3239.36	12.31	1974.38	3.12
2015	5178.19	6.12	2906.49	8.27
2016	3538.69	1.4	2638.3	1.27

2. 上证综合指数的年度波动规律

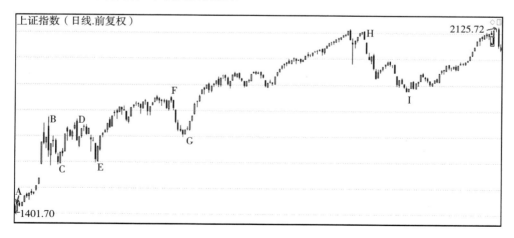

图 9 – 15　2000 年上证综合指数走势

表9-5		上证指数 2000 年的上涨和下跌	
股市上涨期间		股市下跌期间	
A－－－－－B	1/14—2/17	B－－－－－C	2/18—2/23
C－－－－－D	2/24—3/10	D－－－－－E	3/11—3/17
E－－－－－F	3/18—5/8	F－－－－－G	5/8—5/16
G－－－－H	5/16—8/30	H－－－－－I	8/30—9/26
I－－－－－J	9/26—11/24	J－－－－－K	11/24—12/18

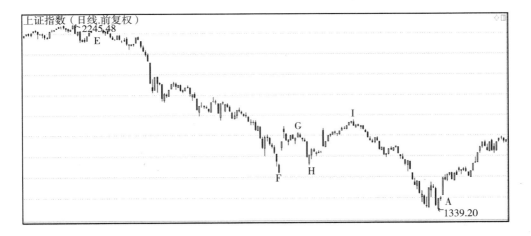

图9-16　2001 年上证综合指数走势

表9-6		上证指数 2001 年的上涨和下跌	
股市上涨期间		股市下跌期间	
K－－－－－－A	12/18—1/11	A－－－－－B	1/12—2/22
B－－－－－C	2/23—4/18	C－－－－－D	4/19—4/26
D－－－－－E	4/27—6/26	E－－－－－F	6/27—10/22
F－－－－－G	10/23—11/1	G－－－－H	11/1—11/8
H－－－－－I	11/8—12/5	I－－－－－A	12/5—1/29

图 9 – 17　2002 年上证综合指数走势

表 9 – 7　　　　　　　上证指数 2002 年的上涨和下跌

股市上涨期间		股市下跌期间	
A － － － － － B	1/29—3/21	B － － － － － C	3/22—4/3
C － － － － － D	4/4—4/11	D － － － － E	4/12—4/25
E － － － － － F	4/26—5/8	F － － － － － G	5/9—6/6
G － － － － H	6/7—7/9	H － － － － － I	7/10—11/27
I － － － － － J	11/27—12/24	J － － － － － A	12/25—1/7

图 9 – 18　2003 年上证综合指数走势

表 9 – 8　　　　　　　　　　　上证指数 2003 年的上涨和下跌

股市上涨期间		股市下跌期间	
A － － － － B	1/7—3/4	B － － － － C	3/5—3/27
C － － － － D	3/28—4/16	D － － － － E	4/17—5/14
E － － － － F	5/15—6/3	F － － － － G	6/4—7/1
G － － － H	7/2—7/17	H － － － － I	7/18—11/13
I － － － － － J	11/14—12/31		

图 9 – 19　2004 年上证综合指数走势

表 9 – 9　　　　　　　　　　　上证指数 2004 年的上涨和下跌

股市上涨期间		股市下跌期间	
A － － － － B	1/4—2/20	B － － － － C	2/21—3/9
C － － － － D	3/10—4/7	D － － － － E	4/8—9/13
E － － － － F	9/14—9/23	F － － － － G	9/24—11/8
G － － － H	11/8—11/22	H － － － － I	11/22—12/31

图 9 - 20　2005 年上证综合指数走势

表 9 - 10　　　　上证指数 2005 年的上涨和下跌

股市上涨期间		股市下跌期间	
		A - - - - - B	1/4—2/1
B - - - - - C	2/2—2/25	C - - - - - D	2/26—3/30
D - - - - - E	3/31—4/13	E - - - - - F	4/14—6/3
F - - - - - G	6/4—6/27	G - - - - H	6/28—7/20
H - - - - - I	7/20—9/19	I - - - - - J	9/20—12/5
J - - - - - 年终	12/5—12/31		

图 9 - 21　2006 年上证综合指数走势

表9－11		上证指数 2006 年的上涨和下跌	
股市上涨期间		股市下跌期间	
A－－－－－B	1/4—6/6	B－－－－－C	6/7—6/15
C－－－－－D	6/16—7/12	D－－－－－E	7/12—8/8
E－－－－－F	8/9—12/29		

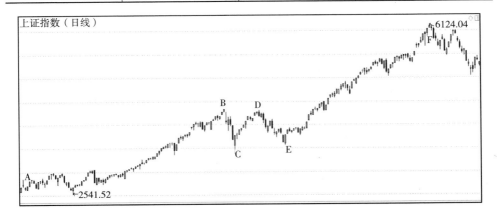

图 9－22　2007 年上证综合指数走势

表9－12		上证指数 2007 年的上涨和下跌	
股市上涨期间		股市下跌期间	
A－－－－－B	1/4—5/29	B－－－－－C	5/29—6/5
C－－－－－D	6/6—6/19	D－－－－－E	6/20—7/5
E－－－－－F	7/6—10/16	F－－－－－G	10/16—12/19

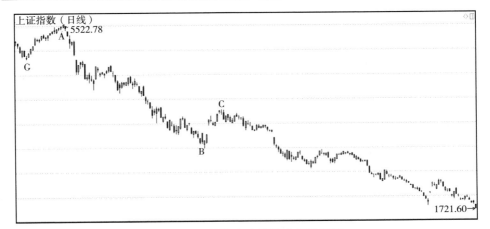

图 9－23　2008 年上证综合指数走势

表 9 – 13   上证指数 2008 年的上涨和下跌

股市上涨期间		股市下跌期间	
G － － － － － A	12/19—1/15	A － － － － B	1/16—4/21
B － － － － C	4/22—5/6	C － － － － D	5/7—10/28
D － － － － E	10/29—12/9	E － － － － 年终	12/9—12/31

图 9 – 24   2009 年上证综合指数走势

表 9 – 14   上证指数 2009 年的上涨和下跌

股市上涨期间		股市下跌期间	
A － － － － B	1/5—2/17	B － － － － C	2/17—3/3
C － － － － D	3/4—8/4	D － － － － E	8/5—8/31
E － － － － F	9/1—9/17	F － － － － G	9/18—9/30
G － － － － H	10/1—12/9	H － － － I	12/10—12/22
I － － － － 年终	12/22—12/31		

表 9 – 15   上证指数 2010 年的上涨和下跌

股市上涨期间		股市下跌期间	
		A － － － － B	1/4—2/2
B － － － － C	2/3—4/15	C － － － － D	4/15—7/2
D － － － － E	7/3—11/11	E － － － － F	11/12—12/29

图 9 – 25 2010 年上证综合指数走势

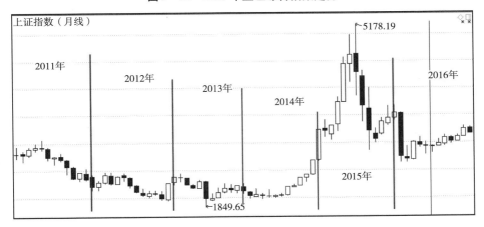

图 9 – 26 2011—2016 年上证综合指数走势

表 9 – 16 上证指数 2011—2016 年的上涨和下跌

2011 年	
股票上涨月份：2、3、6、10	股票下跌月份：1、4、5、7、8、9、11、12
2012 年	
股票上涨月份：1、2、4、9、12	股票下跌月份：3、5、6、7、8、10、11
2013 年	
股票上涨月份：1、2、5、7、8、9、11	股票下跌月份：3、4、6、10、12
2014 年	
股票上涨月份：2、5、7、8、9、10、11、12	股票下跌月份：1、3、4、6
2015 年	
股票上涨月份：2、3、4、5、10、11、12	股票下跌月份：1、6、7、8、9
2016 年	
股票上涨月份：3、7、8、10、11	股票下跌月份：1、2、4、5、6、9、12

从 2000 年到 2016 年的趋势可以看出：在 2007 年之前，股市虽有起伏，但都较为平稳，直至 2005 年出现了最低点之后，股市呈现大牛市，迅猛上升，并于 2007 年达到了最高点，而后 2008 年的国际金融危机又导致股市急速下跌，之后股市回暖在 2015 年到达第二的高点，而 2016 年较 2015 年整体是下跌的，但较之前的 15 年而言，仍是处于一个较高的水平。

从涨跌来看，我国在节假日月份出现上涨的情况较多，尤其是春节 2 月下旬，一般都会呈现上涨趋势，而在 4 月、5 月、6 月一般会下跌，而低点一般分布在 5 ~ 6 月或者 9 月至次年 2 月间。

三、我国股市周期的其他划分

依据对股票市场基本趋势的划分，我们可以定义股市周期是指股票市场长期升市与长期跌市更替出现、不断循环反复的过程，即熊市与牛市不断更替的现象。根据我国股市的实际发展情况，采用修改后的"BB 转折点确认程序"分析方法检测程序来客观地测定中国股票市场的牛市和熊市，找出牛市、熊市的起点和终点。根据我国股票市场的发展条件、政府干预和市场制度变迁，将我国股价波动分为具有明显趋势的 10 个阶段（①1991 年 1 月至 1993 年 4 月；②1993 年 5 月至 1994 年 7 月；③1994 年 8 月至 1998 年 5 月；④1998 年 6 月至 1999 年 2 月；⑤1999 年 3 月至 2001 年 6 月；⑥2001 年 7 月至 2005 年 5 月；⑦2005 年 6 月至 2007 年 10 月；⑧2007 年 11 月至 2008 年 10 月；⑨2008 年 11 月至 2009 年 7 月；⑩2009 年 8 月至 2010 年 6 月），这 10 个阶段股价表现出了明显的上升或下跌趋势（姚少英、刘洪鸣，2011）。

以股市周期为分析的时间阶段，重点对 10 个股市牛熊周期内股价波动和经济波动做 Granger 因果检验，得出的结果是 2004 年以前我国股市与宏观经济状况不存在必然联系，背离情况严重，而 2004 年以后的协整检验结果表明两者开始存在某种必然的联系。Granger 因果检验表明，第八、第九、第十阶段时期股价波动是引起经济景气状况的一个直接原因，其他阶段的检验结果说明两者之间不存在因果关系。这样就从股市分期的角度说明了两者之间的背离性以及近年来股市与宏观经济开始密切相关的趋势。结果发现，近年来尤其是 2004 年以后，股价波动和经济波动之间的关联程度越来越明显。在股市波动和经济周期"谁占主导"的问题上，本文通过分析股市分期的第八、第九、第十个阶段的 Granger 因果检验结果发现，股市波动是引起经济周期的一个直接原因，这一结果与普遍接受的"股市是国民经济的晴雨表"一致。

张天旺、王艳凤（2012）根据易经理论认为，股市时间节律很重要。从股指快速上涨的地方开始，到股指快速下跌的地方结束，共跨越 89 天。根据股市时间节律起点与终点数值的大小比较，时间节律分为上涨的时间节律和下跌的时间节律。上涨的时间节律一般前 55 天呈上涨趋势，涨势持续时间较长，并且在 55 天左右取得该波段内的最高值，而后呈短暂的下跌趋势，在 89 天左右取得相对低点。上涨的时间节律符合"周易"理论中"乾宫"的特征。而下降的股市时间节律一般前 13 ~ 21 天呈现短暂的上涨趋势，并达到该波段内的最高值，而后出现持续的下跌趋势，在 89 天左右取得最低点。下跌的时间节律符合"乾宫"周易理论中"坤宫"的特征。这种理论从其预测来看，效果不理想。

四、我国节假日效应对股市的影响（见表 9 - 17）

表 9 - 17 　　　　　　上证指数 2000—2016 节假日前涨跌

年份	元旦前	春节前	五一前	十一前
2000	0.96%	1.87%	1.63%	1.11%
2001	0.91%	1.10%	0.19%	0.00%
2002	- 0.64%	- 0.58%	0.12%	- 0.38%
2003	- 0.97%	- 0.05%	0.80%	0.87%
2004	- 0.57%	0.88%	1.02%	- 1.64%
2005	- 0.75%	2.15%	- 0.85%	0.01%
2006	4.20%	0.48%	1.66%	0.89%
2007	- 0.89%	0.18%	2.17%	2.64%
2008	- 0.66%	- 1.55%	2.94%	4.82%
2009	0.45%	- 0.71%	0.38%	0.90%
2010	1.76%	1.09%	0.08%	1.72%
2011	1.19%	0.30%	0.85%	- 0.26%
2012	1.61%	1.00%	- 0.35%	1.45%
2013	0.88%	0.57%	- 0.97%	0.68%
2014	2.18%	- 0.82%	0.30%	0.26%
2015	- 0.07%	0.76%	- 0.78%	0.48%
2016	- 0.94%	- 0.63%	- 0.78%	0.21%

采取上证综合指数，如表 9 - 17 数据所示，17 年来，共采取样本 128 个。重大节日前收盘时上涨 43 次，跌 21 次，上涨占 67.12%；节后开盘上涨 37 次，

下跌 27 次，上涨占 57.81%，跌幅最大为 -6.86%；涨幅最大为 9.05%。

上证指数 2000—2016 年节假日前涨跌，元旦前 10 次上涨，7 次下跌；春节前 6 次下跌，11 次上涨；"五一"前 5 次下跌，12 次上涨；国庆前，3 次下跌，14 次上涨；可见，在国庆和"五一"节前，我国股市大概率上涨；春节和元旦也是涨多跌少。

重大节日前后上涨概率大于下跌概率。大跌概率非常之小，节前节后涨跌具有连贯性，节后涨跌幅度更大一些，但节前节后波动幅度较小。节日因素中，春节因素最重要，国庆节因素居次位，元旦因素日渐增强。节假日之所以会对市场造成重要影响，一方面休市期间多为政策敏感阶段，另一方面休假期内也利于人们梳理自己的情绪和投资观念，这些因素都最终会作用到节后的市场中。节日对心理上的作用，首先从投资者角度讲，节日一般都是喜庆的，节日期间如果大跌会造成很多人的心理负担。而大跌之后对投资者造成心理上的阴影，社会弥漫不良情绪。节日对基金行为的影响：基金在节假日时会竭力推销自己的产品，而对于投资者画出的蛋糕越是美妙，上涨幅度越大对人心理上的冲击越大，会造成大量的资金流入，如降低印花税之后，股市大幅上扬，基金销售短时间内转暖既是一例。从监管层角度看，大跌时一些投资者冲动的行为会产生不良的社会影响，不利于社会稳定。

表 9-18　　　　　　　　　证指数 2000—2016 节假日后涨跌

年份	元旦后	春节后	五一后	十一后
2000	1.45%	9.05%	0.02%	0.27%
2001	0.83%	-2.79%	0.89%	-2.17%
2002	-2.10%	1.57%	-0.92%	-1.18%
2003	-2.73%	-1.31%	0.69%	0.33%
2004	-0.43%	1.78%	-2.22%	1.88%
2005	-1.78%	0.78%	-2.44%	-1.44%
2006	1.71%	2.35%	3.95%	1.88%
2007	1.50%	1.40%	2.83%	2.53%
2008	0.21%	-2.37%	4.45%	1.84%
2009	3.29%	1.06%	3.32%	4.76%
2010	-1.02%	-0.49%	-1.23%	3.13%
2011	1.59%	-0.89%	0.71%	-0.61%
2012	-1.37%	-1.47%	1.76%	-0.56%

续表

年份	元旦后	春节后	五一后	十一后
2013	0.35%	−0.45%	−0.17%	1.08%
2014	−0.31%	0.56%	0.05%	0.80%
2015	3.58%	−0.56%	0.87%	2.97%
2016	−6.86%	−0.63%	0.87%	1.45%

　　上证指数 2000—2016 节假日后涨跌，元旦后 9 次上涨，8 次下跌；春节后 9 次下跌，8 次上涨；"五一"后 5 次下跌，12 次上涨；国庆后，5 次下跌，12 次上涨。可见，在国庆和"五一"节后，我国股市大概率上涨；春节和元旦后基本上涨跌持平。

练习题

1. 什么是经济周期？

2. 简述凯恩斯的经济周期和自由放任主义学派的经济周期理论。

3. 什么是波峰和波谷？

4. 什么是谐波？

5. 简述周期波的叠加理论。

6. 简述股市周期的划分方法有哪几种。

7. 简述股市周期的循环阶段。

8. 什么是康德拉季耶夫周期？

9. 什么是朱格拉周期？

10. 什么是基钦周期？

11. 什么是周期的季节特征？

12. 简述 2000 年以来我国的节日效应。

13. 简述我国 2000 年以来股市走势的特点，有哪些新的分析成果？

第十章　自动交易系统

　　股票自动交易是指用计算机代替人进行股票自动买卖的行为，通常也称为程序化交易。用股票自动交易软件可以发挥计算机的长处，避免人的一些情感影响和感性决策，达到知行合一、快速响应和精确决策。进行程序化交易，需要的是对交易策略和影响策略决定的变量进行量化，然后通过历史数据收集分析，模拟盘测试，实际运行。量化是进行程序化交易的重要环节，如果投资策略没有办法进行量化，就不能进行程序化交易。

　　自动交易系统是一个重要的指标过滤器，是通过指标过滤分析，计算机对发出的每一个信号采取行动。如果一套系统是经过慎重考虑设计而成的，它应该具有长期的获利能力。然而，如果不依据其他独立的技术准则，而随意地选择所接收的信号，就可能让情绪因素主宰决策，从而失去了自动交易系统所能带来的主要优点。不幸的是，大多数自动交易系统都是根据历史数据，采用与过去最佳拟合的方式来决定系统的相关参数。这里一项重要的假定就是预期过去的历史会在未来重复发生。然而，这一假定未必能够成立，因为市场情况始终是不断变化的。尽管如此，一套经过周密考虑设计而成的自动交易系统，应当具有相当好的绩效。从这方面来说，系统在设计上不应一味地追求完美的拟合，而应该能够更为精确地反映实际的市场情况。需要谨记的一点是，我们真正关心的是未来的获利能力，而并非完美的历史拟合。如果为了改善拟合结果而设定一些特殊的规则，那么将系统运用于未来时，成功的可能性就会较小。

第一节　自助交易的优缺点

　　人们为何需要计算机自助交易？最主要的原因：首先，人具有贪婪和恐惧的特点。股市是一个让人充满贪婪与恐惧的地方，哪怕最理性的、长期的投资者，都难免在股市的涨跌之中不被情绪所影响，无不充满贪婪之念与恐惧之心。

在股票涨的时候贪婪地希望继续涨，在股票跌的时候恐惧于它继续下跌。在股市大涨到 6000 多点的时候，有的股票 PE 超过了 100 倍，你还相信它会超过 1000 倍，还要购买，这不是贪婪又是什么？当股市跌到现在，很多股票的 PE 只有 10 倍，有的更低，已经算是便宜货了，你仍然觉得它不值钱，还要卖出，这不是恐惧是什么？被贪婪与恐惧的心魔掌控，自动交出理性，变成完全情绪的动物。当股票已经跌到合理价格区间，恐惧像病毒一样传染散布，而发生的大跌，已经不是空杀多，而是多杀多，这时候恐惧就是最大的敌人。没有只涨不跌的股市，也没有只跌不涨的股市，其实知易行难，但是被贪婪与恐惧俘虏的时候，会相信股市会一直涨，涨成黄金世界，也会相信股市会一直跌，跌成世界末日。

其次，人容易犯错，不断犯着原来同样的错误。雨果的《悲惨世界》中写道："尽可能少犯错误，这是人的准则，不犯错误，那是天使的梦想，尘世上的一切都是免不了错误的，错误犹如一种地心吸引力。"王尔德说："经验是每个人给自己所犯的错误取的名字。"约翰·惠勒更是直言不讳："我们所要做的一切，就是尽可能地快点犯完错误。"诗人和物理学家在对待错误的层面上具有惊人的相似性和戏剧效果的巧合，这两句跨越时空的对白几乎说出了所有关于经验和错误的事实。我们从错误中得到经验，而经验促使我们走向成功。人的一生总是在不断地重复犯着同样的错误或者说是类似的错误，错误之后，吃亏了，就对自己说："下次我不会再犯了，不会再那样傻了！"可是一段时日之后，一不小心，又要犯同样或类似的错误。研究表明，影响人的可靠性的一个极为重要的方面是人所承受的压力。压力是人在某种条件刺激物（集体内部或外部的）的作用下，所产生的生理变化和情绪波动，使人在心理上体验到的一种压迫感或威胁感，压力下容易犯错。

最后，人没有办法同时处理很多信息。人通过感觉器官接收外界的信号刺激，这一刺激可能被人感觉到，也可能没有被人感觉到。当这个刺激的强度较小时，尽管在物理上可以测到感觉器官对刺激的某种反应，然而人却并没有感觉到。当刺激强度逐渐增加达到某一界限值时，人便通过感觉器官获得了感觉。这种使人从没有到获得感觉的刺激强度的界限值，称为"刺激阈"。刺激阈是产生感觉的刺激下限，但是，当刺激强度达到人不能承受时，刺激不但无效，而且还会引起相应感觉器官的损伤。这种刺激强度的上限称为刺激极限，也称"痛阈"。在一定条件下，各种感觉器官对其适宜刺激的感受能力都将受到其他刺激的干扰影响而降低，由此使感受性发生变化的现象称为感觉的相互作用。

例如，在同时输入视觉信息时，人往往只倾向于注意其中一个而忽略另一个；如果同时输入两个相等强度的听觉信息，对其中一个信息的辨别能力将降低50%；当视觉信息与听觉信息同时输入时，听觉信息对视觉信息的干扰较大，视觉信息对听觉信息的干扰较小。此外，味觉、嗅觉、平衡觉等都会受其他感觉刺激的影响而发生不同程度的变化。当股市中的大量信息接踵而至时，人工处理往往由于顾此失彼而犯错误。

高智能计算机的诞生克服了人类的缺点。计算机的运算速度指的是单位时间内所能执行指令的条数，一般以每秒能执行多少条指令来描述。早期的计算机由于技术的原因，工作频率较低，像现代的大型计算机运算速度已达到每秒几十亿到数百亿次。例如一个航天遥感活动数据的计算，如果用1000个工程师手工计算需要1000年，而用大型计算机计算则只需1~2分钟。计算机的运算精度取决于采用机器码的字长（二进制码），即我们常说的字长越长，有效位数就越多，精度就越高。我国数学家祖冲之发现了圆周率，以往经过几代科学家长期艰苦的努力只能算到小数点后几百位，如果使用计算机计算，要取得一百万位的结果并不困难。可见计算机计算精度提高了数千倍。如果把决策变量量化之后，用计算机帮助我们决策就能弥补人类决策的很多缺陷。

一、自助交易系统的优点

1. 自动交易系统的一个最大优点，就是计算机将根据系统的指令决定何时以何种价格采取行动，这就消除了人类决策中情绪与偏见的影响。尽管消息面非常糟糕，但系统一旦发出买入信号，系统便会自动进场买入。如果消息面行情涨势似乎持续，永无止境，但系统一旦发出卖出信号，交易者便会自动卖出。

2. 大多数交易者与投资者在市场中遭受损失，这是因为他们缺乏纪律。自动交易系统仅要求一项纪律，即无条件服从系统。

3. 相对于个人进行买卖决策的计算机自动交易系统，只要系统结构足够稳定清晰，自动交易系统将会提供稳定的收益。

4. 在强劲的上涨行情中，自动交易系统会推动利润持续增加；而在空头行情中，该系统会自动止损。

5. 一套精心设计的系统，让交易者或投资者能够掌握每一个重要趋势的方向。

二、自动交易系统的缺点

1. 因为计算机自动系统是用过去的数据资料来预测未来，而未来是经常变化多端的，所以没有任何一套系统总是一直长期有效的。

2. 因为市场特征的变化，有时系统也无法正常有效运作，这种时期可能是相当长的。

3. 在设计自动交易系统时，大多数人都试图获得最佳的拟合，但经验与研究告诉我们，历史的最佳拟合结果通常并不适用于未来。

4. 随机事件很容易将一个设计不当的系统置于危险境地。一个最为典型的例子发生在 1987 年香港的大崩盘期间，当时市场连续休市 7 天，即使系统发生卖出信号，交易者也根本没有机会出场。当然，这是一件极其不寻常的事件，但令人惊讶的是，特殊情况经常会使得最佳的交易规则失效。

5. 大多数成功的自动交易系统，通常都是在牛市或熊市中顺势交易的。然而，市场经常会出现长期的横盘走势，从而致使交易系统难以准确判定，发生持续性亏损。

6. "返回测试"（Back—Testing）的绩效未必能够代表实际的业绩表现。因为市场中实际成交价格未必总是系统所显示的价格，原因可能是缺乏流动性。

第二节　股票自助交易系统的建立规则

一、理想的交易系统应当遵循下面的八项重要规则

1. 自助交易系统设计时，应该给于足够的测试。测试的范围越广，系统的未来绩效就越可靠。

2. 根据对以往数据的验证来评估系统的绩效。首先，根据某一特定时期的数据资料（例如，1996—2006 年期间的上海市场的数据）选取实验对象设计系统。其次，利用 2007—2017 年期间的数据资料来验证该系统，以便确定所设计的系统在随后的时期内是否仍然有效。因此，利用实际的市场数据来对系统进行全面的模拟测试，可避免直接将系统"盲目适用"于未来。

3. 科学界定自助交易系统的交易规则。注意：（1）正确解释某项规则，如果出现模棱两可的规则，将导致该系统的主观性；（2）每一个买入信号都对应着一个卖出信号，反之亦然。例如，如果系统以均线死叉作为卖出信号，而以均线金叉作为买入信号，那么该系统在某一段时期内，可能会有良好的表现，但是并不保证会永远持续有效。同时，在某一涨跌信号发出之后，如均线指标未能进入金叉或死叉状态，则会导致在相当长的时期内未能发出相反信号。

4. 有足够的资本金用来支付最糟糕的情况下的持续亏损。在设计一套系统时，应该确定自己将会遭遇最坏的情况，以便预先准备好充足的资本金。因为值得注意的一点是：最为有利可图的走势，经常会出现在长期的亏损之后。

5. 绝对地遵守系统发出的每一个信号，不要犹豫。如果对自己设计的系统充满信心，就绝对不应该有任何的犹豫。否则，不必要的情绪与不合规则的行为将会干扰决策。

6. 进行分散化投资。如果同时投资于多个不同的市场，所面临的风险就会相对有限。因此，即使某一特定市场较往常出现不利表现，资产组合的整体绩效也不至于非常糟糕。

7. 只在趋势特征明显的市场中进行交易。如图 10－1 显示了郑棉连续 2016年 3 月至 2017 年 3 月的走势图，图中显示在 2016 年 10 月至 2017 年 3 月期间，郑棉出现上下震荡，价格波动幅度不大但呈随机走势，因此很难用自动交易系统；但是在 2016 年 3 月至 7 月郑棉呈现明显地上涨走势，而在 7 月至 9 月又呈明显的下跌走势，这些情景下，应用计算机自助交易系统能够较好地处理。

8. 保持所定义交易规则的简洁。如果设立一些繁杂的交易规则，在对自助交易进行测试时可以提高历史数据的回报率，这对我们是一种诱惑。但是，有的学者认为简单合理的交易规则的设立，在未来的交易中会有更好的表现。

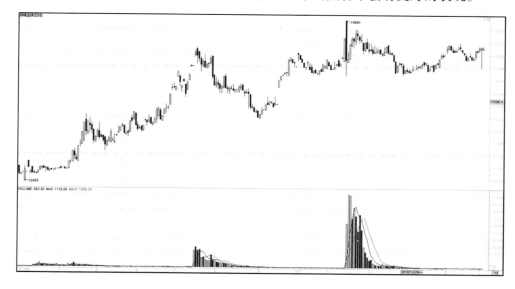

图 10－1　CFL0 郑棉连续（201603—201703）

二、利用均线作为交易规则的讨论

计算机自助交易必须基于一个指标，这个指标必须具有明确的买入和卖出点，买卖点具有一定的正确率。最常用的指标评价就是均线指标，比如指定一条均线，例如 30 日均线，股价站上 30 日均线买入，跌破 30 日均线卖出。这里存在一个问题，就是均线尺度的选择。选择短期均线，指标容易频繁发出交易信号，这些交易信号中存在很多噪音，甚至大部分是亏钱的交易信号，只有少数是赚钱的交易信号，但总体而言，是赚钱的。为了防止错过大的赚钱的交易信号，每次信号都必须响应。均线尺度大的话，发出的交易信号会明显减少，例如，如果选择 60 日均线，由于尺度大，其坏处就是交易迟钝，交易信号很少，有时一年只有 1 次或者 2 年才有 1 次交易信号，这对于人的耐心而言是不能忍受的。

另外一种策略就是选择多条均线，例如基于 5 日、10 日、60 日均线操作；另外比较流行的 135 战法就是基于 13 日、26 日、55 日均线进行操作。多条均线操作的另外一个好处就是可以划分头寸，例如，如果选择 2 条均线作为操盘线的话，可以将头寸划分为两部分，其中指数站上一条均线买入一半，站上另外一条均线买入另一半。这样做的好处是，操作系统照顾到了中线和长线的优缺点，同时具有较多的交易信号，使交易不至于太过枯燥。

当然，也可以选择多条均线，典型的就是 4 条均线，这样可以将头寸划分为四部分，也可以更多，但超过 4 条会有太多的买入和卖出信号，不利于交易。另外，均线系统总是滞后于股价的走势，就是股价突破的时候，往往不会发出买入信号，而卖出的时候也一样，往往略滞后于股价走势。

MACD 线，称为平滑移动平均线，原理是短期均线值减去长期均线值。MACD 线较好地解决了均线系统滞后的弊病，能够较为及时地反映股价走势。但 MACD 指标有一个缺点，就是在指数盘整时期，容易频繁发出交易信号，还有在底部和顶部或者持续上涨或者持续下跌的时候容易钝化。

均线和 MACD 指标都是属于趋势类，指标的分类一般有三类：趋势类、量能类、震动类。趋势类最典型的就是均线和 MACD 线，以及宝塔线。量能类就是成交量均线。震动类典型的有 KDJ，目前国内很多股票做手都以 MACD 和 KDJ 为操盘指标。

第三节　韦尔斯·怀尔德的抛物线和方向性运动系统

J. 韦尔斯·怀尔德在他的《技术型交易系统的新思路》（趋势研究版，1978年）中对韦尔斯·怀尔德的抛物线有详细介绍。在这本书中，包括了怀尔德对另外三种指数的研究——商品选择指数、相对力度指数、摇摆指数的见解。

一、应用 SAR 作为自助交易系统买卖规则

怀尔德的 SAR 系统属于时间、价格反转系统。"SAR"表示"止损并反做"（Stop And Reverse），意思是在执行保护性止损指令的同时，也顺着原头寸的反方向再开新头寸。这也是一种趋势顺应系统。它的名称来自它的外观，当它跟踪市场的时候，其止损点的轨迹与抛物线类似（见图 10 – 2、图 10 – 3、图 10 – 4）。注意，当价格上涨的时候，抛物线系统的点子（即止损并反做点）居于价格下方，也呈升势，但它开头往往步调较慢，然后才跟上趋势的变化。在下降趋势中，道理也一样，而方向相反（点子在价格上方）。系统也可以为用户提供下一天的 SAR 价位。

图 10 – 2　SAR 买卖点

怀尔德为本系统设置了一种加速因子。他把每天的止损点都顺着趋势方向有所升降。在趋势刚萌发的时候，止损点位置的变化相对较慢，从而为新趋势

的巩固留出了时间。之后，随着加速因子的增长，SAR 点位变化的步调也相应加快，直至赶上价格变化的速度为止。如果趋势出了问题，那么结果通常是出现止损并反做的信号。正如图 10 - 2 所示，在趋势环境下，抛物线系统的工作效果奇佳。请注意，在趋势良好的部分，该系统效果优良；而在横向伸展的无趋势阶段，却接连发生拉锯现象。

图 10 - 2 抛物线系统的止损并反做点（SARs）就是图上一串串的点。当行情上方的 SAR 被向上突破时（第一个箭头处），发出买进信号。请注意在市场上涨期间 SARs 是如何逐渐加速上升的，该系统捕获了上升趋势的大部分涨幅。在图 10 - 2 的右上角，市场发生了小幅拉锯现象，后来上升趋势很快就恢复了。该系统在趋势状态下作用良好。

图 10 - 3 南钢股份 SAR 买卖点

图 10 - 3 和图 10 - 2 内容基本相同，揭示了抛物线系统有利和不利的一面，这也是任何趋势追随系统的特点。它们在趋势性阶段起作用（图 10 - 3 左侧和右侧的行情）。但是当市场处于横向波动状态时，它们便毫无用处（图 10 - 3 从 2016 年 8 月到 12 月的行情）。

图 10 - 4 将 SAR 系统应用到月线图上，以追踪主要趋势。在图 10 - 4 中，2012 年初发出卖出信号，后来在 2014 年夏季发出买进信号。除了在 2015 年 4 ~ 8 月间曾经出现一处拉锯现象外，该系统在近 6 年时间内做多和做空，根据图 10 - 4 很好判断。

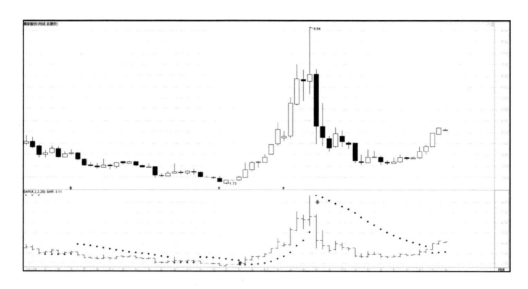

图 10 - 4 南钢股份月线图（2011.12—2017.02）SAR 趋势

利用 SAR 指标作为自助交易系统的买卖规则来决定买卖点，充分显示了大多数趋势顺应系统的长处和短处。这些系统在市场处于强烈的趋势状态时，表现颇佳。但是据怀尔德本人的估计，这样的市场阶段大约只占到市场总时间的30%。如果他的判断合乎实际的话，那么就等于说，趋势顺应系统在其他约70% 的时间内效果不尽如人意。

二、方向性运动指数（DMI）和 ADX

如果选用方法或者采取某种措施，能够预先确定市场是否处于上升或下跌趋势状态的话，问题可能就解决了。这一点正是怀尔德设计方向性运动指数的动机。方向性运动指数标志着每个市场方向性运动（趋势）的多寡，借助它可以比较各个市场的趋势性程度。怀尔德利用 ADX 线，按照从 0 到 100 的读数刻度，把各个市场的方向性运动情况加以评级。如果 ADX 线处于上升状态，就表示该市场的趋势性增强，因而更适合应用趋势顺应系统；处于下跌状态，则意味着市场处于无趋势状态，就不适合采用趋势顺应系统（见图 10 - 5）。

图 10 - 5 的 ADX 线标志着市场方向性运动的程度。当它从 40 以上的水平跌下来时（左侧的箭头），表明市场正进入横向波动状态。当它从 20 以下的水平涨上来时（右侧的箭头），表明市场重新进入趋势状态。

因为 ADX 线的上限和下限为 0 ~ 100，所以采用趋势型 ADX 规则的交易商

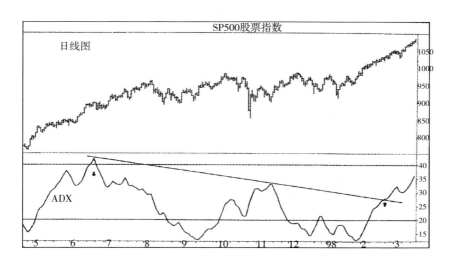

图 10 – 5　趋向指标 ADX 与标普 500 指数（1997.04—1998.03）

只要选择趋势性程度最高的市场就行了。而对于方向性运动水平较低的市场，不妨采用非趋势系统（如摆动指数等）。

　　既可以把方向性运动指数用作一个独立的系统，也可以把它和 SAR 或其余趋势顺应系统的过滤器一块使用。在 DMI 分析中，有两条线，一条是 PDI 或 + DI，另一条是 MDI 或 – DI。前一根线度量市场正向（向上）的运动，后一根线度量市场负向（向下）的运动。图 10 – 6 显示了这样两条线，其中粗黑线表示 + DI，细黑线即 – DI。当 + DI 线（粗黑线）向上穿越一 DI 线（细黑线）时，构成买入信号，而当它向下穿过 – DI 线时，构成卖出信号。

　　图 10 – 6 既显示了 SAR 系统，也显示了方向性运动系统 ADX。SAR 系统更为灵敏，即其信号出现得既及时又频繁。无论如何，如果采用方向性运动指数作为过滤器，只在抛物线信号与方向性运动线的方向一致的情况下，才接受其信号，那么其中几处伪信号就可以避开了。由此看来，我们还是把抛物线同方向性运动系统综合起来使用为好。两者截长补短，相得益彰。

　　趋势性系统的最佳工作时机是在 ADX 线上升的时候（见图 10 – 7 和图 10 – 8）。与之相反，正如前面曾警告的，当 ADX 线从 40 以上的水平开始下降时，正是行情趋势性减弱的初期征兆。如果 ADX 线从 20 以下重返其上，常常是新趋势开始的信号（ADX 线实质上是 + DI 线和 – DI 线之间的距离经平滑后的结果）。

　　图 10 – 6 下半图表示了组成方向性运动指数（DMI）系统的 + DI 线（粗黑线）和 – DI 线（细黑线）。可以采用 DMI 作为抛物线系统（上半图）的过滤

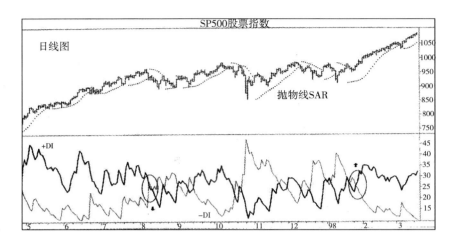

图 10 – 6　SAR 与 ADX 规则的联合使用标普 500 指数（1997.04—1998.03）

器。当 + DI 线位于 – DI 线之上时（如图 10 – 6 最左侧和最右侧），忽略所有的抛物线卖出信号。如此一来，就能避开市场在上涨阶段时出现的几次拉锯现象。

图 10 – 7 为道·琼斯公用事业指数，14 周 ADX 线于 1996 年初见顶回落，其最高水平曾远超过 40。这一回落揭开了之后为期 18 个月横向波动区间的序幕。1997 年夏，ADX 线从 20 以下的水平转而向上，标志着公用事业指数开始进入趋势状态。

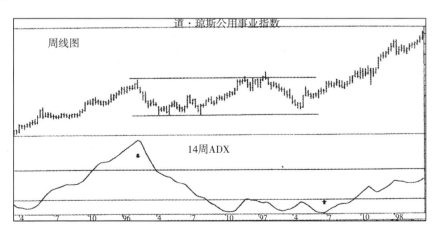

图 10 – 7　ADX 与道·琼斯公用事业指数趋势

图 10 – 8 为美国证券交易所（AMEX）原油行业指数（XOI）月线图，图上叠加了 ADX 线。1990 年，ADX 线在 40 以上的水平见顶回落，原油类股票的上

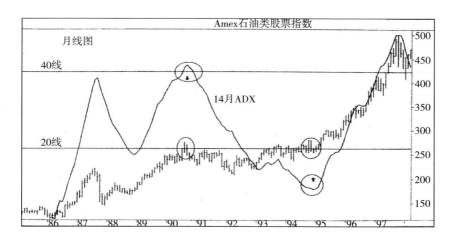

图 10－8　ADX 趋势与美国证券交易所（AMEX）原油行业指数（XOI）月线

涨行情也结束了。1995 年初，ADX 线从 20 以下的水平转而向上，标志着原油类股票 4 年的横向波动区间的终结，正确地揭示了新一轮上升行情的开端。

第四节　三重指标系统

应用多项触发机制设计交易系统时必须遵循一个重要的原则：确保所纳入的指标采用不同的时间跨度。这一点非常重要，因为任一时期的价格都是由许多不同时间周期的相互作用来决定的。当然，我们不可能针对所有指标进行一一详述，但如果能确保各个指标中存在较为合理的时间差，那么至少可以尝试在多个周期内来测试系统。

一、三重指标系统

普林在 20 世纪 70 年代末结合移动均线穿越和两个 ROC 指标发出的信号设计了一套系统。这些指标分别是 10 周简单移动均线、6 周 ROC 指标和 13 周 ROC 指标，可以分为两种类型，即顺势移动均线和两个摆荡指标。这一系统也包含三个不同的时间跨度，其买卖原则非常简单：当价格向上穿越 10 周移动均线，且两个 ROC 指标均位于零线之上时，发出买入信号；当所有三种指标均位于零线之下，即 ROC 指标均位于零线之下、且价格向下穿越移动均线时，则发出卖出信号。信号发出的前提是三项指标全都符合条件，因为我们希望三种时间跨度反映的周期表现完全一致。这套系统最初用于分析趋势较为稳定的英镑/

美元汇率。

我们可以从图 10－9 中观察 10 周简单移动均线穿越在 1974 年年中至 1976 年之间的表现。图 10－9 中用向上箭头标出买入信号，用向下箭头标出卖出信号，总共发出了 13 个看涨和看跌信号，1 美元的初始投资金额带来了 0.19 美元的收益；相比之下，买入—持有策略带来近 0.70 美元的亏损。这一系统的表现相当不错，但请记住 1975—1976 年的大部分时间，英镑都在持续下跌。系统在 1975 年底和 1976 年初发出了一些误导性信号（图 10－9 中用两个椭圆形表示），但结果证明造成的影响较小。

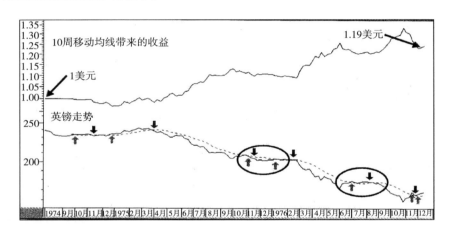

资料来源：Martin Pring，Breaking the Black Box，McGraw—Hill，New York，2002.

图 10－9　英镑走势和 10 周移动均线

接下来要引入 13 周 ROC 指标。当 13 周 ROC 指标向上或向下穿越零线时，分别发出买入和卖出信号。如图 10－10 所示，图中发出 6 个信号，共带来了 0.23 美元的净收益。这一结果超出了移动均线穿越信号，尤其值得一提的是，这一系统发出的信号数量更少，因而发出误导性信号的概率也大大降低。不过即便如此，1976 年还是出现了几个严重的误导性信号。最后，再引入第二个 ROC 指标，以过滤部分误导性信号。我们之所以选择 NROC，主要是因为 6 周的时间跨度基本上是 13 周 ROC 时间跨度的一半。引入 6 周 ROC 后结果有所改善，收益增至 0.24 美元，但交易信号却增加至 12 个。图 10－11 的中间部分绘制了 6 周 ROC 走势。

图 10－11 将三项指标结合到了一起，从中观察结果是否有所改善。从图 10－11 中可见，获利较此前的 6 周 ROC 指标稍有提高，但发出的信号数量却减

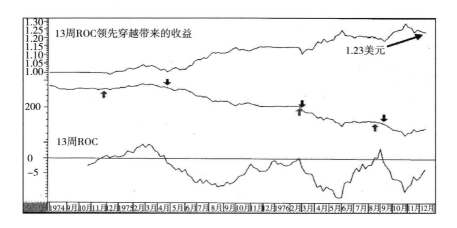

资料来源：Martin Pring，Breaking the Black Box，McGraw. Hill，New York，2002.

图 10 - 10 英镑走势和 13 周 ROC 指标走势

少到 3 个。对图 10 - 11 进行更仔细的观察后会发现，第一个卖出信号在 1974 年 10 月份发出，因 6 周 ROC 指标紧随其他两个指标进入负值区域。随后，13 周 ROC 指标在 12 月份向上穿越零线之后，移动均线也出现穿越。最后，6 周 ROC 指标向上穿越零线，发出买入信号。接着，在 1975 年 4 月份，所有 3 个指标均进入负值区域。移动均线和 6 周 ROC 指标同时向下穿越零线，13 周 ROC 指标紧随其后。此后，到 1976 年底之前，系统一直保持空头行情。1976 年 2 月份，价格向上穿越移动均线，同时 6 周 ROC 指标也向上穿越零线，市场似乎要进入上涨行情。然而，等到一直看跌的 13 周 ROC 指标终于转为看涨时，货币已经跌至移动均线之下，且 6 周 ROC 指标也向下穿越零线。由此看来，三项指标从未保持一致。再如 1976 年 7—8 月，两项 ROC 指标交替发出看跌和看涨信号。这种现象被称为反向复合背离（negative complex divergence）。在这种情况下，3 个指标结合使用能带来极其理想的效果。

二、系统评估

普林在 1981 年出版的 *International Investing Made Easy* 一书中首次介绍了该套系统，当时心中有些犹豫，因为显然无法保证这一方法能持续地带来可观的收益。后来我在 1992 年的第三版中再次对这一系统进行了介绍。他在书中写道："了解这一系统不一定能在未来带来同样可观的回报非常重要。此前提到的英镑的例子应该被视为特例而非一般性规则，但是介绍该系统是为了鼓励投资者进行这方面的尝试。"

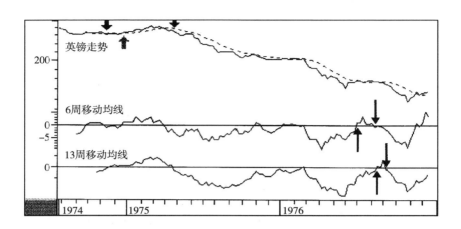

资料来源：Martin Pring，Breaking the Black Box，McGraw. Hill，New York，2002.

图 10 - 11　英镑走势和三种指标

从图 10 - 12 上方的曲线可以看出，该系统在随后的时间内仍然表现很好。"不过，我很庆幸自己曾经发出警告，因为 1993 年之后，系统开始完全失效，这一点从图 10 - 13 中 1993—1998 年不断下降的收益曲线就可见一斑。出现这一现象的原因在于，自 1993 年以来，市场开始区间波动，导致系统发出许多误导性信号，并推动收益从 2.00 美元处开始下降。这表明，即便一个系统在过去 20 年间都表现良好，市场情况也可能而且必定会发生变化，因此我们必须做好应对意外情况的准备。"（M. Pring）但显然，我们往往在事发之后才发现市场环境已经发生变化，那么有没有什么方法能帮助我们避免损失呢？其中一种方法就是绘制收益曲线的长期移动均线或趋势线。

图 10 - 13 中绘制了 300 周简单移动均线。"选用这一均线的原因在于，我认为在考虑放弃一套系统之前，有必要让它经历较长时期的考验。毕竟，英镑交易系统的历史可以追溯到 20 世纪 70 年代初，因此 6 年时间不算太长。请注意，如果收益曲线跌至移动均线下方，表明系统的确存在严重问题，至少应该考虑在短期内放弃该系统。在这种情况下，最好对系统进行再评估，看是否可能加以改善。当然，这并不意味着要通过设定特殊规则避开下跌行情。投资者也可以等到收益曲线再度向上穿越移动均线时再采取行动。"（M. Pring）

三、分散化应用的优点

另一种方法是将同一个系统应用于不同的市场，即分散化应用。同样，我们首先必须确保系统在选用的任何市场都有效。

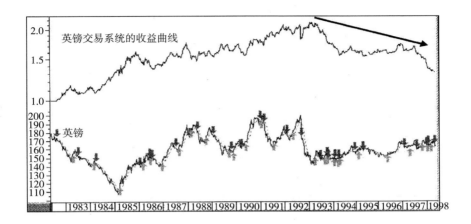

资料来源：Martin Pring，Breaking the Black Box，McGraw. Hill，New York，2002.

图 10 – 12 英镑系统的表现（1983—1998 年）

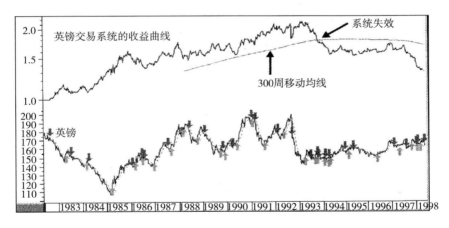

资料来源：Martin Pring，Breaking the Black Box，McGraw. Hill，New York，2002.

图 10 – 13 使用 300 周移动均线的英镑交易系统

图 10 – 14 中将英镑交易系统应用于日经指数的分析。该交易系统带来了非常可观且更为持续的收益。20 世纪 90 年代初期，收益曲线几度下降。其中首次下降出现在 1992 年，当时的降幅超过了 20%，但总体而言，该系统在这 12 年间表现还是非常理想的。这一系统同样适用于个股、标准普尔综合指数、AAA 债券收益率分析。

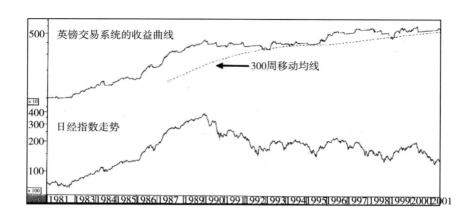

资料来源：Martin Pring, Breaking the Black Box, McGraw. Hill, New York, 2002.

图 10 - 14 英镑交易系统应用于日经指数研究的表现

练习题

1. 什么是自助交易系统？

2. 自助交易系统的优缺点是什么？

3. 简述韦尔斯·怀尔德的抛物线和方向性运动系统。

4. 简述三重指标系统。

第十一章　道氏理论与艾略特波浪理论

第一节　道氏理论

查尔斯·亨利·道（Charles Henry Dow，1851—1902）出生于美国康涅狄格州斯特林，是道琼斯指数的发明者和道氏理论的奠基者，也是纽约道琼斯金融通讯社的创始人、《华尔街日报》的创始人和首位编辑。他是一位经验丰富的新闻记者，早年曾得到萨缪尔·鲍尔斯的指导，后者是斯普林菲尔德《共和党人》杰出的编辑。查尔斯·亨利·道曾经在股票交易所大厅里工作过一段时间，这段经历的到来有些奇怪。爱尔兰人罗伯特·古德鲍蒂（贵格会教徒，华尔街的骄傲）当时从都柏林来到美国，由于纽约股票交易所要求每一位会员都必须是美国公民，查尔斯·道成了他的合伙人。在罗伯特·古德鲍蒂为加入美国国籍而必须等待的时间里，查尔斯·道把持着股票交易所中的席位并在大厅里执行各种指令。当古德鲍蒂成为美国公民以后，道退出了交易所，重新回到他更热爱的报纸事业上。

道氏设立了道·琼斯公司（Dow Jones & Company），出版《华尔街日报》，报道有关金融的消息。1900 年到 1902 年，道氏充任编辑，写了许多社论，讨论股票投机的方法。事实上，他并没有对他的理论作系统的说明，仅在讨论中作片段报道。

查尔斯·道在 1895 年创立了股票市场平均指数——"道琼斯工业指数"。该指数诞生时只包含 11 种股票，其中有 9 家是铁路公司。直到 1897 年，原始的股票指数才衍生为二：一个是工业股票价格指数，由 12 种股票组成；另一个是铁路股票价格指数。到 1928 年工业股指的股票覆盖面扩大到 30 种，1929 年又添加了公用事业股票价格指数。道本人并未利用它们预测股票价格的走势。1902 年他过世以前，虽然仅有五年的资料可供研究，但他的观点在范围与精确性上都有相当的成就。

查尔斯·道的全部作品都发表在《华尔街日报》上。但是已故的 S. A. 纳尔逊在 1902 年末完成并出版了一本毫不伪装的书——《股票投机的基础知识》。这本书早已绝版，却可以在旧书商那里偶尔得以一见。他曾试图说服查尔斯·道来写这本书却没有成功，于是他把自己可以在《华尔街日报》找到的查尔斯·道关于股票投机活动的所有论述都写了进去。在全书的 35 章中有 15 章（第五章到第十九章）是《华尔街日报》的评论文章，有些经过少许删节，内容包括"科学的投机活动""读懂市场的方法""交易的方法"以及"市场的总体趋势"。

1902 年 12 月，查尔斯·道逝世。《华尔街日报》记者将其见解编成《投机初步》一书，从而使道氏理论正式定名。

道氏理论是所有市场技术研究的鼻祖。尽管它经常因为"反应太迟"而受到批评，并且有时还受到那些拒不相信其判定的人士的讥讽（尤其是在熊市的早期），但只要对股市稍有经历的人都对它有所听闻，并受到大多数人的敬重。但人们从未意识到那是完全简单的技术性的，那不是根据什么别的，是股市本身的行为（通常用指数来表达），而不是基本分析人士所依靠的商业统计材料。

道氏理论的形成经历了几十年。1902 年，在查尔斯·道去世以后，威廉姆·皮特·汉密尔顿（William Peter Hamilton）和罗伯特·雷亚（Robert Rhea）继承了道氏理论，并在其后有关股市的评论写作过程中，加以组织与归纳而成为今天我们所见到的理论。他们所著的《股市晴雨表》《道氏理论》成为后人研究道氏理论的经典著作。

一、道氏理论的假设

1. 人为操作（Manipulation）——指数或证券每天、每星期的波动可能受到人为操作，次级折返走势（Secondary Reactions）也可能受到这方面有限的影响，比如常见的调整走势，但主要趋势（Primary Trend）不会受到人为的操作。

2. 市场指数会反映每一条信息。每一位对于金融事务有所了解的市场人士，他所有的希望、失望与知识，都会反映在指数每天的收盘价波动中，因此，市场指数永远会适当地预期未来事件的影响。如果发生火灾、地震、战争等灾难，市场指数也会迅速地加以评估。

3. 道氏理论需要深入研究，寻找客观规律，当主观使用它时，就会不断犯错。成功利用道氏理论协助投机或投资行为，需要客观判断。

二、道氏理论的基本内容

道氏理论认为，市场中包括三种趋势。

1. 主要趋势（Primary Movement）。主要趋势通常分为上涨（多头）或下跌（空头）市场，持续时间为 10 个月至若干年，主要趋势主要分为熊市和牛市两种。

熊市（Primary Bear Market）是一种长期下跌趋势，中间包括多个主要的反弹。在熊市的最初阶段，人们购买股票的愿望开始降低。在第二阶段，经济活动和公司盈利持续下降。最后，当投资者不考虑股票的内在价值抛空股票时（因为沮丧的消息，或者保证金催付通知的清仓压力），空头行情发展到顶点。这些现象象征着空头市场的第三个阶段。

牛市（Rrimary Bull Market）是一种较长时间的上升趋势，中间包含着若干次级折返走势，一般平均持续时间至少为 18 个月。最初，大盘指数已经预先反映最坏的利空消息，投资者对未来的信心开始恢复。在第二个阶段，投资者对经济状况的好转产生反应。在第三个阶段和最后阶段，投资者的信心过度高涨，投机气氛浓厚，股价的上涨通常脱离股票的价值基础。

2. 次级调整走势（Secondary Reaction）。次级调整或中期调整（Intermediate Reaction）定义为："多头市场中一种重要的下跌走势，或空头市场中一种重要的上涨走势。"通常持续 3 周到几个月的时间。雷亚在《道氏理论》中认为，在此期间内，调整走势的回档幅度为前一次次级调整走势后价格主要变动幅度的 33% ~ 66%。普林认为，次级调整走势的持续时间最短应该为 4 周。图 11 - 1 显示了这种关系，其中图 11 - 1 左图为上涨行情，右图为下跌行情。有些情况下，调整走势的回档幅度也会达到前期主要走势幅度的100%，但通常的折返走势回档至前期主要走势的 1/2 ~ 2/3，最为常见的折返幅度为 50%。随后的章节中我们将详细讨论令道氏理论专家最为困惑的问题：怎样才能正确区分新的主要趋势的开始和既有主要趋势的次级折返走势。

3. 短期趋势（Minor Movement）。短期趋势持续的时间为 1 ~ 2 周，最长达到 6 周。短期趋势的重要性在于它是主要趋势或次级趋势的组成部分，对长期投资者来说，它的预测价值不大。我们必须知道，短期趋势在某种程度上会受到人为因素的操纵，但次级趋势和主要趋势则不易被人为操纵。

4. 窄幅盘整。罗伯特·瑞将"窄幅盘整"定义为："一种持续 2 ~ 3 周以上的股价走势，在此期间内两指数在 5% 左右（围绕平均值）范围波动。"如果股

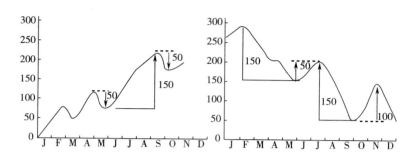

图 11 -1　主要趋势与调整走势

价向上突破窄幅整理区间，表示多头取得优势，则股价将进一步走高，反之则相反。如果窄幅整理发生在主要上升行情的中段，则形成横向的盘整的调整走势。

5. 以价量关系为背景。正常的价量关系是"价涨量增"和"价跌量缩"。如果股价在上涨过程中成交量萎缩，下跌过程中成交量放大，这就意味着目前的趋势可能发生反转。但这种价量关系原则应该仅作为一个参考背景，因为前述两种价格指数最终决定趋势的反转。

6. 价格行为决定趋势。如果一系列涨势的高点不断抬高，回档调整走势的低点也高于前期的低点，表示市场多头走势。反之，一系列的高点和低点不断降低，是空头市场信号。

图 11 - 2 中（1）和（4）显示理论上的多头走势，中间包含着次级折返走势。在图 11 - 2（1）中，指数的走势形成 3 个峰位和谷底，每一波的峰位和谷底都高于前期，但第四波的涨势未能超过第三个峰位。在随后的跌势中，指数跌破前期的低点，在 P 点确认进入空头走势。在图 11 - 2（2）中，紧随着多头走势第三个峰位的下跌走势，指数跌破前一个次级走势的谷底，发出空头市场的信号。在这种情况下，前一个次级走势属于多头行情的一部分，但第三个峰位之后的谷底则属于空头市场，如图 11 - 2（1）所示。对于图 11 - 2（2）中的走势，许多道氏理论专家认为 P 点的向下突破并不一定是进入空头市场的信号，他们倾向于采取较为保守的立场，等待下一波反弹后的下跌走势，在 Q 点跌破前期的低点。

对于例子中的 P 点，我们的判断应该格外谨慎。如果此时成交量形态也显示空头信号，而且行情是刚经历过多头市场中的投机阶段，可以比较容易确定该空头信号是有效的。反之，如果行情缺乏这些特征，我们应该对多头市场的

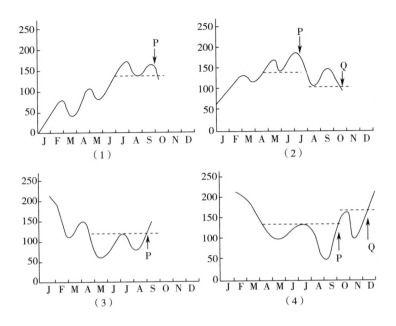

图 11 - 2 主要趋势及其反转

判断有所保留，采取较为保守的态度。请时刻牢记，技术分析是一门基于足够的证据识别趋势反转的艺术。道氏理论只是这些证据的一部分，因此，如果其他四五种指标也都显示趋势反转，通常认为 P 点的半个反转信号是完全的趋势反转。

图 11 - 3（1）和 11 - 3（2）显示了股价在峰位和谷底进行窄幅盘整的状态，我们看到反转如何发生。在这里识别有效的调整走势和新的主要趋势的开始。这是道氏理论中最难以理解的一部分，毫无疑问也是最为重要的一部分。判断的一个基本原则是，次级调整走势的回档幅度至少达到前期主要走势的 1/3，其幅度测算从前期次级走势的末端开始。另外，次级走势的持续时间至少达到 3 ~ 4 周。

另外，还有重要的信号是成交量，以及当时主要趋势的发展状况。如果市场已经进入第三个阶段，在主要的上升波中，充满投机气氛和过高的期望，或在主要的下降波中，充斥着悲观气氛和持续性的卖压，则主要反转的可能性很大。如果市场不是明确地处在第三个阶段，主要反转也有可能发生，但相对而言，这类反转通常都很短暂。另一方面，如果在前期的主要走势中，第三阶段的特征尤为明显，往往可能发生最大幅度的主要反转。因此，美国在 1919 年、

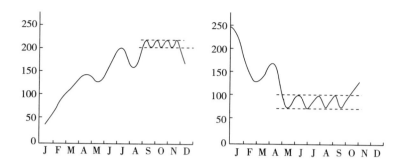

图 11 - 3　窄幅盘整在峰位和谷底

1929 年、1968 年和 2000 年以及我国股市在 2007 年和 2015 年市场充满浓厚的投机气氛时，随后的纳斯达克指数（NASDAQ）都表现为强烈的反转。

7. 指数间的相互确认。道氏理论中，股市的上涨或下跌必须考虑道琼斯工业指数和道琼斯运输指数的波动情况，即指数间应该能够互相确认。两种指数相互确认的原则，在逻辑上是因为如果股票市场是未来经济运行状况的晴雨表，在经济扩张期，投资者应该买进制造业的股票，也应该买进运输业的股票。经济在健康发展阶段，所制造的产品不应该卖不掉，也就是说，应该运输到市场中销售。图 11 - 4（1）和图 11 - 4（2）显示指数相互确认的情形。

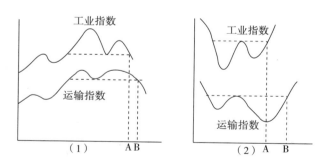

图 11 - 4　道氏理论的两种指数

在图 11 - 4（1）中，道琼斯工业指数在 A 点首先发出空头趋势的信号，但直到道琼斯运输指数在 B 点确认后，市场才真正进入空头市场。图 11 - 4（2）显示多头市场初期的情形。在经过大幅的下跌之后，工业指数创新低，然后是一波反弹行情，但随后的回档并未跌破前期的低点。

当工业指数在 A 点突破前期反弹的高点时，发出多头信号。同时，运输指数还在创新低。这种情形引发一个问题：哪种指数更为准确地代表当前的趋势？

因为技术分析假定，趋势将持续下去，直到有足够的证据显示趋势反转为止，所以，在这种情形下，运输指数代表真正的趋势。

只有当运输指数在 B 点突破前期次级走势的高点时，两种指数才确认新的多头市场开始，道氏理论发出买入的信号。如果某种指数不支持另一种指数，所发出的信号往往是错误的。

1929—1932 年的空头市场始于 1929 年 9 月，两种指数在 10 月底得到相互确认。在 1930 年 6 月，两种指数都再创新低，反弹之后，8 月又同时回档。随后，工业指数在 9 月超过前期高点。当时，许多观察家认为这是大幅下跌后空头市场结束的信号，铁路指数的确认只是迟早的问题。但事实与他们的结论恰恰相反，工业指数发出了错误的信号，空头市场又持续了两年。道氏理论没有明确指出两种指数相互确认的间隔时间的有效性。一般而言，相互确认的间隔时间越短，随后的走势可能越强劲。例如，在 1929—1932 年的空头市场中，铁路指数仅仅在一天之后就确认工业指数。在 1962 年的空头市场中，两种指数在同一天得到相互确认。

三、道氏理论的局限性

道氏理论的一个主要缺点是，它发出的许多信号都很滞后，买入和卖出信号通常发生在指数到达峰位或谷底之后 20% ~ 25% 的位置。为了及早预测可能的反转，道氏理论专家往往注意观察工业指数的收益率。从历史走势分析，当工业指数的收益率降至 3% 或 3% 以下时，通常表明市场已经处于头部状态。同理，当指数收益率达到 6% 以上时，往往是可靠的市场底部信号。如果指数的收益率达到了上述水平，两种指数却没有相互确认，道氏理论专家也没有必要将它们看做买入或卖出的信号，但可以考虑调整持股的比例。这种操作策略有助于提高道氏理论的投资收益，但并非总能带来高收益。以 1976 年的头部为例，指数收益率一直没有达到 3% ，当两种指数相互确认时，股价已下跌 20% 。另外，在 20 世纪 90 年代末，如果按照 3% 的头部特征，将错失 5 年的多头行情。

许多年以来，对道氏理论的批评始终集中于一个焦点：铁路业经常受到严格的管制（在战争期间），或是运输指数已经不足以反映投资者对未来货物运输的预期。尽管如此，许多研究证明道氏理论的有效性，多年来的实践也说明了这一点。对道氏理论有各种批评很正常，因为如果普遍接受道氏理论，投资者完全机械地判断各种信号，不需要经验的判断，市场会立即反映其买入和卖出信号，这样的话，将无法依据道氏理论获得投资收益。

第二节　艾略特的波浪理论

艾略特（Ralph Nelaon Elliot, 1871—1948）是波浪理论的创始者，他曾经是专业的会计师，专精于餐馆业与铁路业，由于在中年染上重病，在 1927 年退休，长期住在加州休养。就在他休养的康复时期，他发展出自己的股价波浪理论，很显然，艾略特的波浪理论受到道氏理论的影响，且有许多的共同点，道氏理论主要对股市的发展趋势给予了较完美的定性解释，而艾略特则在定量分析上提出了独到的见解。

艾略特的大量股市理论论文主要是在 1939 年发表的，在 1946 年距艾略特去世前两年，艾略特明确地写下了波浪理论专著"Nature's law—the secnt of the universe"。这一书名听来有些夸大。这是因为艾略特自认为他的股市理论是属于大自然法则的一部分，这一法则支配人类所有的活动。

许多从事过波浪理论研究并在实际操作中付诸实施的投资者都会感到波浪理论不易领会，甚至望而生畏。波浪理论的基本原则其实很简单，读者在不久后就会发现波浪理论涵盖的许多要点看起来似曾相识，这是因为波浪理论的许多架构，相当符合道氏理论的原理和传统的图型技术。不过，波浪理论已超越传统的图型分析技术，能够针对市场的波动，提供全盘性的分析角度，得以解释特定的图形形态发展的原因与时机，以及图形本身所代表的意义。波浪理论同时也能够帮助市场分析师找出市场循环周期的所在。

投资者应了解，艾略特的波浪理论包括三个关键部分，第一，为波浪的形态；第二，为浪与浪之间的比例关系；第三，浪间的时间间距。而这三者之间，浪的形态最为重要。

一、波浪理论的基本原理

在波浪理论中，每一笔交易，通过投资者们的交易数据，产生了各种形态。各种形态随着时间而消失，这些数据和其产生的各种形态不断重复出现，所以它们就有了预测的价值。

市场有时会明显反映各种外部条件和事件引起的后果，但在另一些时候它会对这些条件和事件无动于衷。原因在于，市场有其自身的规律，它不会被人们在日常生活经验中习以为常的线性因果关系所驱动。市场的轨迹不单纯是消息的产物，也不像某些人宣称的那样是有节奏的机器。市场的运动反映了各种形态的重复，这种重复与假定的因果关系事件无关，有时甚至也独立于周期之外。

波浪理论认为市场的前进是波浪推进的，各个波浪是有方向运动的模式。更确切地说，每一个波浪都是一种自然发生的模式。

1. 八浪模式。在金融市场中，从长期来看，市场价格无非存在两种形态，即上升或者下降模式。但是，根据艾略特的认识，他认为价格前进最终采取一种特定结构的八浪形态（如图 11-5 所示），上升模式可以分为五个步骤，下跌模式分为三个步骤。

上升浪中的三个浪，分别标示为 1、3 和 5，影响整个上升运动。而它们又被两个逆势的调整所分割，标示为 2 和 4；下跌模式有三个浪，我们分别用 A、B 和 C 标注，其中，B 为下跌的逆势运动，如图 11-5 所示。在上升或是下跌模式中，对于将要发生的整个有向运动，这些逆势调整显然是必不可少的。这是不可否认的事实。

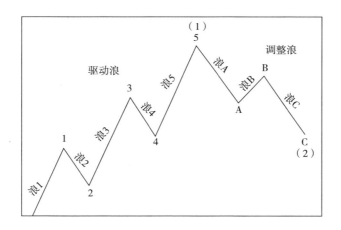

图 11-5　艾略特的八浪结构

在任何时候，市场都能被识别为处于最大浪级（Degree）上升趋势的基本五浪模式中的某个位置或者处于下跌模式中的三个位置。因此，一个包含八个浪的完整循环由两个截然不同的阶段组成：五浪驱动阶段（也称作"五浪"），其子浪（Subwave）用数字标示；三浪调整阶段（也称作"三浪"），其子浪用字母标示。就像图 11-5 中浪 2 调整了浪 1 那样，图 11-5 中的波浪序列 A、B、C 调整了波浪序列 1、2、3、4、5。

2. 上升浪的发展方式。有两种波浪发展方式：驱动的（Motive）和调整的（Corrective）。驱动浪有一个五浪结构，调整浪有一个三浪结构或其变体。图

11-2 中的五浪模式及同向上的各个分量（Component），也就是浪 1、3 和 5，都采用驱动方式。它们的结构被称为"驱动的"，是因为它们有力地推进着市场。所有逆势的休整期均采用调整方式，这包括图 11-6 中的浪 2 和浪 4。它们的结构被称为"调整的"，是因为每一浪都作为一种对前面的驱动浪的反应出现，但仅完成部分回撤，或称"调整"。因此，正如本章将详细论述的那样，无论在它们的角色上还是在其结构上，这两种方式完全不同。艾略特记录了五浪形态的三个永恒之处。它们是：浪 2 永远不会运动得超过浪 1 的起点；浪 3 永远不是最短的一浪；浪 4 永远不会进入浪 1 的价格领地。

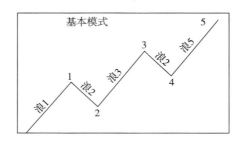

图 11-6　上升 5 浪

3. 循环结构。如图 11-5 所示的最初八浪循环结束的时候，一个相似的循环会接着发生，这个循环后面又跟着另一个五浪运动。这种完整的发展产生了一个比组成它的各浪大一浪级（也即相对规模）的五浪模式。结果是到达图11-7 中标示着（5）的顶点。然后，这个浪级更大的五浪模式又被相同浪级的三浪模式所调整，完成一个更大浪级的完整循环，如图 11-7 所示。

正如图 11-7 说明的那样，一个较大层级的驱动浪（1）中的每个同向小浪（也就是浪 1、3 和 5）以一个完整循环中的每个完全循环 8 浪中的分浪（也就是浪 1+2 或浪 3+4）显示出来。是其自身的较小版本。图 11-7 不仅表示比图11-5 和图 11-6 更详细的版本，它还更清晰地表示了图 11-5 和图 11-6 的更进一步细分的结果。在图 11-5 和图 11-6 中，每个子浪 1、3 和 5 均是必须再细分成"五浪"的驱动浪，而每个子浪 2、4 均是必须再细分成"三浪"的调整浪。如果在"显微镜"下观察，图 11-5、图 11-6 和图 11-7 中的浪（1）和（2）会呈现与浪①和②相同的形态。无论浪级如何，形态是不变的。根据我们所指的浪级，可用图 11-5、图 11-6 和图 11-7 表示 2 个浪、8 个浪或 34个浪。

4. 浪中有浪。现在观察，在图 11-7 中说明为浪②的调整模式中，指向下

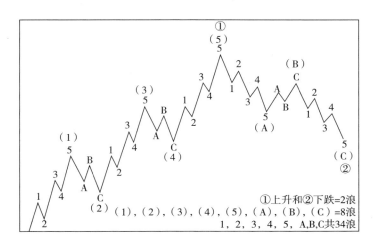

①上升和②下跌=2浪
（1），（2），（3），（4），（5），（A），（B），（C）=8浪
1，2，3，4，5，A,B,C共34浪

图11－7　波浪理论中浪中有浪34浪图

的浪（A）和（C）每个都由5个浪组成：1、2、3、4和5。相似地，指向上的浪（B）由三个浪组成：A、B和C。这种结构揭示了一个要点：驱动浪并不总指向上，而调整浪并不总指向下。波浪的发展方式不是取决于它的绝对方向，而主要取决于它的相对方向。当小一级的波浪与大一级波浪同向运动时，用驱动方式（5浪）划分；当小一级波浪与大一级波浪反向运动时，用调整方式（3浪）划分。浪（A）和浪（C）是驱动浪，它们与浪②同向运动。浪（B）是调整浪，因为它调整了浪（A），并与浪②逆势。总之，波浪理论中的基本内在趋势是，在任何浪级的趋势中，与大一浪级趋势同向的作用以5浪方式发展，而与大一浪级趋势逆向的反作用以3浪方式发展。

　　图11－8进一步说明了形态、浪级和相对方向这三种现象。图11－8反映了总的原则，也就是在任何市场循环中，各个波浪均可按表11－1细分。

表11－1　　　　　　　　　　　　　浪级的分类

每个浪级的波浪数		
驱动（推动浪）　+调整（锯齿形调整浪）　=循环		
最大的浪	1	1	2
最大的细分浪	5	3	8
小一浪级的细分浪	21	13	34
再小一浪级的细分浪	89	55	144

　　与图11－5和图11－7一样，11－8也不是最终的结局。这个更大的循环自

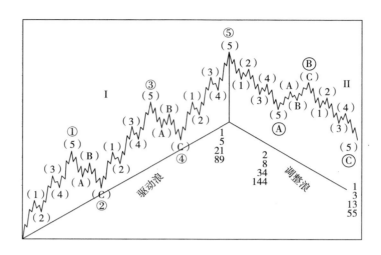

图 11 - 8　浪中有浪的 144 浪图

动成为下一个更大浪级波浪的两个细分浪。这个过程循环往复不停，根据实际发生的事件，有着一级向着更大浪级的进展过程。只要进展过程有足够的波折，大浪细分成更小浪级的相反过程也永不停息。因此，到目前为止我们可以确定的是，所有的波浪都可细分为更小的波浪，浪中有浪。

　　5. 为什么是 5—3 浪结构。艾略特本人从未考虑过为什么市场的基本形态是 5 浪前进和 3 浪倒退，他只是注意到这就是所发生的事实。基本形态非得是 5—3 浪吗？思考一下，你就会认识到，这是在线性运动中实现振荡（Fluctuation）和前进的最低要求，因此也是最有效的方法。如果只有 1 个浪就不会有震荡，创造震荡的最小细分浪是 3 浪。在上升和下跌的两个方向上（不限制规模的），如果上升和下跌都是震荡的 3 浪，那就不会有前进，有可能相互抵消。所以，考虑到有倒退期。朝一个方向上的前进，主要趋势上的运动就必须至少是 5 浪，这不仅比 3 浪的涵盖更广，而且仍然包含了震荡。尽管可能有比这更多的波浪，但是前进的最有效形式是 5—3 浪结构，而且是自然界中遵循的最有效的途径。

　　6. 浪级：符号与名称。所有的波浪都可按相对规模或称浪级来分类。一个波浪的浪级取决于它相对于分量波浪、相邻波浪和环绕波浪的规模和位置。艾略特命名了九个浪级，从在小时走势图上可辨认出的最小波浪，直到他从当时的有效数据中可以假定的最大浪。他为这些浪级由最大到最小选择了以下名称：巨超级循环浪（grand super cycle）、超级循环浪（super cycle）、循环浪（cycle）、大浪（primary）、中浪（intermediate）、小浪（minor）、细浪（minute）、微浪（minuette）、亚微浪（subminuette）。循环浪细分成大浪，大浪细分成中浪，中浪再依次细分成小浪和亚小浪。这个特定的命名法并不是辨别浪级的关键，尽管人们还不太习惯，但今天的实践者已经开始适应艾略特的专门用语了。

在图形上标示各个波浪时，有必要采用某个方案来区分在市场前进中的波浪的浪级。我们已经将一系列包含数字和字母的标识标准化了，如表 11 – 2 所示，它们有先前的标识所缺乏的几个优点。这些标识在两个方向上无限延伸。它基于一种易于记忆的重复。驱动浪用三套罗马字符和随后的三套阿拉伯字符交替标示。相似地，调整浪的标识在三套大写字符和三套小写字符之间交替更换。最后，罗马字符在小浪级以下是小写，而在小浪级以上是大写，这样对走势图的迅速一瞥就能在它的时间刻度上揭示某种全景（本书中的几幅走势图偏离了这个标准，因为它们是在采用该标准之前构建的）。

对于科学家来说，最理想的形式通常喜欢用下标来表示浪级，但是在图形上阅读大量这样的符号非常困难。相比之下，上面的标准是为了给迅速的视觉定位做准备。

表 11 – 2　　　　　　　　　　　　**波浪级次表示符号**

浪级	顺势的五浪 （↑下一套是阿拉伯字符）					逆势的三浪 （↑下一套是大写字符）		
巨超级循环浪	Ⓘ	Ⓘ	Ⓘ	Ⓘ	Ⓥ	ⓐ	ⓑ	ⓒ
超级循环浪	(I)	(II)	(III)	(IV)	(V)	(a)	(b)	(c)
循环浪	I	II	III	IV	V	a	b	c
大浪	①	②	③	④	⑤	Ⓐ	Ⓑ	Ⓒ
中浪	(1)	(2)	(3)	(4)	(5)	(A)	(B)	(C)
小浪	1	2	3	4	5	A	B	C
细浪	ⓘ	ⓘ	ⓘ	ⓘ	ⓥ	ⓐ	ⓑ	ⓒ
微浪	(i)	(ii)	(iii)	(iv)	(v)	(a)	(b)	(c)
亚微浪	i	ii	iii	iv	v	a	b	c
	（↓下一套是阿拉伯字符）					（↓下一套是大写字符）		

重要的是要理解，这些名称和标识符号可明确区分浪级。通过使用某种命名方法，分析人士就可以精确确定一个波浪在股市整体前进中的位置，这很像用经度和纬度来确定地理位置。说"道琼斯工业股平均指数处在目前巨超级循环浪中的超级循环浪（V）中的循环浪 I 中的大浪⑤中的中浪（3）中的小浪 1 中的细浪 v 中"，就可以确定市场历史前进中的一个明确的位置。所有的波浪都有一个特定的浪级。然而，要精确辨别一个正在发展中的波浪级次，尤其是处

于一波新浪起始位置的子浪的浪级是不太可能的。浪级不是基于特定的价格或时间长度，而是基于形态，形态是价格和时间的作用。幸运的是，精确的浪级通常与成功预测无关，因为相对浪级才最要紧。知道一轮大涨势即将来临比知道它的精确名称更重要。后来的各种事件总能使浪级清晰明了。

二、波浪之间的比例关系

每种技术都是有其数学基础的，波浪原理的数学基础来自一组数列——著名的斐波纳契数列。波浪理论中各浪的走势，都离不开斐波纳契数列。

1. 斐波纳契数列。13 世纪的意大利数学家莱昂纳多·斐波纳契（Leonardo Fibonacci）发现了这一数列。斐波纳契是伟大的数学家，他的著作有 1220 年出版的《实用几何学》《求积法》和 1228 年修订的《计算的书》。在《计算的书》中，他提出了这样一个问题，如果一对兔子从第二个月开始每个月生一对小兔子，并且不发生死亡，那么这对兔子在一年内总共生了多少只兔子？这道题在小学的《奥林匹克数学》教材中经常被引用，而解决该问题最简单的方法就是斐波纳契数列。

2. 波浪之间的比例关系。各浪之间在理论上应该存在完美的比率关系，这里只作为一种参考，实际上市场中的走势并不严格按照这种比率运行，但在越是长期的指数类走势中，这种比率关系就会越明显。

关于调整浪的下跌幅度，向来都是交易者们研究的重点，调整浪基本可以分成两类：一为锯齿形调整浪；二为平台形调整浪。

锯齿形调整浪相对来说比较简单，通常以 5—3—5 的结构向下运行，所以它的下跌幅度较深，下跌到前期推进浪的 50% 或 61.8% 左右。如图 11-9 所示，锯齿形调整浪常发生在 2 浪中。

平台形调整浪则比较复杂，通常以 3—3—5 的结构横向运行。在 3—3—5 的结构中，可能还会出现子浪内部的交替原则，但不论调整浪内部如何交替，它始终要遵循着调整浪的规则。它的下跌幅度通常在 38.2% ~ 50% 之间。如图 11-10 所示，平台形调整浪常出现在 4 浪和 B 浪中。

不是每种走势都发生在 38.2% 或是 61.8% 之中，运行时间越长、级别越大，这种规律表现得越明显。在个股中就会显得杂乱无章，但这没有关系，对波浪理论的研究指出，38.2% 和 61.8%，这只是一个界限，当锯齿形调整浪发生时，我们知道向下击穿 61.8% 的幅度后，才预示着锯齿形调整浪有结束的可能，这种幅度已经成为调整浪是否得以完成的一种必要条件了。

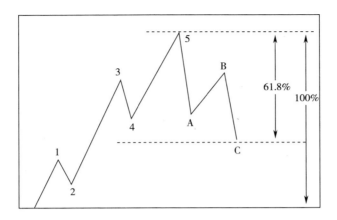

图 11 – 9 锯齿形调整的幅度

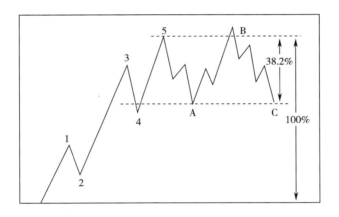

图 11 – 10 平台形调整的幅度

实践中，很多锯齿形调整浪根本没有击穿 61.8% 就结束了，像之前说过锯齿形调整浪通常在 50% ~ 61.8% 之间，那是排除了有意外发生的情况，它可以连 50% 都不必击穿，就结束锯齿形的调整。这种调整不但适用于幅度，还适用于时间，如果推进浪运行了 10 个月之后，走出锯齿形调整浪，即使它的下跌幅度没有超过 50% 的幅度，它的调整浪运行的时间也必然超过 6.18 个月（10 个月 ×0.618）。所以如果幅度没有达到，那就关注时间，它必然有一项是达到或超过 61.8% 的，同理可证平台形调整浪。

推进浪各浪的浪长，又有另一种规律。如果某一浪发生延长，那么其余两浪的幅度大体相同，而延长的一浪为其余两浪的 1.618 倍，如图 11 – 11 至图

11-13，分别为每浪延长后各浪的幅度。

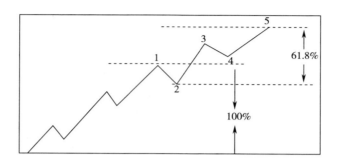

图 11-11 1 浪延长后的各浪比率关系

图 11-11 中所示的是 1 浪延长后的各浪比率关系，1 浪延长，3 浪和 5 浪的幅度大体相当，整个延长 1 浪的幅度设定为 100%，那么由 2 浪最低点至 5 浪最高点的幅度约为 61.8%。

图 11-12（1）中所示为 3 浪延长后各浪的比率关系。3 浪延长，1 浪和 5 浪的幅度大体相当，将 1 浪至 5 浪设定为 100%，那么整个延长 3 浪的幅度约为 1.618%。图 11-8（2）中所示为 5 浪延长后各浪的比率关系。5 浪延长，1 浪和 3 浪的幅度大体相当，将 1 浪至 3 浪设定为 100%，那么整个延长 5 浪的幅度约为 1.618%。

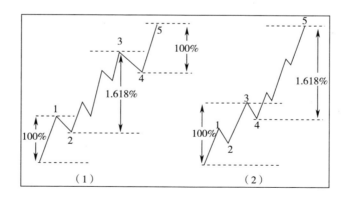

图 11-12 3 \ 5 浪延长后的各浪比率关系

图 11-13 至图 11-15 为调整浪内部各浪比率关系示意图。图 11-13 为锯齿形调整浪，不论是 5—3—5 结构还是 3—3—5 结构，A 浪与 C 浪的关系大体上都是相等的。

图 11-14 中所示为不规则平台型调整浪内部的比率关系。平台形调整浪通

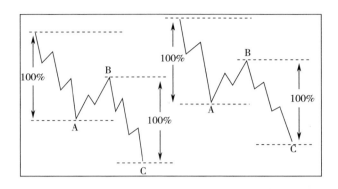

图 11-13 锯齿形调整浪内部的比率关系

常为 3—3—5 结构，有时也会出现 5—3—5 结构，不论哪种结构，C 浪的幅度大约为 A 浪的 1.618 倍。

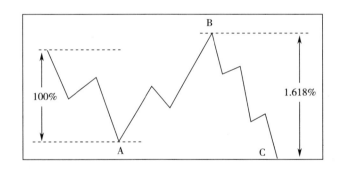

图 11-14 不规则平台形调整浪内部的比率关系

C 浪为 B 浪的 61.8%，则 C 浪为 A 浪的 38.2%，以此类推，直至 E 浪。

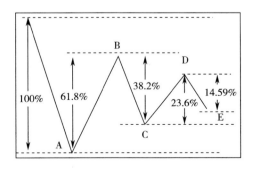

图 11-15 对称三角形内部各浪比率

图 11－15 中所示为对称三角形内部各浪比率关系，我们将内敛型与三角形调整浪放在一起，内敛型内部为 3—3—5 结构，三角形内部为 3—3—3—3—3 结构，内敛型只不过比三角形少了后面的两浪。这种波峰与波谷逐渐内敛的结构，每向前运行一浪，该浪的幅度变为前浪的 6.18％，B 浪为 A 浪的 0.618 倍，C 浪为 B 浪的 0.618 倍。若将 A 浪设定为 100％，B 浪为 61.8％。

三、波浪之间其他关系

在波浪理论的范畴内，多头市况（牛市）阶段可以由一个上升浪代表，亦可以划分为 5 个小浪，或者进一步划分为 21 个次级浪甚至还可以继续细分出长至 89 个细浪；对于空头市况（熊市）阶段，则可以由一个大的下跌浪代表，同样一个大的下跌浪可以划分为 3 个次级波段，或者可以进一步地再划分出 13 个低一级的波浪甚至最后可看到 55 个细浪。

综上所述，可以得出这样的结论：一个完整的升跌循环，可以划分为 2、8、34 或 144 个波浪。在此不难发现，上面出现的数目字，包括 1、2、3、5、8、13、21、34、55、89 及 144，全部都属于神奇数字系列。

浪与浪之间的比率关系，亦经常受到斐波纳契神奇数字组合比率的影响。下面，我们介绍神奇比率与度量浪与浪之间的比例关系的具体运用。

1. 对于推动浪来说，如果推动浪中的一个子浪成为延伸浪的话，则其他两个推动浪不管其运行的幅度还是运行的时间，都将会趋向于一致。也就是说，当推动浪中的第三浪在走势中成为延伸浪时，则其他两个推动浪，第一浪与第五浪的升幅和运行时间将会大致趋于相同。假如并非完全相等，则极有可能以 0.618 的关系相互维系。

2. 第五浪最终目标，可以根据第一浪浪底至第二浪浪顶距离来进行预估，它们之间的关系，通常亦包含有神奇数字组合比率的关系。

3. 对于 A—B—C 三波段调整浪来说，C 浪的最终目标值可能根据 A 浪的幅度来预估。C 浪的长度，在实际走势中，经常是 A 浪的 1.618 倍。当然我们也可以用下列公式预测 C 浪的下跌目标：A 浪浪底减 A 浪乘 0.618。

4. 对于对称三角形的整理形态的波浪走势来看，在对称三角形内，每个浪的升跌幅度与其他浪的比率，通常以 0.618 的神奇比例互相维系。

所以，波浪理论与神奇数字关系亲密。为了更好地运用神奇数字对波浪进行定量分析，下面列出神奇数字比率及其派生出来的数字比率的特性。

第一，0.382：第四浪常见的回吐比率及部分第二浪的回吐百分比，B 浪的回吐过程（A、B、C浪以"之"字形运行）。

第二，0.618：大部分第二浪的调整深度。对于A、B、C浪以"之"字形出现时，B浪的调整比率。第五浪的预期目标与0.618有关。

第三，0.5：0.5是0.382与0.618之间的中间数，作为神奇数字比率的补充。对于A、B、C"之"字形调整浪，B浪的调整幅度经常会由0.5维系。

第四，0.236：是由0.382与0.618两神奇数字比率相乘派生出来的比率值。有时会作为第三浪或第四浪的回吐比率，但一般较为少见，常常是在事后才如梦初醒，调整过程已经结束。

第五，1.236与1.382：对于A、B、C不规则的调整形态，我们可以利用B浪与A浪的关系，借助1.236与1.382两神奇比例数字来预估B浪的可能目标值。

第六，1.618：由于第三浪在三个推动浪中多数为最长一浪，以及大多数C浪极具破坏力，我们可以利用1.618来维系第一浪与第三浪的比例关系和C浪与A浪的比例关系。斐波纳契神奇系列数字在波浪理论中，尤其在对波浪理论的定量分析中，起着极其重要的作用。其中0.382与0.618为常用的两个神奇数字比率。其使用频率较其他比率要高得多。在使用上述神奇数字比率时，投资者和分析者若与波浪形态配合，再加上动力系统指标的协助，能较好地预估股价见顶见底的讯号。

同时，如果回吐幅度超过45%，则可以断言0.382的支撑或阻力作用已失去。同样，当调整幅度超过70%时，亦表明0.618防线宣告失守。根据上述原则，投资者在具体操作时可以利用它来设置停损点。

四、波浪理论的评价

1. 波浪理论是一种最富弹性的测市工具。对此，美国分析家约翰·墨菲教授也在《期货市场技术分析》中坦言：根据我的经验，大部分人都觉得艾略特波浪理论过于玄奥，难以把握。因为一般的投资者可能都有一种共同的经验教训：每天翻开证券报，都可以发现波浪理论家中既有唱多的，也有唱平的，还有唱空的，而即使对于截然相反的结论，波浪理论家居然也都宣称自己的分析正确而有效。再拿波浪理论的当代掌门人来说，柏彻特在1994年一度宣称上证指数只有有效击穿300点之后才有可能迎来真正的大牛市，实际上当年7月29日的最低点仅为325.89点，波浪理论当代掌门人的错误分析使波浪理论的游戏规则更加让人怀疑。

2. 波浪理论家对现象的看法并不统一。每一个波浪理论家，包括艾略特本人，很多时候都会受一个问题的困扰，就是一个浪是否已经完成而开始了另外一个浪呢？有时甲看是第一浪，乙看是第二浪，差之毫厘，失之千里。看错的后果却可能十分严重。一套不能确定的理论用在风险奇高的股票市场，运作错误足以使人损失惨重。

3. 波浪理论的浪中有浪，可以无限延伸，亦即是升市时可以无限上升，都是在上升浪之中，一个巨型浪持续一百几十年都可以。下跌浪跌到无影无踪都仍然是下跌浪。只要是升势未完就仍然是上升浪，跌势未完就仍然是下跌浪。这样的理论有什么作用？能否推测浪顶、浪底的运行时间甚属可疑，等于纯粹猜测。

4. 数浪（Wave Count）完全是随意主观的。甚至怎样才算是一个完整的浪，也无明确定义，股票市场的升跌次数绝大多数不按五升三跌这个机械模式出现。但波浪理论家却曲解说有些升跌不应该计算入浪里面。波浪理论有所谓伸展浪（Extension Waves），有时5个浪可以伸展成9个浪。但在什么时候或者在什么准则之下波浪可以伸展呢？艾略特却没有明言，使数浪这回事变成各自启发，自己去想。

5. 艾略特的波浪理论是一套主观分析工具，毫无客观准则。市场运行却受情绪影响而并非机械运行。波浪理论套用在变化万千的股市将十分危险，出错机会很大。

6. 波浪理论不能运用于个股的选择上。

练习题

1. 什么是道氏理论？
2. 简述道氏理论的基本内容。
3. 简述艾略特的波浪理论的基本原理。
4. 什么是波浪理论中的浪中有浪，举例说明。
5. 简述斐波纳契数列与波浪理论的关系。

参考文献

［1］百万．从零看盘做赢家［M］．北京：经济管理出版社，2010．

［2］陈鹏等．中国股市"板块"联动现象分析［J］．时代金融，2006（10）．

［3］黎志军．短线铁律——变股市为聚宝盆［M］．北京：清华大学出版社，2009．

［4］李风雷．看指标学炒股［M］．北京：中国电力出版社，2014．

［5］李向科．证券投资技术分析［M］．北京：中国人民大学出版社，2008．

［6］柳燕燕，李兴平．我国股票市场行业板块波动实证分析［J］．科教文汇，2013（1）．

［7］马丁·普林格．技术分析［M］．北京：中国财政经济出版社，2003．

［8］孟庆宇．艾略特波浪理论［M］．北京：电子工业出版社，2014．

［9］约翰·墨菲．金融市场技术分析［M］．北京：地震出版社，2010．

［10］张磊．中国股市板块轮动现象简析［J］．财税金融．

［11］张福芬．中国股票市场板块轮动的机理研究［J］．经济管理与科学决策，2010（4）．

［12］张永彬．新手看盘［M］．北京：中国劳动社会保障出版社，2010．